本书系国家社会科学基金重大招标项目（17ZDA113）以及陕西省社会科学基金项目（2019G015）资助成果。

深度贫困地区健康扶贫的镇巴经验研究

何得桂 等著

中国社会科学出版社

图书在版编目（CIP）数据

深度贫困地区健康扶贫的镇巴经验研究 / 何得桂等著. —北京：中国社会科学出版社，2020.7
ISBN 978-7-5203-6282-5

Ⅰ.①深⋯　Ⅱ.①何⋯　Ⅲ.①扶贫—研究—镇巴县　Ⅳ.①F127.414

中国版本图书馆 CIP 数据核字（2020）第 059730 号

出 版 人	赵剑英
责任编辑	王莎莎
责任校对	季　静
责任印制	张雪娇

出　　版	中国社会科学出版社
社　　址	北京鼓楼西大街甲 158 号
邮　　编	100720
网　　址	http://www.csspw.cn
发 行 部	010-84083685
门 市 部	010-84029450
经　　销	新华书店及其他书店
印刷装订	北京市十月印刷有限公司
版　　次	2020 年 7 月第 1 版
印　　次	2020 年 7 月第 1 次印刷
开　　本	710×1000　1/16
印　　张	15.75
插　　页	2
字　　数	256 千字
定　　价	98.00 元

凡购买中国社会科学出版社图书，如有质量问题请与本社营销中心联系调换
电话：010-84083683
版权所有　侵权必究

序一

习近平总书记指出，"没有全民健康，就没有全面小康"。"全面建成小康社会，最艰巨最繁重的任务在农村，特别是在贫困地区"。2015年党中央作出打赢脱贫攻坚战的决定，要求实施健康扶贫工程，保障农村贫困人口享有基本医疗卫生服务，努力防止因病致贫、因病返贫。

我省深入贯彻落实习近平总书记关于扶贫工作的重要论述，把健康扶贫作为最大的政治任务、最大的民生工程和最大的发展机遇，坚持"基本医疗有保障"目标标准和"一手抓精准施治减存量，一手抓疾病预防控增量"的工作思路，持续提升基层医疗卫生服务能力，深入实施大病慢病分类救治，切实加强医疗卫生帮扶体系建设，不断健全医疗保障体系，较好地实现了贫困人口"有地方看病、有医生看病、有制度保障看病"，为全省脱贫攻坚做出了重要贡献，因病致贫户较2016年减少了13.83万户。

在推进健康扶贫工作中，我们始终坚持顶层设计与基层探索相结合，充分发挥基层积极性、主动性和创造性，形成了一些好经验、好做法，特别是健康扶贫的"汉中模式"和"镇巴经验"，得到中央充分肯定和学习推广，镇巴县还荣获了2018年度全国脱贫攻坚组织创新奖，是全国健康扶贫领域的唯一殊荣。

陕西省健康扶贫专家咨询委员会秘书长、西北农林科技大学公共管理系负责人何得桂及其团队，在深入镇巴县跟踪调查、研究总结健康扶贫工作经验的基础上，形成了本书。本书由"理论研究篇、经验分析篇、个案调查篇"三个主体部分组成，从"地方做法，时代高度""地方经验，理论深度""地方特点,全国广度"三个维度对镇巴健康扶贫工作思路、机制建设和未来发展进行介绍、解读和展望。不论是普通读者,还是一线工作者,都会对健康扶贫工作有全新的和深入的认识,这是一本不可多得的理论与实践紧密结合的作品。

健康扶贫"镇巴经验"具有三个特点:一是实践性。镇巴县对因病致贫户实行"四步筛查法",实现了扶贫对象精准。对贫困人口医疗费用经过城乡居民医保、大病保险和医疗救助后的剩余费用,采取"一事一议",有效减轻了群众的就医负担。二是代表性。镇巴县整合医保、公共卫生和财政资金,落实家庭医生签约经费。聚焦重点人群、推行"2+2+1"签约服务模式,有效地解决了"与谁签""谁去签""签什么""签得好""签得实"的问题。三是借鉴性。镇巴县属于深入贫困县,贫困人口多、贫困程度深、脱贫任务重,通过综合资源、系统动员、探索创新,形成了"镇巴经验",对其他贫困县有重要借鉴意义。

希望这本著作能够帮助大家启发思路、开阔视野、增长知识,坚定打赢脱贫攻坚战的信心和决心,为如期全面建成小康社会,实现中华民族伟大复兴的中国梦做出新的更大贡献。

陕西省卫生健康委党组成员、副主任:蒋舟俊
2019年9月19日

序二

地处巴山腹地的镇巴县，位于陕西省南端，汉中东南，境内山大沟深、土地贫瘠，是国家扶贫开发工作重点县和陕西省深度贫困县。2016年，全县有贫困村129个，建档立卡贫困人口19572户54411人，贫困发生率24.11%。其中，因病致贫、因病返贫户9862户，是脱贫路上的"坚中之坚、难中之难"。

脱贫攻坚工作开展以来，镇巴县把健康扶贫作为脱贫攻坚的"开山之斧"，紧扣"健康中国"规划纲要，树立"以人民为中心，以健康为根本"的健康扶贫理念。聚焦"扶持谁"，实行以健康体检为重点的"四步筛查法"，通过制定标准、体检甄别、比对核查、分类评估，对帮扶对象一一进行确认；聚焦"谁去扶"，坚持加强基层医疗卫生服务体系建设，创新"2+2+1"家庭医生签约服务模式；聚焦"怎么扶"，坚持提升医疗卫生现代化管理水平，构建"互联网+健康扶贫"服务载体，坚持体系化管理，建立"一二五"健康扶贫工作体系，坚持强化健康知识普及，组建"健康扶贫文艺宣传队"；通过精准识别、精准签约、精准服务和精准救治，靶向破解了贫困群众"有地方看病、有医生看病、有制度保障看病、少生病"的难题，开辟了健康扶贫的"镇巴路径"，先后荣获"全国优秀家庭医生团队""全国脱贫攻坚组织创新奖""全国健康扶贫工作突出县"等殊荣。

目前，全县城乡基本医疗保险覆盖率达100%，因病致贫返贫户由2016年的9862户减少至260户，在册贫困人口县域内就诊率达到93%，贫困人口住院实际报销比例由58%提高到85%。河北、云南、西藏等6省自治区及省自治区内93个县（区）共130余批次来县考察交流。央视《焦点访谈》《健康之路》节目、新华社等20余家中省媒体做了深入采访报道。

　　健康扶贫是一项系统工程,在缺乏适合区域特点的理论支撑和成功经验借鉴的情况下,镇巴将不断摸索前行,统筹谋划,深入思考,将健康扶贫工作与健康镇巴建设、深化医改、乡村振兴战略深度融合、一体推进,不断完善工作机制,提升服务能力,推动健康中国行动在镇巴落地落实。特别是充分发挥家庭医生签约服务、远程医疗、医共体建设等有效举措,切实解决群众看病就医实际困难,促进健康扶贫工作不断提质增效,进一步提升群众幸福感、获得感。

　　陕西省健康扶贫专家咨询委员会秘书长、西北农林科技大学公共管理系负责人何得桂及其团队多年来跟踪调查、持续研究健康扶贫和健康治理领域的重要问题,并取得了多项有影响的研究成果,为推进健康扶贫,乃至健康中国建设提供了智力支持。本书是何得桂团队深入镇巴跟踪调查、研究总结的又一项最新成果。该书主要从"地方做法,时代高度""地方经验,理论深度""地方特点,全国广度"三个维度对深度贫困地区健康扶贫的内在机理、有效机制和未来走向展开深入分析,使读者对健康扶贫助力健康中国建设的镇巴实践及其经验有了全面、全新的认识。这是对脱贫攻坚实践经验展开研究的一部学术力作,也是健康扶贫与健康中国领域不可多得的通俗性理论读物。

　　希望本书能够帮助大家进一步了解认识镇巴和健康扶贫"镇巴路径",能够对大家立足实际、大胆探索有一定启示,为如期打赢脱贫攻坚战,全面建成小康社会,推动健康中国建设做出新的更大贡献。

汉中市人大常委会副主任、镇巴县委书记:赵勇健
2019 年 10 月 10 日

目 录

导论　以健康扶贫为突破口推进健康中国建设 ……………………（ 1 ）

理论研究篇

以系统性改革思维引领健康扶贫的发展 ……………………………（ 3 ）
  一　健康扶贫的"中国需求" ……………………………………（ 3 ）
  二　健康扶贫的"中国认识" ……………………………………（ 11 ）
  三　健康扶贫的"陕西实力" ……………………………………（ 18 ）
  四　健康扶贫的"镇巴路径" ……………………………………（ 24 ）
以靶向治理瞄准和满足贫困群众的需求 ……………………………（ 28 ）
  一　精确施策：提高脱贫质量的关键 …………………………（ 28 ）
  二　精准识别："四步筛查"识别因病致贫人口 ………………（ 32 ）
  三　精细防治：专病专治解决疾病防治问题 …………………（ 37 ）
  四　靶向治理：精准医疗提升健康扶贫效果 …………………（ 40 ）
以家庭医生签约服务制度保障贫困人口健康 ………………………（ 44 ）
  一　团队作战加强培养提升家庭医生服务力量 ………………（ 44 ）
  二　细化内容规范频率保障家庭医生服务质量 ………………（ 50 ）
  三　严格考评落实奖补形成家庭医生服务自觉 ………………（ 58 ）
  四　丰富内容压茬推进拓展家庭医生服务广度 ………………（ 63 ）
以多样化有效举措破解慢性疾病的防治 ……………………………（ 67 ）
  一　农村地区慢性病防治困境分析 ……………………………（ 67 ）
  二　打造科学有效的慢病防治模式 ……………………………（ 74 ）
  三　加强对重点慢性病的科学治疗 ……………………………（ 76 ）

四　建立有效应对慢病的长效机制 …………………………（80）
以智能化、信息化推动健康扶贫提质增效 …………………………（84）
　　一　智能化、信息化推进健康事业的必要性 …………………（84）
　　二　探索建立"互联网+健康扶贫"的体系架构 ……………（88）
　　三　实现信息技术普遍运用的有效举措 ………………………（92）
　　四　智慧医疗对于多向目标的有效实现 ………………………（97）
以健康治理理念增进人民群众的福祉 ……………………………（102）
　　一　政策创新扩散让基层探索发挥更大作用 ………………（102）
　　二　深化医疗改革让健康事业惠及更多群体 ………………（106）
　　三　以人民为中心的健康治理实现条件和机制 ……………（115）

经验分析篇

以健康为中心：健康扶贫进程中的地方经验
　　　　——以健康扶贫引领健康镇巴建设的调查与思考 ………（125）
　　一　重大实践为健康扶贫提供"镇巴经验" ………………（125）
　　二　"镇巴经验"的进一步分析 ……………………………（130）
生活医疗：贫困人口家庭医生签约服务有效开展的"镇巴经验"
　　　　——基于陕西省汉中市镇巴县系列做法的调查与分析 …（134）
　　一　扎实创新、多措并举·签约服务系统开展 ……………（134）
　　二　多方受益、盘活全局·健康帮扶全面提升 ……………（142）
　　三　地方探索、镇巴经验·贫困人口家庭医生签约服务的
　　　　重大意义与实现路径 ……………………………………（145）
精准工作法：因病致贫人口识别筛查的有效路径
　　　　——基于镇巴县相关做法的调查与思考 ………………（148）
　　一　精准发力·因病致贫精准识别的镇巴实践 ……………（148）
　　二　以精准为抓手·精准思维助力脱贫攻坚 ………………（151）
　　三　精准工作法·提升脱贫攻坚质量的关键路径 …………（153）
三方互通："互联网+"助力贫困人口健康治理的有益经验
　　　　——基于镇巴县"互联网+健康扶贫"实践的
　　　　调查研究 …………………………………………………（155）

一 贫困人口健康治理中的"三方主体""三重断裂"与
　　"三向目标" ……………………………………………………（156）
二 连接三方主体弥合三方断裂："互联网＋健康扶贫"
　　的镇巴实践 ……………………………………………………（158）
三 打造智慧医疗 实现三向目标："互联网＋"推动贫困
　　人口健康治理的成效 …………………………………………（165）
四 紧扣实际需求 落实三方互通："互联网＋"助力贫困
　　人口健康事业的镇巴经验 ……………………………………（169）

"一二五"：西部农村山区健康扶贫长效机制的构建与探索
　　——基于镇巴县的调查分析 …………………………………（172）
一 "一二五"健康扶贫镇巴模式 ………………………………（173）
二 "一二五"模式成效显著 ……………………………………（177）
三 健康扶贫的再思考 ……………………………………………（178）

个案调查篇

谋篇布局：系统推进打造健康扶贫"镇巴模式"
　　——基于对健康扶贫体系建设的调研 ………………………（185）
一 透视健康扶贫的镇巴模式 ……………………………………（185）
二 健康扶贫镇巴模式取得的成效 ………………………………（188）
三 健康扶贫镇巴模式的基本经验 ………………………………（189）

医者仁心：拉近医患距离 重塑医患观念
　　——对"以签约服务改善医患关系"镇巴实践的
　　调查与反思 ……………………………………………………（191）
一 医患距离：我国健康事业发展的现实困局 …………………（191）
二 签约服务：有效拉近医患关系的镇巴实践 …………………（192）
三 重塑观念：签约服务扎实落地的巨大成效 …………………（194）
四 关键推手：家庭医生签约服务对健康事业发展的重大
　　意义 ……………………………………………………………（195）

送医下乡：用科学检测 精准掌握群众健康状况
　　——基于健康体检与健康监测的调查与思考 ………………（198）

一 观念缺失，贫困人口健康体检工作开展的现实困境 ……（198）
二 健康体检，实施精准防治的镇巴实践 …………………（200）
三 增强意识，健康扶贫取得的巨大成效 …………………（202）
四 秉要执本，镇巴经验对我国健康事业发展的借鉴价值 ……（203）

解忧克难：靶向发力 多措并举减轻贫困人口医疗负担
——基于镇巴县患病贫困人口医疗帮扶的调查 …………（205）
一 主要做法 …………………………………………………（206）
二 减负成效显著 ……………………………………………（208）
三 先进的减负经验 …………………………………………（209）

足履实地：考评奖补保证健康扶贫举措落地生根
——基于对健康扶贫激励监督举措的调研 ………………（211）
一 激励约束机制在健康扶贫中的作用 ……………………（211）
二 激励约束机制的具体实践 ………………………………（212）
三 经验启示 …………………………………………………（216）

附 录

附录1 加强深度贫困地区健康扶贫的若干建议 ……………（221）
一 健康问题是破解深度贫困的难点 ………………………（221）
二 深度贫困地区健康扶贫存在的问题 ……………………（222）
三 加强深度贫困地区健康扶贫的建议 ……………………（223）
附录2 再领先一步，持续打造健康扶贫的陕西样本
——在陕西省健康扶贫专家咨询委员会成立大会上的发言 …（226）

参考文献 ………………………………………………………（230）
后记 ……………………………………………………………（235）

导论　以健康扶贫为突破口推进健康中国建设

　　幸福与健康是人类永恒不变的追求。习近平同志指出："健康是促进人的全面发展的必然要求，是经济社会发展的基础条件，是民族昌盛和国家富强的重要标志，也是广大人民群众的共同追求。"没有全民健康，就没有全面小康。党的十八届五中全会明确提出推进健康中国建设，并从统筹推进"五位一体"总体布局和协调推进"四个全面"战略布局出发，对当前和今后一个时期如何更好地保障人民健康作出制度性安排。建设健康中国是习近平新时代中国特色社会主义思想的重要组成部分。党的十九大报告对社会主要矛盾的转化作出科学判断，在专章阐述"提高保障和改善民生水平，加强和创新社会治理"时，着重强调"实施健康中国战略"，要完善国民健康政策，为人民群众提供全方位、全周期健康服务。

　　健康是美好生活不可或缺的元素。但是受自然历史、经济社会发展等因素的影响，中国贫困地区医疗卫生事业发展还相对滞后，医疗卫生服务能力还存在不足，群众健康水平还亟待提升。就健康扶贫形势来看，国务院扶贫办发布的统计数据显示，因病致贫、因病返贫的贫困户占建档立卡贫困户总数的42%；如果聚焦于贫困县来看，公开数据显示：截至2015年，832个贫困县每千人口医疗卫生机构床位数3.66张、每千人口执业（助理）医师数1.28人，明显低于全国平均水平，医疗卫生资源明显不足，医疗卫生服务能力难以有效满足群众的健康需要。说明，贫困地区卫生与健康状况已成为健康中国建设最为突出的"短板"。理论与实践均表明，健康扶贫是破解贫困人口健康问题，抵御因病致贫风险的重要举措，进而全面提升国民健康水平，有助于更好实现民众的获得感、幸福感和安全感，也可为社会进步和国家发展注入更充分动力。

　　一人健康是立身之本，人民健康是立国之基。推进健康扶贫、确保人民健康、打造健康中国是国富民强的重要保障。打赢脱贫攻坚战是党的十九大确定的三大攻坚战之一。健康扶贫是脱贫攻坚战的重要组成部分，因病返贫、因病致贫是扶贫硬骨头的主攻方向。实施健康扶贫工程，坚持目标导向与问题导向相结合，切实聚焦于贫困地区医疗卫生事业发展存在的困难和事关贫困人口脱贫的健康问题，采取更加精准的超常规举措，调集最优势的医疗卫生行业资源，动员最广泛的社会力量，凝聚全党全国全社会的共识，形成支持贫困地区医疗卫生事业发展的政策合力，补短板、兜底线。健康扶贫所要实现的基本医疗有保障目标——有地方看病、有医生看病、有制度保障看病，是健康中国建设的底线和重要前提。

开展健康扶贫是提升脱贫质量的核心保障，也是助力健康中国建设的重要举措。坚持以人民为中心，以健康扶贫为桥梁和纽带，有助于解决群众的健康保障问题，有助于为全面建成小康社会奠定坚实的健康基础，也有利于拉近党群、政群、干群关系。乡村地区，特别是贫困地区，是健康建设最为艰巨的区域；农民群体，特别是贫困农民群体，是健康建设最为薄弱的人群。在健康扶贫进程中，不论是开展家庭医生签约服务、健全疾病预防控制体系，还是大病集中救治一批、重病兜底保障一批，都在践行"将健康融入所有政策"的理念，并积极探索健康建设的有效实现方式。这不仅有利于营造浓厚的健康建设氛围，也有利于推进国民健康保障均等受益。从健康最薄弱的区域、最急需帮助的群体入手，有助于为建设健康中国寻找最佳突破口、形成"以点带面"发展格局、积累丰富的健康治理经验与方法，进而推进共建共享健康中国的落地生根。

实践发展是理论研究的源泉。我们发现，虽然健康扶贫在我国贫困地区开展得有声有色，甚至可以说"轰轰烈烈"，但是有关健康扶贫的研究成果还十分有限，特别是研究的深度还有待加强；尽管健康中国战略提出已有多年，健康中国行动也在推进，但是对建设健康中国的研究还比较薄弱，特别是研究方法还需要丰富和改进。与此同时，既有研究成果还存在没有将健康扶贫与健康中国建设有机地结合起来，而是大多将它们割裂开来的问题。此外，2019年中央一号文件明确指出要"总结脱贫攻坚的实践创造和伟大精神"，这无疑对学术界的知识供给和智力支持提出新的要求。

基于上述认识和判断，基于健康中国的视野和个案实证分析，本书注重问题导向和创新导向相结合，主要从"地方做法，时代高度""地方经验，理论深度""地方特点，全国广度"三个维度对健康扶贫助力健康中国建设的内在机理、有效机制和未来走向展开较为深入分析；同时也试图认真总结和提升我国减贫进程中基层与地方在健康扶贫与健康治理方面的经验与成就，以研究成果助推脱贫攻坚质量提升和健康中国战略的有效实施。这在一定程度上填补了既有研究的空白，具有重要的理论价值和现实意义。

理论研究篇

以系统性改革思维引领健康扶贫的发展

健康治理是全球治理的重要组成部分，与全球的持续发展和人类文明的持续前进有着密切联系。为提升贫困群众健康水平，实现基层健康卫生服务能力与水平的全面提升，实现健康的平等化和共享化，并有效推进健康治理体系与健康治理能力的现代化，2016年以来我国全面深入开展健康扶贫工程。地方政府、基层公共卫生机构积极参与、努力探索，并且结合地方实际，革新观念、创新举措，有效推动了当地脱贫攻坚与健康发展，并且对社会治理产生了积极影响。陕西省汉中市镇巴县就是典型代表之一。本章将遵循从宏观到微观的思路，逐步推进和聚焦，分析健康扶贫的中国需求、中国认识，阐述健康扶贫的陕西实践，进而展开对健康扶贫镇巴实践的梳理，剖析其健康扶贫的理念、思路和方法。

一 健康扶贫的"中国需求"

（一）全球健康治理之中的中国路径需要彰显

健康权是全球公认的一项基本权利，在推进社会发展进程中，有效解决健康问题，提升公民健康水平越来越被世界各国所重视。随着全球化影响的不断深入，健康的深度与广度不断拓展，健康领域的全球性因素不断凸显，并逐渐成为全球共同关注的发展问题。健康领域的合作与相互借鉴学习不断密切，全球性健康治理正在形成。但是它也存在不少困境，比如城乡、中心边缘医疗卫生资源分布不平等的问题在发达国家和发展中国家都普遍存在①，健康不平等的问题在世界各国还较为普遍。医药卫生领域的改革也是一个世界性难题。近年来许多国家都在推进医改，但在改革中都遇到重重困难，有的甚至举步维艰②。健康治理中的这些问题需要各国共同面对。

在全球健康治理领域，中国的声音和中国的道路还有待加强。在健康治理方面，中国主要是学习借鉴其他国家的先进经验，而其经验、思路乃至方案还不够彰显。在全球化持续纵深发展时代，全球卫生更受关注并发挥更为重要的作用，拥有全球卫生领域的话语权也将同样至关重要③，要有意识增加全球健康治理的话语权，在全球健康治理中依托中国实践提出中国方案。

近年来，我国深入开展健康扶贫工作，完善国民健康政策，系统推进《"健康中国2030"规划纲要》落地，实现卫生领域中"以疾病为中心"向"以健康为中心"思维方式的转变。以此为契机，要积极总结梳理健康治理与卫生健康事业建设之中的中国经验与中国方案，在全球健康治理中彰显中国路径，共同为维护人类健康做出新贡献④。

（二）关乎国家发展的人民健康水平需要提升

国民健康问题对于国家建设与社会发展的重要性不断增强。20世纪以来，特别是世界卫生组织成立后，健康问题开始成为国际交流合作的重要内容，被视为国家实力的组成部分，各国纷纷为提升国民健康水平而制定国家健康战略⑤。2017年8月，习近平同志在全国卫生与健康大会上发表重要讲话指出，"健康是促进人的全面发展的必然要求，是经济社会发

---

① Carmen Dolea, Laura Stormonta & Jean-Marc Braichet, Evaluated Strategies to Increase Attraction and Retention of Health Workers in Remote and Rural Areas, *Bull World Health Organ*, 2010, 88: 379-385.

② 李克强：《不断深化医改推动建立符合国情惠及全民的医药卫生体制》，《求是》2011年第22期，第3—10页。

③ 郭岩、刘培龙、许静：《全球卫生及其国家策略研究》，《北京大学学报》（医学版）2010年第3期，第247—251页。

④ Tan Xiaodong, Liu Xiangxiang, Shao Haiyan, Healthy China 2030, a Vision for Health Care, Value in Health Regional Issues, 2017.04.

⑤ 孙小杰：《健康中国战略的理论建构与实践路径研究》，博士学位论文，吉林大学，2018年。

展的基础条件，是民族昌盛和国家富强的重要标志，也是广大人民群众的共同追求""要把人民健康放在优先发展的战略地位，以普及健康生活、优化健康服务、完善健康保障、建设健康环境、发展健康产业为重点，加快推进健康中国建设，努力从全方位、全周期保障人民健康，为实现'两个一百年'奋斗目标、实现中华民族伟大复兴的中国梦打下坚实健康基础"[①]。只有持续提升人民健康水平，才能更好地推动国家富强与民族振兴。加强以保障和改善民生为重点的社会建设，提高人民健康水平，是现代化建设的有力保障。发展卫生事业，提高全体人民素质，是把我国十几亿人口压力转化为长期发展优势的前提[②]。要在国家建设之中，实现人民群众健康水平的持续提升。

（三）加快摆脱贫困束缚的疾病问题需要解决

健康扶贫最直接的作用是解决贫困人口的健康问题。在打赢精准脱贫攻坚战的部署中，习近平总书记多次谈到因病致贫、因病返贫问题。如2015年11月27日，他在中央扶贫开发工作会议上的讲话中指出，"要大力加强医疗保险和医疗救助。从贫困发生原因看，相当部分人口是因病致贫或因病返贫的。俗话说要建立健全医疗保险和医疗救助制度，对因病致贫或返贫的群众给予及时有效的救助"。

健康扶贫在整个脱贫攻坚中具有重要性。一些群众"辛辛苦苦奔小康，得场大病全泡汤"。国务院扶贫办建档立卡数据显示，截至2013年，因病致贫、因病返贫贫困户有1256万户，占贫困户总数的42.4%。其中，患大病的有417万人，占4.7%，患长期慢性病的有1504万人，占16.8%。在各种致贫原因中，因病致贫在各地区都排在最前面。到2015年年底，全国建档立卡贫困户中，因病致贫与因病返贫贫困户占到44.1%，患大病的有240万人，患长期慢性病的有960万人。相比2013年，虽然患大病和患长期慢性病的贫困户大幅减少，但因病致贫与因病返贫贫困户所占的比例反而有所上升。

---

① 习近平：《把人民健康放在优先发展战略地位努力全方位全周期保障人民健康》，《人民日报》2016年8月21日。
② 李斌：《深化医药卫生体制改革》，《求是》2013年第23期，第13—17页。

疾病往往导致普通群众陷入贫困或重返贫困。一是巨大的治疗负担。疾病诊疗特别是大病的诊疗费用会使家庭开销骤然增加，甚至背负上巨大债务。二是患病相关的生活开支大幅增加，看病期间的交通、食宿等各种费用对普通群众而言是很大压力。三是患病家庭稳定收入减少。如果家庭主要劳动力患病，会直接导致家庭收入的减少乃至中断；任何家庭成员患病，其他家庭成员需承担起照顾责任，也会花费较大精力，从而影响工作乃至自身发展。四是疾病容易导致患病群众意志消沉。很多患病群众会认为自己"命运不好"，不积极治疗疾病，消极度日，自甘贫穷。基于疾病与贫困之间的密切关系，有学者较为生动地提出了"因病滞贫"的概念。它指的是绝大多数农村贫困人口因常年受到疾病的纠缠而只能长期滞留在贫困的境地。换言之，疾病不仅是绝大多数农村贫困人口陷入贫困的主要致因，也是他们长期难以摆脱贫困的根本痼瘤[1]。需要强调的是，一些疾病呈现区域状分布，如地方性氟（砷）中毒、大骨节病和克山病等重点地方病等，这些疾病笼罩某一地区，造成区域内大量群众无法进行正常生产生活，是导致区域整体落后的重要原因。实施健康扶贫工程，就是要抓住因病致贫、因病返贫这个"牛鼻子"，综合施策，精准施策，破解造成贫困的健康问题。

（四）克服各类疾病问题的防治水平需要提升

疾病问题不是单独存在的，医疗机构能否为患病贫困人口提供有效的帮助也是重要因素。基层诊疗机构，特别是贫困地区基层诊疗机构诊疗水平低下，也是造成疾病对贫困人口生活影响如此之大的重要原因。

1. 农村基层诊疗机构力量薄弱

目前贫困地区农村基层诊疗机构力量较薄弱，在一定程度上影响贫困人口"没有地方看病"。根据《全国医疗卫生服务体系规划纲要（2015—2020年）》的要求，每个贫困县要达到"三个一"目标，即每县至少有1所县级公立医院，30万人口以上的县至少有1所医院达到二级甲等水平，每个乡镇有1所政府举办的乡镇卫生院，每个行政村有1个卫生室。但

---

[1] 陈成文：《从"因病滞贫"看农村医疗保障制度改革》，《探索》2017年第2期，第74—80页。

这些要求在很多贫困地区难以达到，很多地区村卫生室条件简陋，甚至一些地区的村卫生室已经消失。乡镇卫生院医护人员编制配额小且不满编，医生专业方向单一，医疗器材设备短缺，不能满足群众的看病诊疗需求，无法发挥起一级医疗机构的应有作用。

2. 贫困地区医学人才短缺严重

医学人才短缺在一定程度上影响基本医疗有保障当中的"有医生看病"。《国务院关于促进健康服务业发展的若干意见》（国发2013〔40号〕）的主要任务中就已明确要求对健康管理人才的培养力度必须加大。近年来基层医学人才流失特别是贫困地区基层医学人才流失现象严重。很多医学生不愿到贫困地区的基层工作，或者到基层工作很短时间就想办法离开。导致基层特别是贫困地区基层医学人才短缺严重，村卫生室村医年龄普遍偏大；乡镇卫生院医护人员不满编，临聘人员很多，儿科等专业科室医生严重短缺。医护人员的短缺导致众多诊疗工作无法在基层完成，国家各项基本公共卫生服务难以扎实落地，很多针对疾病与健康问题的专项行动难以在基层有效推进。

3. 分级诊疗制度难以有效落地

医院之间应有明确分工和密切协作，实现分级诊疗制度的有效落地。基层医疗机构由于自身能力和条件的限制，日常诊疗工作会遇到很多困难，而诊疗能力强的高级医疗机构本应和基层医疗机构成为共同为患病群体的健康生活服务的"医疗共同体"，成为有效联通、相互支持的"发展共同体"，实际上，却与基层医疗机构形成了一种竞争的关系，依托自身的诊疗能力从基层"抢夺患者"。导致患者较盲目地向诊疗条件好的高级医院集中，一级医院"冷冷清清"，三级医院"人满为患"。不合理的医疗资源分布和患者分布，影响了医疗机构的有序运行，导致看病难、看病贵的问题长期得不到有效解决。

4. 群众对于基层诊疗缺乏信心

落后的基础设施、短缺的医疗设备和医学人才以及面对诊疗难题的束手无措，最终导致群众对基层诊疗缺乏信心。很多病人认为基层诊疗机构没有能力为自己提供有效的医疗服务。由于基层医疗机构低下的诊疗能力，很多病人为了能够"放心"地治好自己的病，直接越过村卫生室、乡镇卫生院，到县级医院乃至县域外的三级医院看病。而到外地看病对患者带来的最直接影响是医疗费用支出的大幅上升。根据2016年农工党开展脱贫攻坚民主监督工作时的调研数据显示，农村患者到外地看病带来的陪护、交通、食宿等间接医疗费用约占总支出的30%以上[①]。一些本可以在基层解决的疾病问题，却实际给患者特别是贫困群体带来很大的金钱、时间、身体负担，导致其陷入贫困的风险进一步加大。提升基层诊疗能力，让其在解决贫困人口健康问题上有效地发挥作用非常必要。

（五）阻碍广大群众共享健康的差距需要弥合

我国历来高度重视人民的健康发展问题，但目前健康不平等的现象依然存在。不同地区人口之间的健康水平和享受的健康服务具有较大差异，发达地区人口的健康水平较高，并且能享受到较好的健康服务，而欠发达地区居民健康水平较低，所享受的健康服务也有明显差距。有研究发现，六类地区间人口健康水平差异明显。

表1　　　　　　　　六类地区的人口健康水平

指标水平	婴儿死亡率（‰）	孕产妇死亡率（1/10万）	人均预期寿命（岁）	5岁以下儿童死亡率（‰）	达到《国民体质测定标准》合格以上比例（%）
第一类地区	3.9	7.8	82.0	4.1	93.9
第二类地区	5.0	11.2	76.7	6.8	92.1
第三类地区	6.4	17.7	75.9	7.9	86.7
第四类地区	9.5	28.3	72.1	12.5	83.0
第五类地区	16.0	100.9	68.2	21.1	76.4
第六类地区	21.5	39.7	72.4	26.8	82.5
2015年（全国）	8.1	20.1	76.3	10.7	89.6
2020年（《"健康中国"2020规划纲要》）	7.5	18.0	77.3	9.5	90.6

---

① 曲凤宏：《脱贫攻坚应当高度重视健康扶贫工作》，《前进论坛》2017年第4期，第10页。

续表

指标水平	婴儿死亡率（‰）	孕产妇死亡率（1/10万）	人均预期寿命（岁）	5岁以下儿童死亡率（‰）	达到《国民体质测定标准》合格以上比例（%）
2030年（《"健康中国"2030规划纲要》）	5.0	12.0	79.0	6.0	92.2
中等收入国家平均值（2014）	31.0	—	71.0	—	—
21个OECD高收入国家平均值（2014）	4.6	5.1	80.6	5.5	—

注：第一类地区为北京、天津和上海，第二类地区包括山西、辽宁、江苏、浙江、安徽、江西、山东、河南、湖北、广东、海南、重庆和甘肃13个省市，第三类地区包括河北、内蒙古、吉林、黑龙江、福建、湖南、广西、四川、云南、陕西和宁夏11个省自治区，第四类地区包括贵州和青海2个省，第五类地区为西藏自治区，第六类地区为新疆维吾尔自治区。

资料来源：黄玉捷：《"健康中国"指标背景下全国健康水平及地区差距》，《科学发展》2019年第2期，第71—81页。

健康水平与健康服务的差距阻碍着全国人民共享健康。共享发展是实现全民健康的本质要求。"共享发展是人人享有、各得其所，不是少数人共享、一部分人共享。""共享发展注重的是解决社会公平正义问题。"有学者指出，习近平总书记关于全民健康事业重要论述的首要前提就是把健康成果惠及亿万人民群众，卫生与健康事业建设要秉承发展成果全民共享理念，健康事业当中任何领域发展的最终目的都是全民共享，没有特殊性，也不搞特殊化[①]。当前卫生与健康领域存在的发展不平衡不充分问题同人民群众对于卫生与健康日益增长的美好需求仍然存在较大矛盾，健康差距是卫生健康事业发展要解决的重要问题。

---

① 焦剑：《习近平关于全民健康事业的重要论述及启示》，《西华大学学报》（哲学社会科学版）2019年第2期，第32—39页。

（六）实现健康事业提升的健康治理需要推进

实现健康事业的整体提升，从根本上讲要推进健康治理。全方位提升健康治理应从技术层、制度层乃至观念层全方位改革，这是目前卫生健康事业发展中更深层次的需求。

1. 转变观念，理性诊疗需要落实

推进健康治理，深层次需要做到的是观念层面的转变。要改变普通群众的观念，特别是生活水平较低的贫困群众的观念。要引导群众形成对健康和疾病治疗的理性认识，转变忽视小病、延迟就医、不积极配合治疗的观念，同时也转变对疾病过分紧张，面对小病手足无措，非要到大医院大检查大治疗的观念，帮助群众理性进行疾病的诊疗。同时，也要转变医务工作者的观念。

2. 革新机制，医疗改革需要深入

为实现健康治理改善的长效化，需要深入推进医疗改革，革新、健全健康与卫生工作中的体制机制。构建更加成熟定型的分级诊疗制度，建立分级诊疗体系，从医疗服务体系、资源布局和功能调整完善入手，有效盘活存量，引导优质资源下沉，才能引导患者主动到基层首诊，配合进行上下转诊，实现理性有序就医。推进诊疗付费机制的改革，当前我国农村医疗保障服务体系主要采取的是医疗保障对象先付费治疗后找医疗保险机构补偿医疗费用的结算机制，农村贫困人口往往会由于无力先期垫付医疗费用而无法及时和有效地得到治疗。只有建立完善的"一站式"结算平台，就诊对象仅支付报销后部分；并对有特殊困难的人群实行"先诊疗，后付费"，才能避免诊疗付费中不必要的负担。只有通过深化医疗改革，实现机制的革新才能长效地保证健康治理的有序开展。

3. 关口前移，健康生活需要实现

实现健康治理，还要实现关口前移，加强对可预见疾病的预防，提升群众自身预防、抵御疾病的能力。即实现有效的健康治理，需要形塑健康的生活方式。

贫困地区危害健康的因素长期存在，地方病、流行病、污染等健康风险威胁着普通群众生活。有研究指出，大部分农村"重治疗、轻预防"，特困地区农民家庭在患病人员和医疗支出占比等方面均高于居民家庭。特困地区农村在慢性病三级预防方面投入严重不足，在结核病、大骨节病等重大传染病、地方病和寄生虫病方面防治工作欠账较多，加之一些农村面临环境污染加重的情况，给贫困群众健康生活埋下隐患，疾病防控能力亟须加强[1]。

"要实施健康扶贫工程，加强贫困地区传染病、地方病、慢性病防治工作，全面实施贫困地区儿童营养改善、孕前优生健康免费检查等重大公共卫生项目，保证贫困人口享有基本医疗卫生服务。"要"坚定不移贯彻预防为主方针，坚持防治结合、联防联控、群防群控，努力为人民群众提供全生命周期的卫生与健康服务"，并从重大疾病防控、少年儿童推动落实预防、重点人群健康、健康生活方式和健康环境5个方面作出了具体部署[2]。实现关口前移，培养群众自身管理健康的能力，培养健康的生活方式，十分重要。

二 健康扶贫的"中国认识"

基于对健康扶贫中国需求的分析，在健康中国战略的大背景下，我国推进健康扶贫工程致力于实现以下目标：

（一）健康扶贫要解决因病致贫，以增加贫困人口获得感

我国医疗卫生事业的现状不能满足人民群众对于健康生活的期待。贫困地区自然条件差、发展起步晚，经济社会发展落后，贫困家庭收入主要依靠外出务工和家庭农业收入，缺乏财产性收入，收入来源比较单一。一旦家庭成员患上大病，治病不但花去多年积蓄，甚至负债累累；更有一些家庭因无钱治病，只能"小病扛，大病躺"，结果"小病拖大，大病拖炸"，深陷贫病交加之中不能自拔。健康问题，让患病贫困人口获得感缺失，无法切身感受到国家进步与经济社会发展，无法提升生活幸福感，也没有能力追求美好生活，他们特别期盼能够获得帮助，脱离这种贫病交加

---

[1] 何得桂：《加强深度贫困地区健康扶贫的建议》，《中国国情国力》2017年第11期，第13—15页。

[2] 连漪：《推动落实预防为主5项重点》，《中国卫生》2019年第3期，第15页。

的生活困境。

2017年6月在四川成都召开的全国健康扶贫工作现场推进会上，时任国务院副总理刘延东对会议做出批示，要求将实施健康扶贫工程作为重要政治任务，进一步完善政策体系，加大落实力度，防止因病致贫返贫，坚决打赢脱贫攻坚战。健康扶贫最直接、最重要也是最核心的目的就是要让贫困地区农村贫困人口"看得起病、看得好病、看得上病、少生病"，有效防止因病致贫、因病返贫，解决贫困人口的健康问题，将其从贫病交加的困境中解救出来，提升其获得感。

（二）健康扶贫要减少因病返贫，以提升贫困人口健康水平

《中共中央国务院关于打赢脱贫攻坚战的决定》中提出了解决贫困人口"两不愁三保障"的要求，"基本医疗有保障"是"三保障"之一。实现基本医疗有保障，就要求健康扶贫工程不仅要解决已经显现出来的疾病问题，同时还要提升贫困群体的健康水平和贫困地区的整体健康水平，有效降低疾病所带来的贫困风险，提升群众生活质量。

1. "预防式健康治理"：健康扶贫要实现健康治理的关口前移

健康扶贫，既要注重对贫困者从资源上予以支持，又要注重从权利、机会、自主能力等方面予以支持。① 这就要求不仅要加强对贫病者的保障救治，还要为贫困地区提供公平、安全、可及的医疗卫生服务，注重提升贫困者健康素养，培养贫困者的主体意识和能力，为贫困者提供生存支持和发展支持。健康扶贫不能仅在疾病出现后才发力，这样不能最大限度保障贫困人口生活。健康扶贫要实现健康治理的关口前移，实现对健康问题的"预防式治理"，即通过提升群众的健康认识和健康素养，提升对重大传染病和地方病的防控能力，落实公共卫生服务，提升人居环境卫生水平等方面，有效降低疾病问题的发生。

2. "系统化健康服务"：健康扶贫要落实覆盖全民的健康服务

党的十九大报告提出，"人民健康是民族昌盛和国家富强的重要标志。要完善国民健康政策，为人民群众提供全方位全周期健康服务"。目前贫困人口所享受的健康服务很少，地区间的健康服务差距也很大。比如

---

① 王培安：《全面实施健康扶贫工程》，《行政管理改革》2016年第4期，第36—41页。

近年来在推进的家庭医生签约工作，更多只是在城市中经济水平较好的群体得到推广，农村地区、贫困群体的签约服务推进不理想。健康扶贫是推进覆盖全民的健康服务落实，实现公平化、系统化健康服务的重要契机和动力。根据国家相关政策规定，健康扶贫要为贫困人口提供签约服务；优先为每个人建立一份动态管理的电子健康档案和一张服务功能比较完善的健康卡；基层医疗卫生机构医务人员要为贫困家庭提供基本医疗、公共卫生和健康管理等签约服务。只有实现有效覆盖贫困群体的健康服务，才能有效地提升贫困人口健康水平。

3. "参与式健康帮扶"：健康扶贫要塑造普通群众的健康生活

通过环境整治、健康促进和健康教育工作，防治结合，引导重点人群改变不良生活习惯，形成健康生活方式，提高贫困地区整体健康水平。这是解决因病致贫、因病返贫问题的治本之策。它同时也会发挥塑造群众健康生活的重要作用。一是健康扶贫要提升健康素养。要提升普通群众特别是贫困群众重视健康的观念，帮助群众提升健康知识，获取管理、维持自身健康的能力，提升预防、配合治疗疾病的能力。二是健康扶贫要打造健康环境和健康细胞。通过对人居卫生环境的提升和重点疾病的防控，能够有效实现健康环境建设和健康细胞培养。

需进一步指出的是，健康扶贫所形塑的贫困群众的健康生活也是一种对健康问题帮扶模式的革新。如果健康扶贫仅仅是医疗卫生机构发力，为群众提供健康服务，治疗群众的疾病，那么群众就只是被动地接受帮扶，无法让自身在健康方面取得实质提升。通过提升群众的健康素养，塑造群众的健康生活，实际上是一种参与式帮扶，使其在健康扶贫中有效参与到健康治理之中，实现群众能力提升，有效提高健康扶贫的长效性。

（三）健康扶贫要锻炼卫生队伍，增强基层医疗卫生水平

健康扶贫作为脱贫攻坚战的重要组成部分，还需要起到锻炼卫生队伍，完善诊疗设施，提升基层诊疗能力的作用。中国农村扶贫开发纲要提出"到2020年，稳定实现农村贫困人口基本医疗有保障，贫困地区基本医疗卫生服务主要指标接近全国平均水平"。只有在健康扶贫中切实提升基层医疗卫生水平，才能保证在脱贫攻坚战全面胜利后，基层健康事业继续有效运行。

1. 推动基层诊疗能力提升

健康扶贫要推动基层诊疗能力的提升。基层健康卫生从业者是基层健康的"守门员"。提升基层诊疗能力，才能保障贫困地区人口也能公平地享受健康服务，更好保证群众健康。2018年8月，国家卫生健康委、国家中医药管理局印发《关于开展"优质服务基层行"活动的通知》，决定在全国范围内开展该项活动，所有经卫生健康行政部门注册的乡镇卫生院和社区卫生服务中心均应参加。作为活动开展的重要抓手，国家设置了《乡镇卫生院服务能力标准（2018年版）》和《社区卫生服务中心服务能力标准（2018年版）》，要求力争所有乡镇卫生院和社区卫生服务中心均应达到"基本标准"，部分服务能力较强的机构达到"推荐标准"。体现了国家对基层卫生机构服务能力的要求进一步明确和规范。

2. 落实基本公共卫生服务

健康扶贫要落实国家基本公共卫生服务。以健康扶贫为契机，城乡居民健康档案管理、健康教育、预防接种、0—6岁儿童健康管理、孕产妇健康管理、老年人健康管理、慢性病患者健康管理（高血压、糖尿病）、全面提升妇幼健康服务水平等14项国家基本公共卫生服务项目要在农村地区得到有效落实，为健康中国奠定扎实基础。

3. 建立基层提升帮扶机制

理顺市、县、乡、村中各级各类医疗机构间的关系，特别是探索建立县镇村一体化医疗联合体十分重要。在健康扶贫实践中，很多地方均在积极探索并推进医联体、医共体建设，力求实现各级医疗机构间有效地互通，打造为群众健康服务的服务共同体，实现协同发展的发展共同体。只有在健康扶贫中建立起有效的基层提升帮扶机制，让基层能够得到及时有效指导，才能提升基层诊疗能力、拓展基层诊疗业务，并逐渐建立群众对基层诊疗的信任。

4. 实现医生患者关系改善

目前医患冲突现象客观存在。很多病人不满意于自己所获得的医疗服务，认为医生缺乏服务精神，主要追求经济利益。目前也确实有一些医务工作者过长地待在医院，并不能很好地了解病人特别是贫困病人生活中所遭到的困难。健康扶贫是一个契机，能将医生动员起来，使其有机会更深入地了解病人，转变医生的观念，同时也让病人特别是贫困病人获得切实有效帮助，转变对医生的印象。健康扶贫是调解医患关系，实现医患关系改善的重要动力。

（四）健康扶贫要推进健康中国建设及健康治理现代化

1. 推进健康建设，实现健康治理观念的现代化

1986 年，第一届国际健康促进大会通过了《渥太华宣言》，首次完整阐述了"健康促进"的定义、行动原则以及未来发展方向，系统提出了"健康的公共政策""建立支持健康的环境""强化社区参与""发展个人健康技能"以及"改革卫生服务模式"五大行动纲领[①]。1997 年，第四届国际健康促进大会提出了通过健康促进帮助人们改善和增进自身健康的战略计划[②]。正确的健康治理观念应坚持三个方面：（1）健康治理应该实现国家政策、公共服务、社会认知等各个方面的有机连接，形成一致的正确认识。（2）健康治理不仅仅是医疗与卫生机构的任务，有效的健康治理应该是政府、社会、个人等多个主体的有机协调和共同参与，特别是社会与个人应该主动参与其中，积极发挥作用。（3）健康治理应从"以治病为中心"转变为"以健康为中心"，将着力点落于"促进健康"，用提升健康水平的方式减少疾病产生。健康扶贫工作正是践行新的健康治理观念的重要机遇。

2. 推进健康建设，实现健康治理能力的现代化

健康治理能力的不足体现在多个方面。例如卫生行业从业者是健康治理中的关键力量，但不同类型、不同职责的卫生行业从业者之间差别大，关系复杂，那么如何有效在健康治理中更好地动员他们参与，有效联结、协同发力？再比如健康知识素养作为健康治理的一个关键因素，那么如何合作生产与创新更多的健康知识及教育模式，且如何通过发展社区认知文化构建一种更有亲和力与本土文化特点的健康教育及健康促进方式？[③] 健康扶贫就是考验并锻炼健康治理能力的一个"训练场"，在健康扶贫实践

---

① World Health Organization, *Ottawa Charter for Health Promotion*, Copenhagen, 1986.

② World Health Organization, *Jakarta Declaration on Leading Health Promotion into the 21st Century*, Geneva, 1997.

③ 刘丽杭：《国际社会健康治理的理念与实践》，《中国卫生政策研究》2015 年第 8 期，第 69—75 页。

中，健康治理能力将得到有效提升。

3. 推进健康建设，实现健康治理方式的现代化

健康治理要实现常态化的治理方式，要能够实现对群众生命全周期的覆盖；要站在"全局的、长远的、整体的"角度，推动"大健康"产业的发展；要完善药品政策，完善国家基本药物制度，加强公立医院管理，推进开展医保支付方式改革。这些治理方式革新对健康建设具有重要意义。

需要强调的是，在健康治理中要强化对于现代信息技术的运用。国务院总理李克强在2016年6月8日主持召开国务院常务会议，部署实施健康扶贫工程，并在会议上特别强调确定发展和规范健康医疗大数据应用的措施，通过"互联网 + 医疗"更好满足群众需求。探索在健康治理中运用信息技术的有效办法，推动"智慧医疗"的建设，是实现健康治理方式现代化的重要路径。

4. 推进健康建设，促进健康治理机制的现代化

"要用制度建设，帮助农村贫困人口解决看病就医问题，有效防止因病致贫、因病返贫现象的发生。制度建设安排要考虑到长效机制和可持续发展，要进一步加强资源整合，探索采取力度更大、针对性更强、作用更直接的政策举措，保障农村贫困人口享有基本医疗卫生服务"。这体现出国家在健康扶贫工作中对建设健康治理长效机制的重视。

实现健康治理机制现代化，很重要的途径就是健康扶贫与深化医疗改革的有效对接。只有将健康扶贫与医疗改革联系起来，才能有效将健康扶贫所探索的好经验、好办法融入医疗改革，从而将它们延续下来。目前在各地推进健康扶贫工作时也在推进医疗改革，力图实现两者的有机连接，相互促进。

（五）健康扶贫要推进健康中国建设实现健康的共享化

1978年的《阿拉木图宣言》就指出，健康是人类的基本权利，政府有责任提供适合的技术与方法来增进居民健康，获得更高质量的健康状况是全世界共同追求的目标[①]。为履行好党和政府职责，提升群众健康水

---

① World Health Organization, *Primary Health Care: Report of the International Conference on Primary Health Care*, Alma - Ata, USSR: 1978.

平，我国积极倡导"健康中国"理念，以人民健康为核心，将健康融入所有政策，开展健康中国建设。

习近平总书记指出："没有全民健康，就没有全面小康。"党的十八届五中全会把建设"健康中国"上升为国家战略，做出了"推进健康中国建设"的决策部署。"十三五"时期是全面建成小康社会的决胜阶段，是全面推进健康中国建设的开局起步阶段。2016年8月19—20日，全国卫生与健康大会在北京召开，习近平总书记在大会上指出："加快推进健康中国建设，是时代发展的迫切要求，也是老百姓的共同期盼。"并强调"要深入实施健康扶贫工程，健康中国是全民健康，包括欠发达、贫穷、边远地区，一个都不能少"。2016年10月25日，中共中央、国务院颁布《"健康中国"2030规划纲要》提出要"加快转变健康领域发展方式，全方位、全周期维护和保障人民健康，大幅提高健康水平，显著改善健康公平，为实现'两个一百年'奋斗目标和中华民族伟大复兴的中国梦提供坚实健康基础"，并论述了普及健康生活、优化健康服务、完善健康保障、建设健康环境、发展健康产业、健全支撑与保障、强化组织实施等方面的安排。

在健康中国建设中，健康扶贫工程将发挥重要作用。健康扶贫关注贫困的群体与地区，他们是健康中国建设最薄弱的环节。"健康扶贫为健康中国建设补短板"。[①] 国家将实施健康扶贫工程作为"十三五"卫生健康规划、"十三五"深化医改规划的重点任务，"十三五"卫生计生改革发展各项规划及专业规划安排的政策、项目等都最大限度向贫困地区贫困人口倾斜，体现了国家在健康扶贫中要改善贫困地区贫困人口健康水平低的状况，推进健康中国的全面建设，从而实现健康共享的坚定决心。

（六）健康扶贫要撬动基层治理推进社会治理的先进化

实施健康中国战略是推动卫生与健康领域治理体系与治理能力现代化的具体实践，是国家治理的重要组成部分[②]。健康扶贫所发挥的作用不仅

[①] 王培安：《健康扶贫为健康中国建设补短板》，《中国卫生》2017年第5期，第26—27页。
[②] 李玲、傅虹桥、胡钰曦：《从国家治理视角看实施健康中国战略》，《中国卫生经济》2018年第1期，第5—8页。

仅在健康治理领域，也将对整体的社会治理产生积极作用。

1. 推进基层干群关系的改善

健康扶贫一方面能够让贫困人口特别是患病贫困人口的生活状况与健康状况得到帮扶干部的更多关注，让帮扶干部更好地了解贫困人口生活的健康与不幸，提升他们对脱贫攻坚工作的认识；另一方面能让贫困人口享受更好的医疗政策，获得切实有效的帮助。在此过程中能很好地拉近干部与贫困群众的距离，提振群众对党和政府的信心。

2. 提炼有效的社会治理经验

健康扶贫将探索出很多好经验好方法，比如如何实现与群众更好地沟通，如何实现政府、市场、群众等不同主体之间的有机连接，如何实现不同层级部门之间的有效沟通共同发力。这些对于社会治理也是颇有意义的，需要把它们进行总结和提炼，有效运用到社会治理中，解决社会治理特别是基层治理中的一些难题。

3. 满足群众对美好生活的追求

健康治理与社会建设密切联系。早在20世纪90年代，我们党就提出了"以农村为重点，预防为主、中西医并重，依靠科技与教育，动员全社会参与，为人民健康服务，为社会主义现代化建设服务"的方针。健康扶贫一方面为社会建设夯实基础，另一方面能够将群众动员起来，让群众更积极地投身于社会建设。特别是对贫困群体而言，健康扶贫能够将患病贫困人口从贫病交加的困境中解救出来，提升其获得感，从而显著激发他们追求美好生活的信心和行动，更积极地参与到社会建设之中。

三 健康扶贫的"陕西实力"

通过健康扶贫脱贫一批是精准脱贫"六个一批"中的重要内容。为推进健康扶贫的有效开展，陕西省多措并举，出台系统政策、着眼精准发力，推动基层诊疗水平与能力的提升，并以健康扶贫为抓手推进健康陕西建设，成效显著。

（一）出台政策形成健康扶贫系统规划

围绕健康扶贫出台了系列政策，陕西推进健康扶贫体制架构，形成了完整的健康扶贫陕西方案。其中最具代表性和全局性的方案有两个：

1. 《实施意见》提纲挈领

2015 年陕西省委、省政府发布《关于贯彻落实〈中共中央国务院关于打赢脱贫攻坚战的决定〉的实施意见》（陕发〔2015〕20 号）（以下简称《实施意见》），指出到 2020 年健康扶贫要实现三大目标：一是因病致贫人群全部如期脱贫。贫困地区人人享有基本医疗卫生服务，农村贫困人口大病得到及时有效救治和保障，个人就医费用负担大幅减轻。二是贫困地区医疗服务能力明显提升。县镇（乡）村医疗卫生机构标准化建设全部达标，县级医院服务能力达到二级甲等医院水平，实现小病在村镇，大病不出县，90% 的病人在县域内就诊。三是贫困地区广大群众健康水平整体提高。公共卫生服务和健康促进工作全面加强，重大传染病、地方病得到有效控制，妇女儿童健康水平不断提高，群众自我保健能力明显提升；人均期望寿命逐步提高，孕产妇死亡率、婴儿死亡率、5 岁以下儿童生长迟缓率等主要健康指标达到全省平均水平。

2. 《健康扶贫实施方案》落实系统部署

为贯彻落实省委、省政府《实施意见》，开展医疗保险和医疗救助脱贫，保障陕西省贫困人口享有基本医疗卫生服务，努力防止因病致贫返贫，确保到 2020 年农村贫困人口脱贫、实现小康社会目标，陕西省卫生计生委员会、陕西省扶贫开发办公室于 2016 年 4 月 19 日发布《印发〈陕西省健康扶贫实施方案〉的通知》（陕卫规划发〔2016〕48 号），对陕西省健康扶贫工作进行了系统的规划，指出了陕西省健康扶贫的十项重点内容[①]。通过一系列方案的出台，有效推进陕西省健康扶贫工作的扎实深入开展。

（二）精准发力解决贫困人口健康问题

1. 开展集中救治与分类救治

疾病的困扰造成贫困群体生活的不便，乃至丧失劳动能力。要让患病

---

① 十项重点内容为：（一）提高贫困地区医疗保障水平。（二）实行县域内农村贫困人口先诊疗后付费的结算机制。（三）为农村贫困人口开展签约服务。（四）实施贫困人口大病分类救治。（五）建立三级医院一对一帮扶贫困县医院机制。（六）加大疾病防控和妇幼保健工作力度。（七）落实贫困地区计划生育特殊家庭扶助政策。（八）加强贫困地区县乡村三级医疗卫生服务机构标准化建设。（九）强化贫困地区医疗卫生人才培养。（十）重视加强贫困地区健康促进工作。

贫困群体获得摆脱贫困的能力与信心,能稳定地摆脱贫困,最直接的就是让患病贫困群体的疾病获得有效治疗,摆脱疾病的困扰。为此,陕西省大力推进"三个一批"行动,所谓"三个一批"行动计划,即指贫困户患11种大病的进行集中救治一批,患慢性病的由镇村医生签约服务管理一批,患重大疾病的由政府兜底保障一批,通过"三个一批"有效解决因病致贫、因病返贫,实现贫困户顺利脱贫。

2. 完善贫困人口医疗保障体系

针对"看病难、看病贵",患有大病慢病的贫困人口承担巨大医疗花销,深陷贫困陷阱的现实情况,陕西在新型农村合作医疗的基础上,建立起贫困户看病就医的"四重保障"体系,即新农合报销+大病保险报销+民政医疗救助+政府兜底保障。在四重保障之外,各地积极开发、汇集资源,通过专项拨款、建立社会爱心基金等方式,搭建贫困户看病就医的"第五重保障体系"。

为使医疗保障体系在贫困人口看病就医时能够更及时、更有效地发挥作用,避免因为报销与保障的不及时导致"救助在先、压力在先、保障在后"的现象产生,陕西省大力推行"先住院、后付费"的"一站式"即时结算服务。即按照"保险在先、救助在后"的原则对建档立卡贫困患者,实行住院"零押金"制度,即入院时经审查符合条件并签订协议书后即可入院治疗,无须缴纳住院押金,出院时各类医保政策顺次衔接、同步结算,由新农合、大病保险、医疗救助、兜底保障等报销"一站式"结算后,患者只缴纳自负部分费用,最大程度减轻贫困患者诊疗压力。

3. 扎实开展农村贫困人口签约服务

家庭医生签约服务是众多发达国家卫生健康体系中的重要一环。近年来我国在深圳、厦门、上海、北京等地开展家庭医生签约服务试点的基础上,大力推进签约服务在全国的开展和普及。推进家庭医生签约服务,成为拉近医患距离,建立针对广大群众特别是高龄、妇幼、慢病患者等重要群体的常态化健康守护体系的重要抓手;也正在成为推进全科医生执业方式改革,落实分级诊疗制度,推进医药卫生事业改革乃至健康治理体系与治理能力现代化的重要依托。由于城乡间医疗卫生资源的巨大差距,特别是农村医疗卫生从业者数量明显小于城市;以及由于部分农村居住分散、交通不便等原因导致农村的家庭医生签约服务推进举步维艰,造成城乡人口在享受健康服务上的差距越来越大。为缩小差距，提升贫困人口所享受的健康服务水平并探索推进农村家庭医生签约服务的有效路径，以健康扶贫为契机，陕西全面推进贫困人口的家庭医生签约服务。

以县为单位，在扶贫部门建档立卡贫困人口信息的基础上，核实全省农村贫困人口中"因病致贫、因病返贫"家庭数、患病人数和患病病种等。优先为农村贫困人口每人建立1份动态管理的电子健康档案和1张服务功能比较完善的健康卡，推动贫困家庭与乡村医生或乡镇卫生院医生签约服务，提供健康教育、预防接种等基本公共卫生和医疗服务，加强健康管理。贫困户患者如果得了高血压、糖尿病、精神病等慢性病，由镇村签约医生定期上门指导患者服药和健康知识宣传。签约服务可有效改善医患关系，应对贫困人口的健康困扰和健康风险，更好保障贫困人口的生活健康。

（三）多重举措推动基层健康事业发展

以健康扶贫工作为契机，陕西省积极推进基层卫生健康事业的建设，提升基层服务能力与水平，为健康治理的不断发展打下坚实基础。

1. 落实分级诊疗制度

全省所有三级医院都要牵头组建医疗集团或医联体，所有二级和一级医院（含乡镇卫生院和社区卫生服务中心）都要参加医联体。在农村，鼓励实施"三级医院+县级医院+镇卫生院"的医疗服务模式，建立紧密型的逐级技术帮扶关系，促进优质资源下沉。发挥县级医院基层三级网络龙头作用，深化县镇一体化改革，通过下派管理人员和技术骨干，接收下级人员进修学习，提高基层基本医疗服务能力。在医联体或医疗集团内，各级医疗机构按照各自功能定位分工协作。以医联体建设为基础，陕西在健康扶贫中积极推动首诊负责制和双向转诊制度的落实，引导患者合理就诊，减轻群众负担。

2. 加强贫困地区医疗卫生服务体系建设

（1）三级医院开展对口帮扶

陕西组织省内三级医院（含驻陕部队医院）和省际对口帮扶医院，与贫困县县级医院建立稳定持续的一对一帮扶关系，签订帮扶责任书，明确目标任务。以"组团式"帮扶方式，向贫困县县级医院选派一名院长或副院长和至少 5 名中高级医务人员驻点帮扶，帮助建立针对当地疾病谱的临床诊疗科目，重点加强近三年县外转出率排名前 5—10 位的临床专科能力建设，培训人员，推广适宜医疗技术，提高服务能力和管理水平。帮扶双方建立远程医疗平台，开展远程诊疗服务。紧密结合医改，三级医院推行"医联体+全科医生"，开展县镇一体化、村镇一体化改革，促进优质医疗资源下沉，提高资源利用率。

（2）加强贫困地区县乡村医疗卫生服务机构标准化建设

按照"填平补齐"原则，陕西省大力实施县级医院、乡镇卫生院、村卫生室标准化建设，使每个贫困县达到"三个一"的目标，即每个县至少有 1 所二级甲等的公立医院，每个乡镇有 1 所政府举办的标准化乡镇卫生院，每个行政村有 1 个规范化卫生室。中医医院突出中医特色，加强专科建设，县医院、乡镇卫生院设立中医科，乡村医生能运用中医药诊疗手段诊治常见病多发病。加强贫困县远程医疗能力和信息化建设，加强贫困地区疾病预防控制、妇幼保健等专业公共卫生机构基础设施和服务能力建设。

（3）强化贫困地区医疗卫生人才培养

陕西省采取多样措施积极推进针对贫困地区的医疗卫生人才培养。一是加快医疗卫生人才培养。为贫困地区县乡医疗卫生机构订单定向免费培养医学类本科生。支持贫困地区实施全科医生和专科医生特设岗位计划。继续实施农村基层人才振兴计划，为县及县以下医疗机构定向招聘万名医学类本科生计划，加快人员招聘引进步伐，到 2020 年实现基层医疗机构每万人口至少有 2 名全科医生，解决农村基层医疗卫生专业人员短缺问题。二是加强继续医学教育。住院医师规范化培训、骨干医师培训等培训计划向贫困地区倾斜，县镇医疗卫生机构专业人员五年内每人接受半年以上培训，提高技术水平。三是加强乡村医生队伍建设。分期分批轮训乡村医生，五年内每名乡村医生接受 3 个月以上培训。到 2020 年每个村卫生室实现至少有 1 名达到中等医学专业毕业水平的乡村医生。

（四）大健康格局：推进健康陕西 2030

2018 年 10 月中共陕西省委、陕西省人民政府印发的《"健康陕西

2030"规划纲要》对健康扶贫和更长远的健康治理进行规划。它指出了持续推进健康陕西建设的重点工作：一是持续推进综合医改试点，建立完善五项基本制度。二是坚持精准脱贫，持之以恒打好健康扶贫攻坚战。三是加大倾斜力度，全面提升基层医疗卫生机构服务能力。四是加快建立优质高效的医疗服务体系，全面提升医疗服务水平。五是强化源头管控，全面加强公共卫生工作。六是积极实施两孩政策，推动生育和相关政策配套衔接。七是加快信息化建设步伐，全面打造智慧健康服务。八是传承发展中医药事业，促进健康服务业发展。九是充分调动医务人员积极性、主动性。十是统筹推进其他工作。预防是最经济、最有效的健康策略。陕西省率先推动健康关口前移，从关系群众健康的最基本、最前沿、最薄弱的公共卫生抓起，推动卫生与健康事业从"以治病为中心"转向"以健康为中心"，从注重"治已病"转向注重"治未病"，真正夯实全民健康基石。同时还跳出卫生健康抓健康，发挥大健康统筹协调职能，将健康融入各部门各行业政策制定和实施当中，提供系统连续的预防、保健、治疗、康复、促进等系列健康服务[①]。

明确"健康陕西"战略是新时代陕西卫生健康工作的主题主线。陕西省着力构建大卫生、大健康格局，在重大政策制定、规划编制和工程项目建设等方面，守住健康"红线"，从源头上消除影响健康的各种隐患。成立省级专门机构，负责健康陕西建设的组织协调工作，制定健康陕西建设监测及考核办法。深化健康村镇、健康社区、健康学校、健康机关、健康企业等健康细胞建设，全方位提升居民健康素养水平。

根据该规划纲要，陕西还明确提出健康陕西建设的两个阶段：到2020年，基本形成健康陕西框架，覆盖城乡居民的基本医疗卫生制度基本建立，影响健康的突出问题得到有效解决，人民健康素养水平持续提高，人人享有基本医疗卫生服务和基本体育健身服务，健康产业体系比较完善，健康环境明显改善，主要健康指标达到西部领先水平；到2030年，健康陕西基本建成，促进全民健康的制度体系更加完善，人人享有高质量的健康服务和高水平的健康保障，人民更加健康长寿，环境更加健康优美，社会更加健康和谐，各项健康指标大幅提升。

---

① 《关于印发〈"健康陕西2030"规划纲要〉的通知》（陕发〔2017〕16号）。

四 健康扶贫的"镇巴路径"

镇巴县位于陕西省南端,汉中市东南隅,总面积3437平方公里,2019年总人口28.9万人。它是国家扶贫开发重点县,也是陕西省11个深度贫困县之一。2017年,根据贫困人口全面体检情况,因病致贫返贫7450户18625人,占全县贫困人口总数的38%。贫困人口的健康问题事关镇巴县打赢脱贫攻坚战的成效。在脱贫攻坚的总体安排部署下,以健康扶贫为抓手,镇巴县紧紧围绕"什么人、患了什么病、需要什么帮助、能提供什么服务、要达到什么效果"五个方面去思考和推进健康扶贫工作,并将医改、公共卫生、医疗服务、计生奖扶、爱国卫生等各项工作融入其中,与脱贫攻坚同安排、共部署、齐推进,探索了一条推进健康扶贫的有效路径。因病致贫返贫户从2016年的9862户减少至2018年年底的260户,县域内就诊率达到93%。先后获得2018年全国脱贫攻坚"组织创新奖""全国健康扶贫先进县"等多项荣誉。

(一)革新思想实现健康扶贫深刻理解

1. 健康扶贫的深刻内涵

健康扶贫是"通过提升医疗保障水平、实施疾病分类救治、提高医疗服务能力、加强公共卫生服务等手段,让贫困人口能够看得起病、看得好病、看得上病、防得住病,确保贫困群众健康有人管,患病有人治,治病能报销,大病有救助"。基于这一理解,镇巴对健康扶贫的内涵、目标、任务进行了进一步分析与梳理。

(1)健康扶贫的具体内涵

健康扶贫包括三个内涵:一是帮助贫困患者解除病痛,尽快恢复生活生产能力,帮助家庭甩掉疾病的沉重负担,帮助他们摆脱因病致贫、因贫病重的恶性循环困境,实现基本医疗卫生资源合理分配。二是通过对贫困人口和致贫的相关健康因素进行干预,提高贫困人口健康水平,减少因健康因素造成的贫困现象。三是将健康融入所有政策,构建大卫生、大健康格局,实现人人健康、共建共享。

(2) 健康扶贫的实践目标

健康扶贫包括短期、中期、长期三个层面的目标：当前以健康扶贫为抓手，助力脱贫攻坚；中期以健康扶贫为契机，提升基层服务能力；远期以健康扶贫为引领，持续提高群众健康素养，完善健康服务体系，为实现"健康镇巴"打下坚实基础。让人们生得优、活得长、病得晚、走得安。

(3) 健康扶贫的四项任务

一是提高医疗保障水平。实现多重医疗保障制度覆盖；全部患病的人能得到及时有效治疗，解决基本医疗公平性。健全基层医疗卫生服务体系；乡镇卫生院、村卫生室服务设施条件达到标准，基本药物齐备，拥有具备执业（助理）医师资格的全科医师和合格的乡村医生，解决基本医疗可及性。实现家庭医生签约服务全覆盖，保障农村贫困人口享有居民健康档案、疾病预防、健康教育等基本公共卫生服务，实现基本公共卫生均等化。

二是建立长效工作机制。按照"保基本、兜底线"的原则，提高贫困人口住院和大病、特殊慢性病、长期慢性病门诊医疗费用实际报销比例，降低贫困人口就医负担。针对普通农村居民，完善大病保险制度，采取降低起付线、提高报销比例、取消封顶线等精准支付措施，建立重病兜底保障机制，特别是针对因患大病、重病处于贫困边缘的人群，探索干预机制，防止因病致贫。

三是推进健康乡村建设。以健康扶贫统筹乡村卫生事业，加快补齐贫困地区卫生健康服务短板，坚持预防为主，推动关口前移，促进卫生健康工作以精准救治为中心向以健康管理为中心转变。

四是深化医药卫生体制改革。以健康扶贫为抓手，进一步深化医药卫生体制改革。落实分级诊疗、强化医共体建设、规范药品供应、加强人才引进和培养，实现卫生健康事业的整体前进。

(4) 健康扶贫的两项重点

健康扶贫应着力于两个重点：一是强化预防控增量。通过健康教育、传染病防治、慢病管理、妇幼保健、老年人健康管理、农村环境卫生整治、全民健身，让没患病的不患病，让患慢病的少转成大病。二是精准救治减存量。首先是保障政策的落实，让群众看得起病；其次是基层能力提升，群众能看得好病。让已患病贫困人群得到治疗，恢复生产生活能力。

（二）科学谋划实现健康扶贫系统布局

在形成对健康扶贫深刻、系统地认识基础上，镇巴县对其体系架构进行科学设计，形成健康扶贫"一二五"系统布局，推动了工作有序、扎实、深入开展。

"一二五"系统布局中，"一"指围绕一个目标："建设健康镇巴"，即持续提高群众健康素养，完善健康服务体系，推进县域整体卫生健康事业发展。

"二"指突出两个重点："精准施治斩病根——减存量"和"疾病预防斩病源——控增量"，一方面通过"三个一批"集中治疗等工作，解决因病致贫的现实问题，帮助贫困人口脱离贫病交加的困境；另一方面通过有效的健康治理与疾病预防，降低患病风险，减少因病返贫与新增因病致贫现象，提升脱贫质量，实现稳定脱贫。

"五"指构建五大体系，包括以下五个方面[①]：

1. 统筹协作体系。一是强化党政统筹。成立健康扶贫专门领导与实施机构，党委、政府、部门统筹安排，明确分工；实现党政线、业务线、协会线上下协作。二是整合四支力量。整合镇村干部、帮扶责任人、驻村工作队及第一书记、签约医生团队四支力量聚焦健康扶贫。三是实现卫计融合。卫生、计生两支队伍思想、文化、业务深度融合，最终形成健康扶贫工作合力。

2. 服务保障体系。一是强化政策保障。建立以新农合、大病保险、民政救助和补充医疗为基础的医疗保障体系，并配以便捷的一站式结算体系。二是爱心关怀救助。整合各项爱心资金救助计生特殊家庭和贫困家庭。三是优化信息服务。推进"互联网+健康扶贫"的探索与实践，确保群众享受到优质便捷的医疗服务，运用信息技术推进各项服务落实。

3. 能力提升体系。一是加强人才培养。筹集人才培养基金用于人才培养，建立激励、培养与帮扶机制，全面提升队伍素质。二是医联医共帮扶。三级医院对口帮扶，县内建立县托镇、镇托村的紧密结合型医共体。三是加快基础建设。多渠道筹集资金，加强县、镇、村医疗卫生机构硬件

---

① 参考镇巴县卫健局《探索健康扶贫一二五模式，扎实推进健康乡村建设》。

建设。

4. 健康管理体系。一是强化预防控增。细化行动方案，夯实相关职责，建立防控体系。二是创新签约服务。创新"2+2+1"模式，落实贫困人口家庭医生签约服务和慢病家庭医生签约服务。三是精准施治减存。大病患者集中救治一批、慢病患者签约服务管理一批、重病患者人文关怀一批。

5. 监督考评体系。一是强化结果运用。健康扶贫考核结果与干部任用、评优树模、职称晋升和绩效考核挂钩。二是坚持阳光考核。制定健康扶贫目标责任管理考核办法，实现考核公平公正公开。三是健全监督机制。将健康扶贫纳入县委、人大政协和系统专项工作监察、巡查，落实问责机制。

以靶向治理瞄准和满足贫困群众的需求

2017年8月，习近平总书记在山西太原召开的深度贫困地区脱贫攻坚座谈会上指出，"推进深度贫困地区脱贫攻坚，需要找准导致深度贫困的主要原因，采取有针对性的脱贫攻坚举措"。作为国家扶贫开发重点县和深度贫困县，根据2017年的精准识别，镇巴县建档立卡在册贫困户17639户48968人，因病致贫7450户占贫困户总数的42.2%，因病致贫18625人占贫困人口总数的38%。疾病成为镇巴县致贫的主要原因之一。为了高效开展健康扶贫，实现健康镇巴目标，镇巴县在实践中探索了"四步筛查""精准防治"等推进健康扶贫的"精准工作法"，以靶向治理瞄准和满足贫困群众需求，并有效避免了资源浪费，提升健康扶贫工作效率，提高脱贫质量。

一 精确施策：提高脱贫质量的关键

习近平总书记在中央扶贫开发工作会议上强调："脱贫攻坚要取得实实在在的效果，关键是要找准路子、构建好的体制机制，抓重点、解难点、把握着力点。空喊口号、好大喜功、胸中无数、盲目蛮干不行，搞大水漫灌、走马观花、大而化之、手榴弹炸跳蚤也不行，必须在精准施策上出实招、在精准推进上下实功、在精准落地上见实效。"实施精确施策，要突出重点，把以往的"漫灌"改为"滴灌"，对贫困人口逐个分析致贫原因，找准问题所在，然后"对症下药"。2017年以前，镇巴县健康扶贫也曾存在着不精准的问题，特别是在对因病致贫贫困户的识别上，未做到准确掌握贫困户真实情况，没有建立起对因病致贫贫困户的动态管理，难以准确识别因病致贫、返贫贫困户，这不利于发现贫困户面临的实际困难并采取相应措施，造成减贫效果不佳，最终导致精准脱贫工作受阻。

（一）保障落实要到位

国家对医疗卫生制度的建设日趋完善，但有关保障措施落实相对不足。很多地区贫困人口存在因支付能力不足而不能参保或付不起医疗费的情况，导致他们无法享受医疗保障，这些问题在我国集中连片特困地区尤为突出。目前我国医疗保障普遍采用"先行垫付，再报销"的模式，患者在医院看病住院时，需先垫付产生的医疗费用，出院结算后在医院的合作医疗报销窗口报销花费的医药费用。现实情况是，贫困人口患病后，依靠家庭的积蓄支付高额医疗费用，当自己的积蓄不足以支付医疗费用而又借不到钱时，往往因无法承担需要垫付的医药费，只能拖延或者放弃治疗。建立医疗保障体系的目的在于让普通群众看得上病、看得起病，而"先垫付，再报销"的模式，阻碍了医保作用的有效发挥。

山区贫困群众多是镇巴县面临的实际难题。县域内农户收入主要来源于农业，地少且缺乏灌溉，土地收益有限，加之缺乏其他产业支撑，使农户收入十分有限，道路交通的不方便也增加了看病成本，看病问题成了压在贫困群众头上的一座大山。不仅损害了群众的身体健康，还与"健康镇巴"的目标背道而驰。

（二）贫困识别要精准

对扶贫对象的精准识别是精准扶贫的第一步，也是保证顺利开展最关键的一步，由于基层情况复杂多样，造成了扶贫识别不精准的情况，识别不精准的表现主要包括"漏评"和"误评"，体现在医疗卫生领域就是将因病致贫的贫困户未纳入贫困户中，从而无法享受国家各项扶贫政策；错将达不到贫困标准的贫困户评为贫困户，或将非因病致贫的识别为因病致贫，享受了国家政策。

国家给予农村、农民尤其是贫困户的政策福利众多，加之农民收入来源多样，基层政府工作者很难获得所有农户准确的收入数据，易出现工作失误，造成"漏评""错评"的情况。我国医疗保障制度已日趋完善，但针对贫困地区因病致贫患者的和减轻贫困户医疗负担方面的政策尚不足且不精准，政府对因病致贫户也还没有真正做到精准识别，对贫困户底子摸不清、情况摸不透。

在医疗保障方面，政府除了对"低保户""五保户"有具体明确的政策，对其他农村居民还存在制度边缘化和政策模糊不清的情况。政府在制度上的缺失，使基层工作人员在对贫困户进行评估时也不能做到很好的监督控制，造成"人情扶贫""关系扶贫"等一系列问题的出现，应扶未扶的情况给扶贫工作带来负面影响，造成社会不公平，使政府缺乏公信力。[①]

2017年刚开展健康扶贫工作时，镇巴县贫困户识别，特别是因病致贫贫困户识别方面面临严峻问题。由于缺乏因病致贫识别的具体标准，加之对于贫困户具体的身体健康状况无法做到全面而准确的掌握，导致在实际贫困户识别中，被识别因病致贫的贫困户比重远高于实际情况。这给扶贫工作的瞄准和扶贫资源的使用造成了很大的压力，也容易助长部分贫困群众等、靠、要的思想，影响产业发展等其他扶贫政策的落地。

（三）动态管理要精细

精准识别完成后，要对所有识别出来的贫困户重新建档立卡，而精准扶贫以精准识别为基础，如果在精准识别阶段出现偏差，即便精准扶贫各项措施做得再到位也无法实现真正的精准扶贫。被识别出的贫困人口都是动态发展的，随着精准扶贫的进行会不断有人进入和退出，有些脱贫的人口也可能由于种种原因再度返贫，这就要求参与健康扶贫的工作人员定期走访贫困户，了解近况，掌握贫困户健康情况，及时更新相关信息系统的记录。而实际情况则是，基层巨大的工作量，特别是扶贫人员平时工作中疲于应对各种表格上交、工作考核、汇报材料撰写和上级检查，疏于到贫困户家中随访，不能准确掌握具体情况。另外，贫困户退出和进入机制不灵活，缺乏动态跟踪和精准管理，无法对进入与退出机制的实施主体进行有效的监督和衡量。贫困户退出过程中，对其实际情况的调查摸底、村内民主评议和公示环节往往被忽视，缺乏对脱贫人口自我发展能力和承担风险能力的评估，没能从根本上解决自我发展问题，这些群体因病返贫的几

---

① 汤少梁、许可塑：《贫困慢性病患者疾病负担与健康精准扶贫政策研究》，《中国卫生政策研究》2017年第6期，第64—67页。

率仍较高。

镇巴县健康扶贫过程中同样存在这些问题,没有实现对贫困户的动态管理,部分贫困家庭无法及时享受扶贫政策,生活更加艰难,而有些已达到退出条件的贫困户没有及时退出,造成扶贫资源的浪费。动态管理的目的就在于准确掌握贫困户真实信息,确保做到因户因人的精确施策。

(四) 资源配置要科学

脱贫攻坚战打响以来,中央和各地方调集大量资源用于扶贫,各项政策措施的先后出台使扶贫资源多而分散,部门间分工不明、职责不清、协调不足,导致资源配置不精准。医疗保障与救助政策的相关资源分布在多个部门,部门间工作任务重叠与交叉并存,工作疏漏时容易出现相互推诿的情况,造成资源的闲置或浪费。信息上的不共享是造成这种现象的重要原因,各单位、各部门拥有相对独立的工作系统、单设窗口,单位、部门间的信息不对称增加了信息核实的难度,使制度运行成本大幅提高,办事效率下降。在精准扶贫工作中只有做到信息共享,才能使各部门之间有效协调合作,针对每一户实际情况采取有效帮扶措施。保障程序复杂也是导致资源配置不精准的原因,因政出多门,保障人群、保障方式、待遇标准各不相同,导致申请、支付、报销流程较长,手续烦琐。贫困人口对于政策缺乏主动了解且理解能力有限,导致他们难以弄清楚自己可以享受保障政策的种类和内容,一定程度上弱化了政策执行效果。[①]

2018年3月,镇巴县被定为全国"互联网+健康扶贫"试点县之一,整合县内公共卫生、医疗服务、医疗保障、药品管理、计划生育、综合管理六大业务板块数据,打造统一高效、互联互通、信息共享的区域卫生信息化系统。使各部门间分工更明确,合作更流畅,健康扶贫资源利用更高效,办事效率大幅提升。在此之前,镇巴县在卫生扶贫事业中也没有实现信息共享,办事效率较低,导致扶贫资源难以及时下发到贫困户手中,扶贫效果不够理想。

---

① 汤少梁、许可塑:《贫困慢性病患者疾病负担与健康精准扶贫政策研究》,《中国卫生政策研究》2017年第6期,第64—67页。

（五）帮扶措施要精确

各地在地理环境、自然资源、气候等方面不尽相同，要根据自身实际制定合适的帮扶措施，确保帮扶措施能在当地顺利落地；要根据不同家庭的致贫原因有针对性地制订个性化帮扶方案，对缺劳动力、缺技术、缺资金、缺土地、因病、因学等不同致贫原因对症下药，这种精准施策，能帮助贫困户找到符合其自身条件的发展路径，使贫困户自我发展意识和自我发展能力得到显著提升。对于完全或部分丧失劳动能力，无法依靠政策帮扶和自身发展脱贫的贫困户，要采取保障性扶贫方式，为其基本生活形成兜底保障。因病致贫是我国的主要致贫原因之一，健康扶贫领域内也存在很多复杂问题，为贫困户制定的帮扶措施存在"一刀切"现象，没有充分根据贫困户实际情况制订个性化帮扶方案，造成部分因病致贫户的帮扶效果不明显，使健康扶贫工作不够理想。[①]

2017 年以前，由于镇巴县的山区群众受教育程度普遍偏低，对于政府各项政策缺乏主动了解的积极性，等待扶贫的情况比较明显；部分群众对于扶贫工作也存在不信任、不配合、不接受的心理，工作人员难以开展工作。面对工作压力，部分健康扶贫工作人员采取的扶贫措施不够精准，未仔细分析贫困户真正致贫原因，机械地采取扶贫措施，直接降低了健康扶贫效果。

二 精准识别："四步筛查"识别因病致贫人口

精准扶贫、精准脱贫是我国脱贫攻坚的基本方略，而精准识别是精准扶贫的前提。习近平总书记指出："扶贫必先识贫。建档立卡在一定程度上摸清了贫困人口底数，但这项工作要进一步做实做细，确保把真正的贫困人口弄清楚。只有这样，才能做到扶真贫、真扶贫。"做好精准识别工作是维护贫困人口基本权益的具体体现，是做好新时期精准扶贫工作的重要前提，通过精准识别，找出应扶贫困户，了解贫困户真实情况，分析其

---

① 李春亭、颜明：《云南健康扶贫的现状分析、实施困境与路径完善》，《云南民族大学学报》（哲学社会科学版）2018 年第 3 期，第 77—85 页。

致贫原因，掌握贫困户帮扶需要，在扶贫中精确瞄准贫困对象，意义重大，责任重大。在健康扶贫工作中，首先要先对全部贫困人口的基本健康状况进行摸排掌握，再通过体检甄别确定因病致贫、返贫人口，根据体检结果采取有效的措施进行帮扶，这样才能达到预期效果。

镇巴县在最初开展健康扶贫时也同其他地区一样，缺乏对因病致贫、因病返贫人口精准识别的办法，没有一套能从根本上识别因病致贫、返贫问题的制度。基层干部往往只能基于经验及帮扶对象的现实要求来判定是否为因病致贫、返贫，缺乏精确评估疾病对家庭生活影响的方法。虽然国务院扶贫办利用扶贫信息系统开展了数轮"数据清洗"，但部分地区仍存在将小病或轻伤人员纳入因病致贫的情况，助长"等、靠、要"思想，加大扶贫工作压力。

为了破解精准识别的难题，切实摸清全县因病致贫、返贫底数，镇巴县制定实行了以健康体检为重点的"四步筛查"工作法，通过制定标准、体检甄别、比对核查、分类评估，掌握全部贫困群众的健康信息，在此基础上，厘清贫困户致贫主、次原因。①

（一）科学摸底：全面掌握贫困人口因病致贫返贫状况

2016 年 4 月 18 日国家卫生和计划生育委员会同国务院扶贫办启动建档立卡农村贫困人口"因病致贫、因病返贫"调查工作，提出了四条调查路径，将建档立卡农村贫困人口"因病致贫、因病返贫"数据与新型农村合作医疗管理信息系统、国家卫生统计网络直报系统病案首页数据、

---

① 致贫主要原因是指通过治疗达到临床治愈和各种报销、救助可以达到脱贫标准的，纳入主要致贫原因。它包括：一、符合国家规定的 22 种大病（国家 22 种大病名单：儿童白血病、儿童先心病、乳腺癌、宫颈癌、重性精神病、终末期肾病、耐多药肺结核、艾滋病机会性感染、肺癌、食道癌、胃癌、结肠癌、直肠癌、慢性粒细胞性白血病、急性心肌梗死、脑梗死、血友病、I 型糖尿病、甲状腺功能亢进、唇腭裂、儿童苯丙酮尿症、儿童尿道下裂），在急性期需要及时治疗的；二、其他大病开销过大，医疗费用占家庭可支配收入 40% 及以上的；三、家庭因病人员为家庭主要劳动力的（经治疗可以恢复劳动能力的）；四、无第三方责任的重大意外伤（非致残性）。因病致贫次要原因包括：一、治疗效果不大，没有康复可能的各种慢性病，反复需要住院或者门诊治疗的；二、各类癌症手术后或者放化疗已经结束，病情处于稳定康复期；三、疾病本身对劳动能力影响不大的；四、预后判定为疾病治疗结果对脱贫帮助意义不大的；五、属普通疾病和季节性疾病，原则上不作为因病致贫原因。根据规定的标准为贫困户界定因病致贫主、次原因，填写相关档案信息，最后经公示、公告，确定因病致贫、返贫户。

居民电子健康档案比对筛查，基层卫生计生队伍入户排查、体检或送往医疗机构检查，对经医疗机构诊疗已在新农合系统报销、经医疗机构住院诊疗未在新农合系统报销、已建立健康管理档案实际患病、无任何健康记录但实际患病的人群进行筛查，实现摸底调查地全覆盖。对贫困人口的摸底工作是健康扶贫的前提，通过科学全面摸底，掌握了贫困户基本健康状况，为下一步体检筛查指明了方向，划定了应重点关注的主要人群，为精准识别提供了保障。

镇巴县卫生健康部门深知摸清因病致贫、返贫户前期底数的重要性，为贫困户全面摸底做了大量准备工作，研究出台了《镇巴县健康扶贫"四步筛查"实施方案》，采取统一体检标准、统一筛查方案、统一组织培训、统一抽调人员、统一调配设备的方式，以严格的操作标准确保筛查识别正常进行。2016年年初，镇巴县各镇（办）在建档立卡"回头看"中，对全县农村贫困人口因病致贫、因病返贫情况进行了初步摸底。县、镇、村三级扶贫干部和医务人员一起深入贫困群众家中了解实际情况，做到了贫困人口全覆盖。经过挨家挨户地入户随访调查，同时结合前期收集的数据资料，进行缜密分析辨别，最终掌握了每一户贫困家庭的真实情况。镇巴县组织专人将各镇（办）上报的数据与全面摸底情况进行对比筛选，主要查看掌握的数据是否准确吻合、健康扶贫政策是否真正落实，针对比对结果加强横向分析和纵向核实，及时发现健康扶贫工作中存在的隐性问题，并经县扶贫办核查认定后录入上报管理系统。全面摸底工作走进了每一户贫困家庭，经过扶贫人员的调查，对建档立卡贫困户基本健康状况实现了全面掌握。

（二）体检筛查：送医下乡准确掌握贫困人口健康水平

体检筛查的目的是精准识别贫困户的具体病况，为分类管理打下基础，也为进一步地精准治疗和精准帮扶提供依据。体检筛查工作不但要对贫困群众进行各项身体检查，还要为群众开展健康生活方式指导、健康评估、慢性病防治讲座等活动。建立贫困户健康管理档案，实时掌握贫困户个人身体状况，努力实现疾病早发现、早治疗，防止小病拖成大病，减轻因医疗带来的经济压力，因病施治、精准医疗，摆脱贫病交加的困境。

2017年4月，镇巴县卫计局组织开展全县健康扶贫免费体检工作，在西安交通大学第一附属医院和陕西省肿瘤医院的支持下，集中40余名县级骨干医师参与到对全县183个行政村966个村民小组的体检工作中，为贫困群众"送医下乡"，深入每一个村庄开展工作。行动不便的贫困户则采用上门体检的方式，外出务工的贫困群众则采用邮寄体检报告的形式，切实减轻了群众负担。体检活动严格执行体检标准及流程，保障体检数据真实精确。此次健康扶贫体检包含计生特殊家庭成员，共计体检8889人，宫颈癌筛查911人，其中发现高危51人，确诊12人；筛查出心衰病例179例。发现患有不同慢性病、93种重大疾病和颈腰椎间盘突出等疾病共计6961人，按ICD—10疾病编码分类标准初步得出镇巴县贫困人口疾病谱，高血压、慢支、冠心病排在首位，共计390余个病种。明确了镇巴县主要病种及其分布，为开展分类分批救治提供了依据。根据"三个一批"疾病分类要求，结合镇巴县贫困人口实际经济情况，镇巴县将患有较大疾病的6961人按集中救治、慢病管理和重病兜底（人文关怀）"三个一批"进行分类，1252人得到了集中救治，5111人纳入慢病签约服务管理，598人纳入重病兜底（人文关怀）。

2017年6月，镇巴县中医院到长岭镇开展健康扶贫体检时，现场有一位拄着树杈拐杖来体检的老人，医院外一科主任丁福超注意到老人身上插着尿管，主动接待了他。丁主任在询问老人病情时发现老人患有耳聋症，交流十分困难。经过丁主任详细检查后发现老人患有前列腺增生症，建议老人尽快去医院住院治疗。老人在女儿的陪同下到县中医院治疗，丁主任经过相关检查，决定局部麻醉进行膀胱造瘘手术。手术非常成功，仅用21天老人就康复出院。"这次住院，总费用5752元，其中合疗报销4173元，民政救助1005元，我们自己付了574元。"老人十分高兴地说道，"现在政策太好了，住院将近一个月，自己才付了五百多，而且这里的医生护士特别好，对我们很关照，多谢政府，感谢医院。"通过摸底、对比筛选、体检筛查，镇巴县准确确定了因病致贫、因病返贫人群，做到了不遗漏、不错评，为贫困人口健康增添保障。

（三）有效筛选：数据对比逐户核实保证信息精确透明

数据作为一种重要资源，在诸多领域中都有重要影响，数据的质量对过程管理、决策支持、合作需求分析等活动均有重要引导作用，高质量的数据能够提供可靠、准确的服务。然而当人们获取和利用的数据量飞速增加时，由于容错标准不完善、存储数据格式不一致、信息来源可靠性低、数据更新周期过长等原因，造成数据错误率和混乱程度的增加。[①] 对"过期"数据的修复，可能会引起一致性方面的问题，有些错误数据的产生原因可能正是由于信息失去了时效性或者记录字段的不一致；对于存在较多缺失部分的数据进行填充，其填充后的可信度和准确度需要进一步分析。[②] 贫困户健康数据是一种动态数据，需要及时更新、修正。健康扶贫对数据质量有很高要求，只有严格按照逐户对比核实的要求开展工作，确保数据的质量，才能把收集的数据有效应用到健康扶贫的实际中去。

镇巴县将摸底数据与体检筛查得到的数据核对后，组织进行再一次核实，由镇卫计办召集卫生院医护人员和镇、村干部，按照"村不漏户、户不漏人、表不漏项、项不出错"的原则，逐户逐人进行了再核实，切实做好"边比对、边整改、边总结、边提升"，实现健康扶贫实际数据与健康扶贫管理系统数据共享一致，建立健康扶贫常态化数据比对机制，厘清贫困户致贫主次原因，切实提升基础数据的准确度、健康扶贫的精准度。整个对比核查的过程完全公开透明，核查后的名单在村（社区）、镇（办）逐级公示，开放投诉渠道，接受群众监督。最终确定因病致贫返贫7450户18625人，比体检甄别前分别下降28个和20.4个百分点，为下一步精准帮扶、靶向施策奠定了坚实基础。

（四）评估分类：清洗数据重新建档落实动态同步调整

当今社会，数据价值越来越大，高质量数据是进行评估分析的重要条件。在数据采集、整理、存储以及分析过程中，清洗数据是极为重要的一环，是保证数据质量的有效手段。在进行数据清洗时采用人工审核和软件审核相结合的办法，发现数据中存在的错误。数据清洗后，应对清洗后的数据进行科学的验证和评估。评估测试结果出现偏差，应对清洗方案调整后再次进行清洗或安排工作人员实地调查核实。数据清洗完成后，还需进

---

① 丁小欧、王宏志、张笑影、李建中、高宏：《数据质量多种性质的关联关系研究》，《软件学报》2016年第7期，第1626—1644页。

② 同上。

行质量审核及评估，从而不断发现问题、解决问题，确保调查数据的精确性、完整性，为数据应用做准备。[①]

体检筛查结束后，汉中市镇巴县卫计局抽调40名专职人员，将疾病治疗变化情况与全县脱贫攻坚数据逐项核对进行深度清洗，仔细修改每一项缺失、错误的数据，保证每一位贫困户的数据都条理清晰，为新增因病致贫、返贫户建立新档案，根据体检结果录入各项信息，做到给每一位贫困户下的结论都有凭有据，为数据、结论负责，为分类施治夯实基础。镇巴县利用"镇巴县健康扶贫管理系统和电话跟踪随访软件系统"，逐步将全县贫困人口全部纳入健康扶贫对象实行动态管理。筛查确认的贫困患者由县、镇、村三级医生联合开展分析评估，精准分类。最终全县确定因病致贫7450户18625人，按照大病集中救治、慢病签约管理、重病兜底保障的"三个一批"策略实行精准救治。

三　精细防治：专病专治解决疾病防治问题

2017年12月，习近平总书记《在中央经济工作会议上的讲话》中指出"打好脱贫攻坚战，关键是聚焦再聚焦、精准再精准，采取更加集中的支持、更加有力的举措、更加精细的工作，瞄准特定贫困群众精准帮扶"。镇巴县在健康扶贫工作中坚持防治结合，针对常见病进行健康体检、讲座，改变居民不良生活习惯，培养居民预防意识，减少患病概率，夯实居民健康素养基石。对已患病人群，根据所患疾病采取相应治疗方式，动态跟踪及时联系随访，掌握患者近况，为患者康复提供保障，为实现健康中国目标"铺平了道路"。

（一）预防为主，消除隐患

截至2018年年末，中国贫困人口还有1660万人，健康扶贫形势依然严峻，脱贫人口也存在因病返贫风险，同时伴随着社会老龄化，各种疾病高发，不论是贫困人口还是非贫困人口都面临健康问题。"要通过各种方法提早来预防，改变生活习惯来预防。要早期发现，早期检测，等到发病

[①] 马克：《数据清洗在统计调查实践中的应用》，《调研世界》2018年第10期，第57—59页。

你再来治，成本太大，对于个人也太痛苦"①。精准预防对社会的成本低，对个人也低。开展健康扶贫最终目标是让人民群众身体更加健康，不会因为看病治疗而陷入贫困，突出预防为主具有极为重要的意义，是解决看病难看病贵、实现健康中国战略的关键一招。

1. 预防是比治疗更优的选择

2016年8月，习近平总书记《在全国卫生与健康大会上的讲话》中指出，"预防是最经济最有效的健康策略。古人说：'上工治未病，不治已病。''良医者，常治无病之病，故无病。'要坚定不移贯彻预防为主方针，坚持防治结合、联防联控、群防群控，努力为人民群众提供全生命周期的卫生与健康服务"。预防是避免和减少疾病发生，把更多工作做在生病之前，以恶性肿瘤、急性紧急梗死、严重心脑血管疾病等为主的大病严重威胁患者健康，时刻威胁患者生命安全，且花费巨大；以心脑血管病、类风湿病、糖尿病和慢性呼吸系统疾病等为代表的慢性病已成为威胁我国公众健康的主要公共卫生问题，慢性病需要长期治疗，对身体的伤害是持续性的。通过改变不良生活习惯，加强体育锻炼，提高身体素质，增强抵御疾病的能力，可有效预防大病、慢病，经济成本低、避免身体受伤害。

2. 预防能让看病不再难和贵

疾病预防可以达到较好的健康效果，让群众不生病、少生病、晚生病、少得大病，减少群众去医院就医次数，看病难的问题自然可以减轻。同时，预防可以降低就医成本，节省社会医疗资源，让更多资源投向大病、非常见病，挽救更多生命，进一步缓解看病贵的问题。

3. 预防为主是"健康中国"战略的必然要求

当前，"健康中国"已上升为国家战略。"健康中国"的主要内涵就是以人民群众健康需求为导向，努力实现从"以疾病治疗为中心"到"以健康促进为中心"的转变，不断提高国民健康水平。这就要求我们必须从大健康、大卫生高度出发，将健康融入所有政策；创建促进健康的环境，通过疾病预防、健康保护和健康促进不断提高公众健康水平；关注生命全过程的健康，关注不同年龄阶段的主要健康问题，实现"健康一生"；大力普及科学的健康知识，开展公众健康教育，倡导健康生活方

---

① 马克：《数据清洗在统计调查实践中的应用》，《调研世界》2018年第10期，第57—59页。

式，不断提高公众健康素养，加强每个人对自我健康的管理。

预防为主是卫生与健康工作方针的重要内容，也是新中国成立以来医药卫生领域探索的重要经验。镇巴县认真贯彻落实中央精神，在全县范围内大力进行健康宣传教育工作，推进城乡环境卫生整治和全民健身运动，学校加大学生健康教育力度，普及膳食营养知识。开展控烟限酒行动，加强慢性病综合控制管理，强化心理健康服务体系建设和规范化管理，提升全县基层医疗卫生服务能力，使镇巴人民健康水平不断提升，健康素质达到更高水平。2018 年 5 月，为全面掌握镇巴县城乡居民健康素养水平，镇巴县疾控中心联合西安交通大学公共卫生学院对全县居民展开健康调查，了解全县居民健康实际情况，为后续居民健康工作开展指明方向，调查数据成为开展精准健康扶贫、精准疾病防控，有针对性地为重点人群落实健康教育、健康促进，指导全民健康生活方式的依据。

（二）专病专治，精准服务

2017 年 6 月，习近平总书记《在深度贫困地区脱贫攻坚座谈会上的讲话》中指出，"集中优势兵力打攻坚战。'分则力散，专则力全。'造成各地深度贫困的原因各不相同，集中优势兵力打歼灭战要从各地实际出发，充分发挥我们集中力量办大事的制度优势"。健康扶贫领域内，精准医疗要找准患者病根，为患者提供个性化诊疗方案，集中力量，抓住重点，提供更加精准的服务，实现在合适的时间给予患者合适的治疗，根据患者具体情况制订合适的治疗方案。

镇巴县住在深山的贫困户到医院看病不易，没有充裕的时间和金钱用于看病，在诊断病情时需要更精准的服务。针对贫困人口日常健康的控制管理，镇巴县根据前期录入健康扶贫动态管理系统的数据，开展例行体检，询问近况，再开方治疗；同时分别针对日常健康管理、慢性病人群管理、特殊病人群救助三大类开展分类救治，对救助对象进行动态管理，不仅注重现有贫困群众的救治脱贫，也关注其他群众因病致贫、因病返贫情况，真正做到在脱贫攻坚路上"一个都不能少"。

镇巴县积极推进疾病预防控制"八大行动"，实现"控增量，减存量"的目标。深入实施健康知识普及行动，在文艺、电影下乡过程中普及健康知识，实施健康促进行动，启动"健康细胞"创建工程，2018 年拟脱贫村全部创建为健康村，健康学校创建达30%以上；实施基本公共卫生服务补短板行动，探索公共卫生绩效考核新模式；实施重点传染病专病专防行动，加大结核病、乙肝、狂犬病、艾滋病、手足口病、麻疹、布鲁氏病、梅毒、流行性腮腺炎9种重点传染病防控力度，深化专病专防各项策略和措施，落实专病专防工作经费，确保重点传染病基本得到有效控制或稳定在低流行水平；实施慢性病地方病综合防治行动，开展"慢性病患病率及危险因素调查"课题研究；实施妇幼保健行动，利用优生优育免费体检和母亲健康行动做好出生缺陷一级预防和"两癌"筛查工作；实施乡村振兴战略，持续改善农村环境卫生，以卫生创建为抓手，广泛宣传动员群众改厕，把农村改厕与新农村建设、扶贫开发、移民搬迁、村卫生室建设等项目结合起来统筹实施，农村卫生厕所普及率力争达到68%以上；实施全民健身普及行动，提升居民身体素质。同时，镇巴县各乡镇卫生院积极落实专科建设，也有利于为群众提供更加精准和专业的服务。过去普遍认为基层卫生院只要做好慢病防控、预防接种等公卫服务即可，但如今，如果基层卫生院医疗服务能力不强，会严重影响其为百姓服务的能力，既不利于分级诊疗的实施，也不利于减轻群众经济负担。开展医疗改革推进医疗资源下沉，为乡镇卫生院特色科室建设注入了生机，镇巴县渔渡镇卫生院院长庞延升说道，"我们卫生院以前都没有产科，现在我们设立了产科，有了产科大夫，镇上的居民在自己镇上就能生产了，十分方便，另外卫生院还建立了中医馆，这个科室是我们这里最受欢迎的科室"。基层卫生院专科建设提升了专病专治能力，使卫生院服务能力得到提高，服务范围得以扩大，有利于精准服务的提供。

四　靶向治理：精准医疗提升健康扶贫效果

习近平总书记指出："脱贫攻坚一定要扭住精准，做到精准扶贫、精准脱贫，精准到户、精准到人，找对'穷根'，明确靶向。"健康扶贫，首先要做好精准识别，把扶贫对象摸清搞准，只有这样才能增强扶贫资金与项目的针对性、有效性。采取逐一入户核查、体检筛查等形式识别，逐一建档立卡，坚决杜绝任何形式的弄虚作假，真正为精准扶贫打下基础。在精准识别后，针对每一户个性化问题打造个性化治疗方案，因人而异，分类指导，确保每一项措施精准到户到人。

（一）靶向治理成效显著

靶向治理的本质就是要突出关键少数、关键领域和关键环节，进一步找准病兆、查清病灶，把准脉、开好方，为深化源头治理打下坚实基础。靶向治理体现在医疗卫生领域就是要提高医疗精准度，按照患者实际病情给予相对应的治疗，做到"一人一策，一病一方"。镇巴县面向因病致贫、因病返贫人口实施精准医疗，找准每一位贫困户的病症所在，对症采取相应的强有力医疗措施，减轻了患者病痛，减少了医疗开支，提升了健康扶贫效果。

精准识别，解决了"帮扶谁"的问题。做好健康扶贫工作要全面准确掌握全体贫困人口实际健康状况，需在辨别上下功夫，在分类上搞清楚。镇巴县开展建档立卡贫困户全面摸查工作，掌握了全体贫困户健康状况数据，用掌握的数据与健康扶贫动态管理系统中的数据比对筛选确定因病致贫、返贫户的范围，通过体检筛查最终确认实际的因病致贫、返贫户。通过镇巴县"四步筛查"工作方法，能够准确地掌握贫困户健康数据，精确找出因病致贫的对象，这是"精准滴灌"和"靶向施策"。如果识别不精准，就会出现诸如"精准脱贫资料比赛""形式健康扶贫"等现象，最终导致靶向治疗效果大打折扣。

精准聚焦，解决了"找重点"的问题。健康扶贫，首先要注意群众参合问题，保证建档立卡贫困人口参合率达到100%，做到应保必保。关注报销是否达到比例，建档立卡贫困人口经转诊在定点医院报销比例应达到80%。对于建档立卡贫困户在进行家庭医生签约时做到应签尽签。保障签约群众得到相应服务，重点人群按国家基本公共卫生服务规范执行。在家庭医生签约服务进行时对每一户开展健康宣传教育，下发宣传资料。找准并集中力量解决这四个重点问题，保障健康扶贫顺利进行。

精准施治，解决了"怎么帮"的问题。通过精准识别"四步筛查"法对所有患病贫困人口都有了深入了解，家庭医生团队深入帮扶对象家中时，根据健康扶贫动态管理系统中的数据资料，为患病贫困人员制订诊疗管理方案，根据每个人不同的情况制定实施"一户一档，一人一策，一病一方"的个性化健康管理。确保健康扶贫工作落到实处，精准到人。这种"一对一"的个性化定制服务使患病贫困人员得到及时正确的治疗。

截至 2018 年 12 月，汉中市镇巴县建档立卡在册贫困人口新农合参合率达到 100%，贫困人口住院实际报销比例由 2016 年的 58% 提高到 2018 年的 90% 左右。建档立卡贫困人口家庭医生签约服务实现全部签约。群众对家庭医生签约服务赞不绝口，满意度大幅提升。

（二）靶向治理的经验与价值

在坚持靶向治理理念，推进精准识别和精确防治的进程中，镇巴县积累了实现靶向治理的有效经验，并用实践彰显了靶向治理的巨大价值。

1. 靶向治理的实现路径

（1）明确标准

实现精准识别一定要确定明确、科学、具有说服力的依据，用明确的标准实现对因病致贫人口的精准识别，实现对因病致贫主因次因的有效区分。很多地方没有实现对因病致贫人口的精准识别就是在于没有制定出明确的、能够得到群众认可的标准。

（2）主动发力

实现靶向治理需要健康扶贫工作者"主动出击"。面对贫困人口健康状况掌握不清的困境，需要通过送医下乡，开展贫困人口健康体检的方法，实现对贫困人口身体健康程度的精确把握。面对复杂的疾病预防控制问题，要主动采取措施，创新思路、细化方法，实现问题的有效破解。

（3）动态管理

实现靶向治理需要实现对因病致贫人口的动态管理。人的健康状况是不断发展变化的，通过贫困人口家庭医生签约服务、贫困人口定期体检等方法，定期掌握贫困人口的健康状态，并根据实际情况及时进行动态调整，对因病致贫户进行动态管理，保证因户施策的精准性。

（4）科学分类

对于因病致贫人口的疾病问题，以及威胁贫困人口健康的疾病风险要进行科学分类，对于同种类型的人群、同种类型的问题采取专门的应对办法，从而实现问题解决的提质增效，实现对诸类问题的精准破解。

（5）专病防治

对于影响面较大的慢性病、传染病、地方病，应开展专病专防、专病专治，针对单一疾病出台专门的预防方案和专门的治疗处方，从而提升疾病预防和诊疗工作的规范性、提升防治效果，更好地保证当地居民的身体健康。

2. 靶向治理的巨大价值

（1）保障工作秩序

通过靶向治理，可以有效地提升健康扶贫的工作秩序。科学的标准可以让因病致贫贫困户的识别公正透明具有说服力。精准的防治可以实现健康问题的有效解决，从而更好地保障贫困人口的健康权利，提升贫困人口获得感，提升贫困人口对健康扶贫的满意度，保障健康扶贫的有序实施。

（2）工作提质增效

靶向治理可以实现健康扶贫工作的提质增效。通过对于因病致贫人口健康问题的科学分类，对于影响范围较大的慢性病、传染病、地方病进行专病专防、专病专治，可以实现高效的疾病防治，有效推进健康扶贫的进程。

（3）减轻扶贫压力

靶向治理可以有效地减轻扶贫工作的压力。一方面通过对因病致贫人口的精准识别，有效避免了一些贫困人口以"生病"为借口不参与生产劳动，避免了"等、靠、要"思想的滋生，减轻了帮扶资源使用的压力；另一方面精准防治可以有效提升扶贫资源的利用效率，避免了扶贫工作中资源的过快消耗，缓解扶贫工作压力。

（4）彰显社会公正

推进脱贫攻坚是为了全面建成小康社会，提升贫困群众追求美好生活的能力与信心，是维护、彰显社会公平公正的体现。实现对因病致贫的靶向治理，可以有效保障扶贫资源切实瞄准需要帮助的困难群体，实现扶贫资源的安全与有效使用，保证贫困人口的权利实现，有力彰显社会的公平正义。

以家庭医生签约服务制度
保障贫困人口健康

 2016年6月，国务院医改办、国家卫生计生委、国家发展改革委、民政部、财政部、人力资源社会保障部和国家中医药管理局联合发布《关于推进家庭医生签约服务的指导意见》，旨在推动基层转变医疗卫生服务模式，实行家庭医生签约服务。家庭医生为签约居民提供基本医疗、公共卫生、健康管理、健康教育与咨询、优先预约、优先转诊、出诊、药品配送与用药指导、长期处方、中医药"治未病"等各类服务以及各地因地制宜开展的其他服务。镇巴县根据自身实际，以"谁去签、给谁签、怎么签、积极签"四个问题为导向，精准施策，破解一系列难题，探索出"2+2+1"家庭医生签约服务模式，走出了富有地方特色的健康扶贫之路。

一 团队作战加强培养提升
家庭医生服务力量

 随着经济社会快速发展，我国家庭医生制度也在稳步推进，为促进医疗卫生资源下沉，提升基层医疗卫生服务能力，推动落实"分级诊疗"，实现"健康中国"最终目标，推广家庭医生签约服务，建设有一定服务能力的家庭医生团队显得刻不容缓。家庭医生在我国属新兴事物，各地家庭医生签约服务都是结合自身实际不断探索创新，打造地方模式。镇巴县根据山区群众多，居住分散的特点，组建家庭医生签约服务团队，扎实推进签约服务，为家庭医生签约制度的探索创新注入了源源不断的新动能。

（一）配置科学，加强家庭医生签约团队建设

家庭医生也称全科医生，为家庭提供医疗预防保健、治疗康复、健康教育等服务，使患者足不出户就能解决基本的治疗、保健、康复护理等需求。镇巴县创新团队组建方式，从村、镇、县三级抽调医、护、技、卫计专干及村医人员组成"2+2+1"模式的家庭医生团队，破解基层全科医生不足的问题。

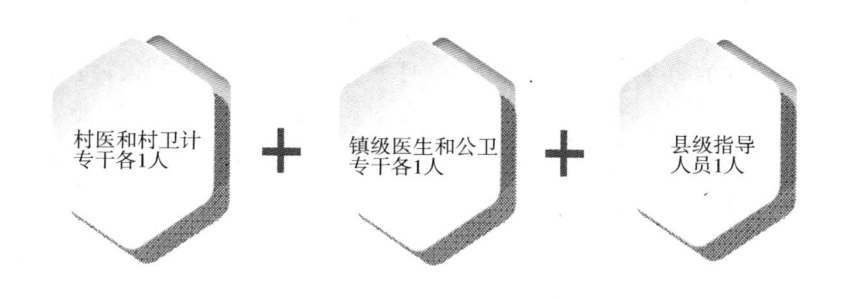

村医和村卫计专干各1人 ＋ 镇级医生和公卫专干各1人 ＋ 县级指导人员1人

图1 镇巴家庭医生签约服务团队构成

"2+2+1"家庭医生签约服务模式由医共体框架内的1名村医加1名村卫计专干、1名镇卫生院医生加1名镇公卫专干和1名县级指导员组成。县卫健部门统筹协调，将具有中级以上职称的药师、护士和原计生专干纳入家庭医生签约服务团队，极大缓解签约医生紧缺的实际困难。全县范围内686名医生组成了178个家庭医生签约服务团队，实现了对全县17639户48968名建档立卡贫困群众签约服务的全覆盖，使住在大山深处的困难群众也能有"基本医疗有保障"。

（二）分工明晰，厘清家庭医生签约团队职责

家庭医生签约服务团队建设可发挥整体效能，有利于提高团队工作效率。团队内的成员合理分工，团结合作，共同为完成优质签约服务贡献力量。我国家庭医生尚处于起步阶段，全科医生十分缺乏，团队内成员知识背景不同，组建在同一团队里能充分发挥每个人的特长优势，弥补全科医

生不足的缺陷；分工协作可以令每个人根据专长完成相应工作任务，团队建设可以弥补个人知识技术的不足，使每部分的工作都能相对尽善尽美。家庭医生签约服务团队的建设把成员紧紧联系在一起，心往一处想，劲往一处使，取得"1+1＞2"的效果。

结合县情详细规定了团队成员的职责。团队内村医主要是本村或者附近村里的村民，对各家各户情况十分熟悉，与村民或多或少存在宗族关系，这在一定程度上利于家庭医生签约服务工作的开展，也利于签约服务质量的提升。村医在签约服务中的主要任务是督促、指导签约服务对象主动接受健康教育、健康管理。村医与签约服务对象会保持较为密切的联系，通过电话或见面了解服务对象的近况，告知患者需要注意的事项，对于未患病的服务对象也会进行健康宣讲，预防各类疾病的发生。同时村医要进行常见病诊治，落实转诊及出院病人随访工作，对出院病人及时联系，通过电话以及入户随访了解病人恢复情况，进行健康指导，帮助病人良好恢复。村医还要指导服务对象做好公卫工作，更新健康扶贫动态管理系统，在进行诊治、入户随访完之后更新患者在管理系统中的各项信息（包括照片、诊断说明等），对自己录入的信息负责。

村卫计专干的主要任务是配合村医做好健康宣讲工作，做好健康扶贫政策宣传及组织动员工作。村卫计专干要熟悉各项健康扶贫政策，在进行宣讲时用通俗易懂的语言给村民讲解。村卫计专干要熟悉各家情况，详细了解村内各家各户家庭成员基本信息包含外出人员信息，及时走访了解近况，对于出门在外人员也及时电话沟通。村卫计专干还需参与农村环境整洁行动，以整治脏、乱、差为重点，积极改善村内环境卫生，改善村民家庭生活环境，通过入户宣讲加强村民环境保护与治理意识。

镇级医生来自各乡镇（中心）卫生院，拥有相对较高的医疗水平，其主要任务是开展医疗救治，为患者联系转诊，提供入户随访服务和个体化健康教育工作。镇级医生相较村医拥有较高医学素养和更全面的医学知识，要通过医疗业务指导，把村医培养为家庭医生签约服务需要的合格医生。镇级医生还要按照基本公共卫生服务项目规范开展相应的公共卫生工作。

镇级公卫人员主要工作是指导村级做好公共卫生工作。镇级公卫人员要指导村级进行村环境整治，并对村级公共卫生工作落实情况进行监督。镇级公卫人员协助村卫计专干开展家庭医生签约服务，督促签约服务工作的推进；开展入户调查访谈，核实保障政策落实情况，并保证各项保障政策落到实处。

县级指导人员是来自镇巴县人民医院、县中医院和县妇幼保健院的专家医师。其主要任务是签约服务对象在县级或以上医院就诊时帮助他们沟通联系医院和专科医生。大部分签约服务对象对于去医院看病流程并不熟悉，到县级以上医院看病更加困难，县级指导人员帮助指导服务对象联系专科、专家，使服务对象看病更加方便快捷。县级指导人员承担对大病、慢病患者健康管理的责任，积极联系本院专科医生对大病、慢病患者进行治疗和康复指导，切实保障大病、慢病患者及时接受治疗和康复。县级指导人员与帮扶村医紧密联系，建立一对一帮扶关系，关心其成长，定期对帮扶村医进行培训指导；与帮扶责任人建立联系机制，定期见面或者电话沟通，了解因病致贫人员近况，进行健康乡村的具体指导。县级指导人员同时肩负队长的责任，统筹规划，落实好健康乡村各项工作。

同时，镇巴县对各级团队成员工作做出详细规定，县级医生和镇级医生对村医都有指导帮扶责任，这有利于村医医技水平的提高，能使村医诊治更多常见病，方便群众的同时也节省了医疗资源。县级医生还对镇级医生进行业务指导，使其水平得到提升。以团队形式为签约服务对象进行健康服务，破解了镇巴县缺乏全科医生的困难，团队内成员分级协作，各司其职，促进了城乡医疗卫生资源的合理利用，提升基层医疗卫生机构的技术水平和服务能力，合理调控和引导患者就诊住院流向，缓解了城市医院医疗压力，避免过度医疗，同时也能使群众健康得到保障。

（三）加强培训，提升家庭医生签约团队能力

镇巴县 2017 年有建档立卡在册贫困人口 48968 人，其中因病致贫人口 18625 人。如此庞大的贫困人口和因病致贫人口给家庭医生签约团队的工作带来了较大挑战。全县家庭医生签约服务团队共计 686 人，人员短缺和团队医疗水平不高是目前面临的主要难题，对团队成员进行培训，提高成员医疗素质，提升团队服务能力是破解难题的基本路径。镇巴县对签约医生采取"准入"制，开展定期培训，切实增强了团队整体素质，更好地为村民提供医疗服务。与此同时，镇巴县自筹资金，新建中医院，更新医院医疗设备；修建标准化村卫生室，统一配备日常所需医疗设备，改善患者就医、医生行医环境，提升了基层服务能力。

1. 家庭医生签约团队基础的强化

基层医疗机构担负着农村群众常见病、多发病的诊治以及农村预防、保健、健康教育等大量社会公益性卫生服务的重任，在农村医疗卫生工作中起着举足轻重的作用。要稳步推进基层医疗机构的建设，提升医疗服务水平，改善就医环境，促进医疗资源在城乡之间流动。医疗基础设施建设对提升基层医疗服务能力、增强卫生计生服务公平性和可及性起到重要作用。

为改善居民就医环境条件，镇巴县筹集资金近4亿元，新建县中医院，并于2018年10月26日投入使用。县人民医院医技综合楼开工建设，逐步启动县妇幼保健院维修改造工程，全县20个镇（办）卫生院和一个社区卫生服务中心基本达到标准化要求，各村级卫生室房屋建设、人员配备、医疗设备均已达到合格标准。

全县各级医疗机构基础设施的标准化建设为家庭医生签约团队更好地服务大众提供了强有力的条件，设备的齐全配置使医生能精准检测、精准施治，拓宽了各级医生诊治范围，提升了诊治效率、效果。

2. 家庭医生签约团队的"准入"制度

为保证家庭医生签约团队服务质量，提升团队整体素质，持续稳步推进家庭医生签约服务工作，镇巴县卫计局自2018年起对家庭签约医生服务能力进行培训考核，出台了《关于印发家庭签约医生培训考核及合格证签发实施方案的通知》，成立培训考核领导小组；培训内容包括：全科医生服务模式、健康扶贫政策、家庭医生签约服务范围、大病治疗健康知识指导、慢病管理服务、常见病多发病诊疗及健康指导、急诊急救知识、公共卫生服务项目及管理、健康管理路径等专业技能、公共卫生知识及《医学临床"三基"训练医师分册》的相关内容。培训结束后，组织全体参与培训的人员考试，考试合格人员发放合格证，只有拿到合格证的人员才能参与家庭医生签约服务，考试不合格的人员则再次组织培训并参与补考，多次考试均不合格者，给予相应处罚。

家庭医生"准入"制度是开展签约服务的最低门槛，是每个签约医生都应达到的，不断加大家庭医生培养力度的目的在于使签约医生素质达标。建立一支高水平的签约医生队伍能满足广大患者基本的医疗需求，以减少跨医疗机构的转诊，从而真正引导患者将日常主要医疗需求转向基层，改善医疗服务效率，降低医疗服务费用。

3. 家庭医生签约团队的人才培养

随着经济社会不断发展，城乡居民对医疗卫生需求不断增多且日趋多样，人才越来越成为制约医疗卫生事业发展的瓶颈，要想为签约对象提供更优质服务，要努力建设一支充满热情、结构合理、医疗技术水平过硬、高素质的人才队伍，实现家庭医生签约团队良性发展。促进家庭医生人才培养要重视两个方面：一是要注重当下，通过培训等手段努力提升现有医生素质，在留住人才上多下功夫，培养留得住、用得上的人才；二是要着眼长远，有计划进行全科医生系统化、规范化培训，不断扩大培训数量，为基层医疗机构储备人才。

镇巴县政府每年预算 200 万元，设立"卫计人才培养基金"用于签约医生培养和高素质、高学历紧缺型医护人才引进。开发村级公益性岗位 178 个，落实补贴资金 108 万元，提高卫计专干和村医签约服务报酬。对于评选为星级家庭签约医生服务团队的给予奖励，并在成员职称评选、评优等方面予以倾斜。组织自编《镇巴县家庭医生签约服务知识读本》，分发给签约医生阅读学习。聘请国内知名医学专家前来授课，拓宽医生眼界，接受医学技术前沿。每月由县级医院负责承办知识讲座，乡镇卫生院建立每周一学制度，县卫计部门每年组织两次考试对签约医生学习成果进行检测，并根据成绩进行奖惩。卫计部门定期对公卫人员、村医进行培训，内容涉及乡村医生法规政策及服务意识要求、村卫生室健康扶贫工作要求、国家基本公共卫生服务项目 12 类 13 项 46 小项工作村级职责任务、服务内容、服务流程、执行效果等。

积极落实市三级医院对口帮扶县级医院政策，加强县级三家医院与对口市级医院的人员交流，促进重点科室建设和核心技术发展。让县级优质资源下沉，基层医务人员走上来，薄弱科室强起来，积极探索一体化管理模式，切实提高各级医疗机构服务能力。

二 细化内容规范频率保障家庭医生服务质量

精细化管理是现代组织管理的必然要求。精细化管理从本质上讲就是重细节、重过程、重具体落实、重质量效果，要求专注地做好每一件事，在每一个细节上精益求精，极力追求效果最佳。现代管理学界认为，科学化管理有三个层次：第一个层次是规范化，第二层次是精细化，第三个层次是个性化。镇巴县通过制定家庭医生签约服务流程和服务频次使签约服务规范化；并在实践中充分探索完善，充分考虑服务对象的需求，做到了签约服务精细化；对每一个签约服务对象定期上门，建立家庭医生签约服务档案，力争做到签约服务个性化，这些举措有效保障了家庭医生入户服务的质量。

（一）规范签约服务流程

工作流程是指在一个组织内部，由多个部门和岗位在经过诸多环节的分工协作最终完成全部工作的过程，它是工作效率的源泉。管理学界认为：流程决定效率，流程影响效益。好的工作流程能够使各项工作良性开展，从而保证整体高效运转；差的工作流程则会问题频出，出现部门间、人员间职责不清、相互推诿等现象，从而造成资源浪费和效率低下。设计、建立科学、严谨的工作流程并保持这些流程得到有效执行、控制和管理，是至关重要的。[①] 镇巴县针对签约服务流程做了详细的规则，规定了队员的工作内容和工作流程，指导签约医生团队提供标准化服务。

---

① MBA智库百科。

家庭医生自我介绍(包括单位、姓名)

↓

询问家庭成员近期基本健康状况

↓

治疗路径规范指导

↓

按照一病一方健康教育

↓

核实医疗保障政策落实情况

↓

宣传健康扶贫政策

↓

按国家基本公共卫生服务项目规范对家庭成员中重点人群进行随访服务

↓

指导家居环境卫生整治及健康生活方式

↓

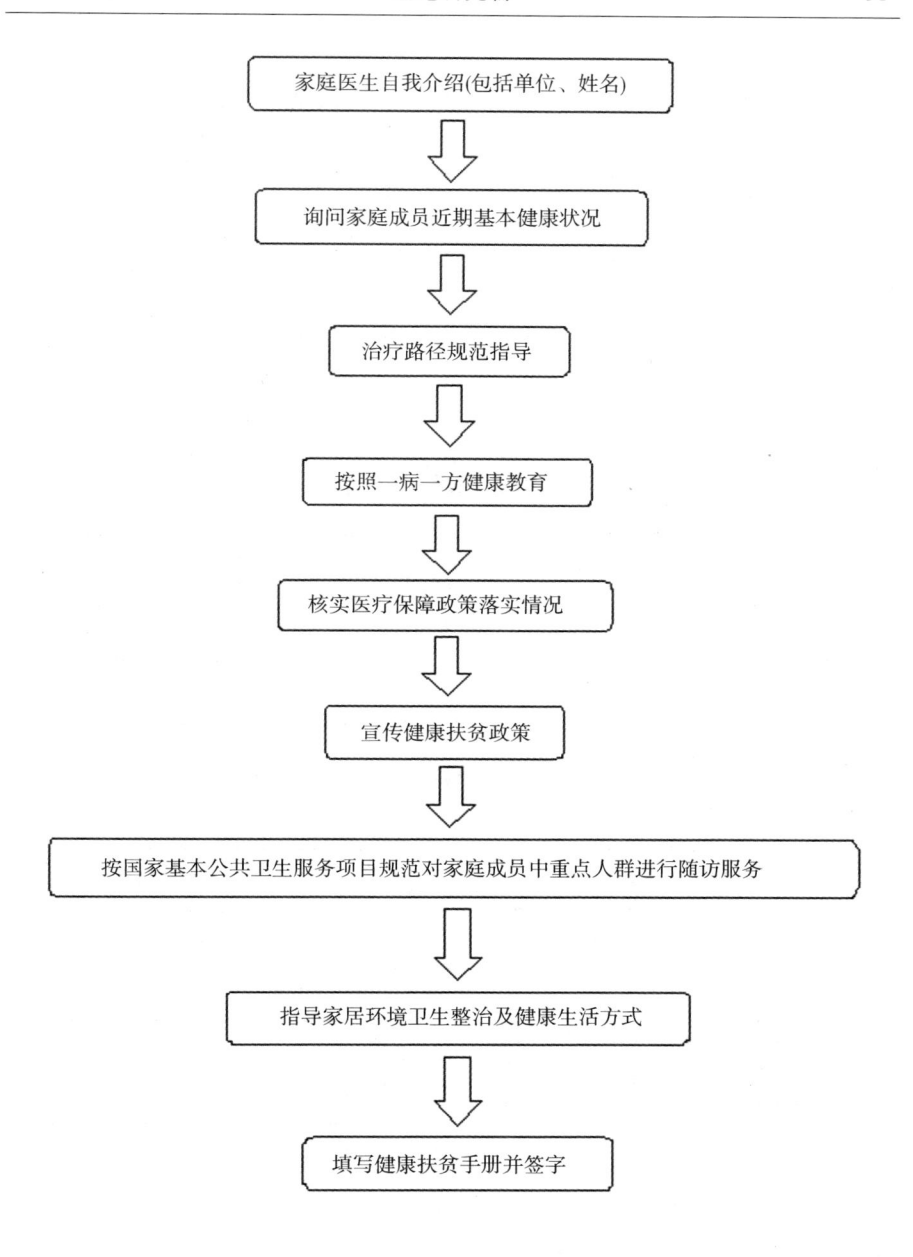

填写健康扶贫手册并签字

图2 入户随访基本流程

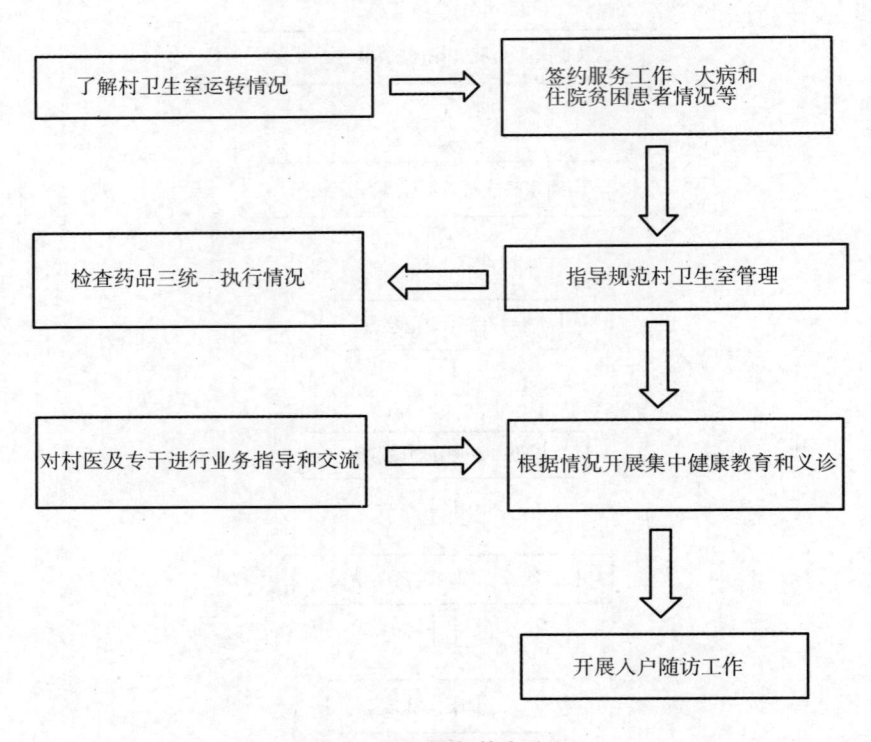

```
了解村卫生室运转情况 → 签约服务工作、大病和住院贫困患者情况等
                                    ↓
检查药品三统一执行情况 ← 指导规范村卫生室管理
                                    ↓
对村医及专干进行业务指导和交流 → 根据情况开展集中健康教育和义诊
                                    ↓
                              开展入户随访工作
```

图 3　到村服务基本流程

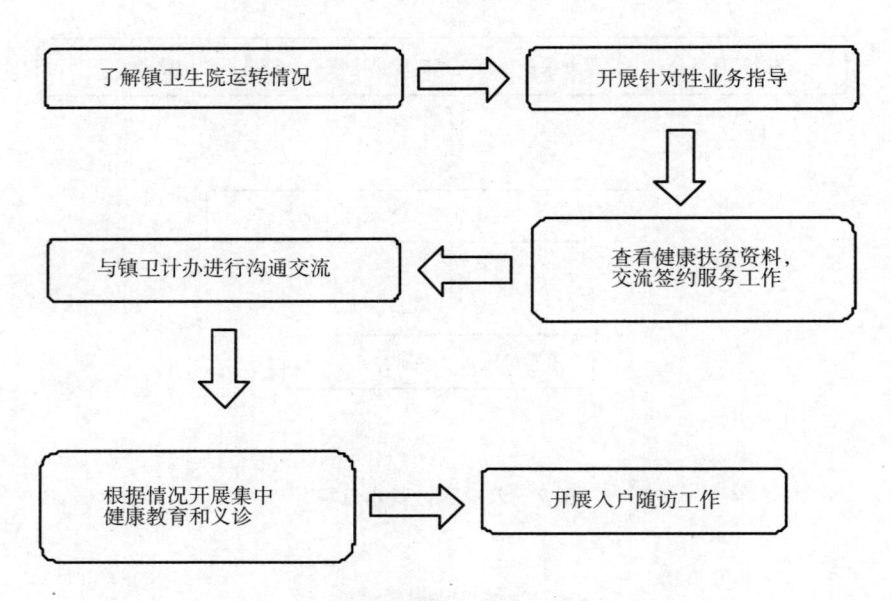

```
了解镇卫生院运转情况 → 开展针对性业务指导
                                    ↓
与镇卫计办进行沟通交流 ← 查看健康扶贫资料，交流签约服务工作
         ↓
根据情况开展集中健康教育和义诊 → 开展入户随访工作
```

图 4　到镇服务基本流程

理论研究篇

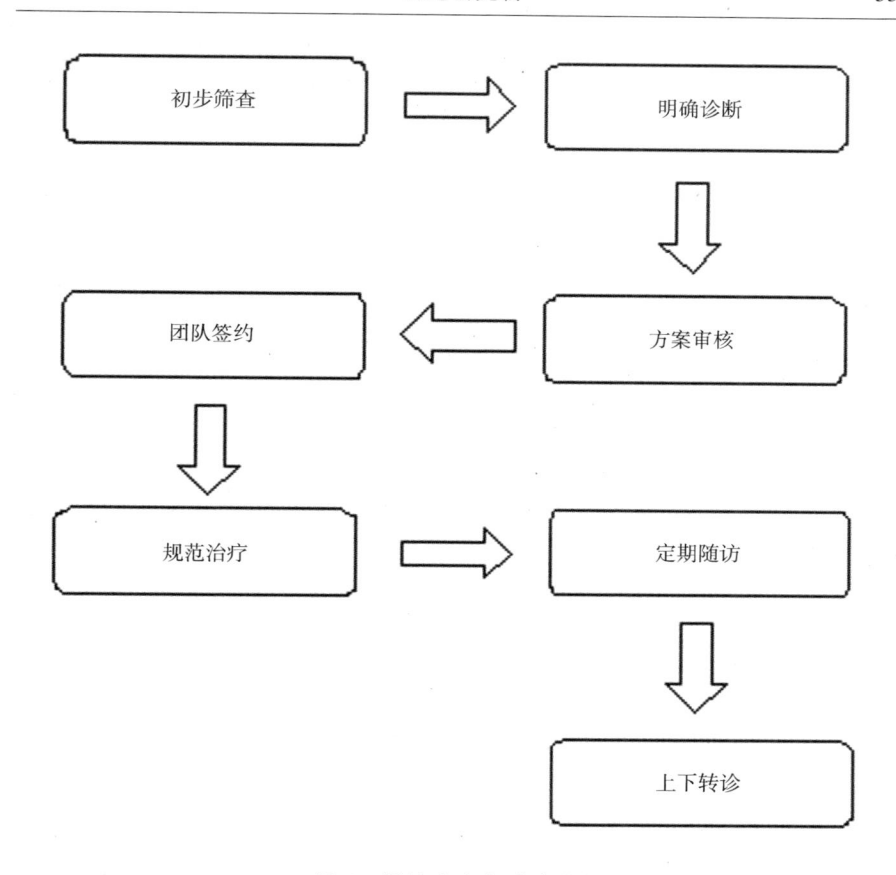

```
初步筛查  ⇒  明确诊断
                    ⇓
团队签约  ⇐  方案审核
   ⇓
规范治疗  ⇒  定期随访
                    ⇓
                 上下转诊
```

图5 慢性病患者随访流程

一个好的工作流程好比法律，具有强制性。家庭医生签约服务团队受一个客观、合理的工作流程引导，就不会因失去监督而瘫痪。镇巴县出台的服务流程提升了签约服务的规范性，且能加强相互监督，保证能力稍微欠缺的人选择效率最优的手段完成工作。极大提升家庭医生签约服务团队的服务质量。

（二）明确签约服务频次内容

推动优质医疗资源下沉到基层，要保证家庭医生签约服务团队真正能深入签约对象家中去，保证入户频次，持续不断地关注服务对象身体健康状况，细致地对服务对象进行健康管理。镇巴县规定了家庭医生签约团队成员服务的频次及内容，使队员开展工作有据可循。规定的内容涉及居民健康各个方面，切实保障团队服务落到实处，提升团队服务能力。

本县

患者出院后，医院按本院流程进行1次出院随访

⇩

医院将患者情况和主治医生告知县级指导人员

⇩

出院患者"即时通"系统将患者住院情况短信发送到"2+2+1"团队成员

⇩

县级指导人员联系乡村医生并将主治医生联系方式告知乡村医生

⇩

乡村医生在主治医生的电话指导下进行随访

县外

患者出院后到镇卫生院报销新农合

⇩

镇卫生院将信息告知镇联络员

⇩

镇联络员将信息告知"2+2+1"团队成员

⇩

镇医生在镇卫生院进行面对面随访，及时了解住院治疗和出院后恢复情况

⇩

乡村医生进行常规随访

⇩

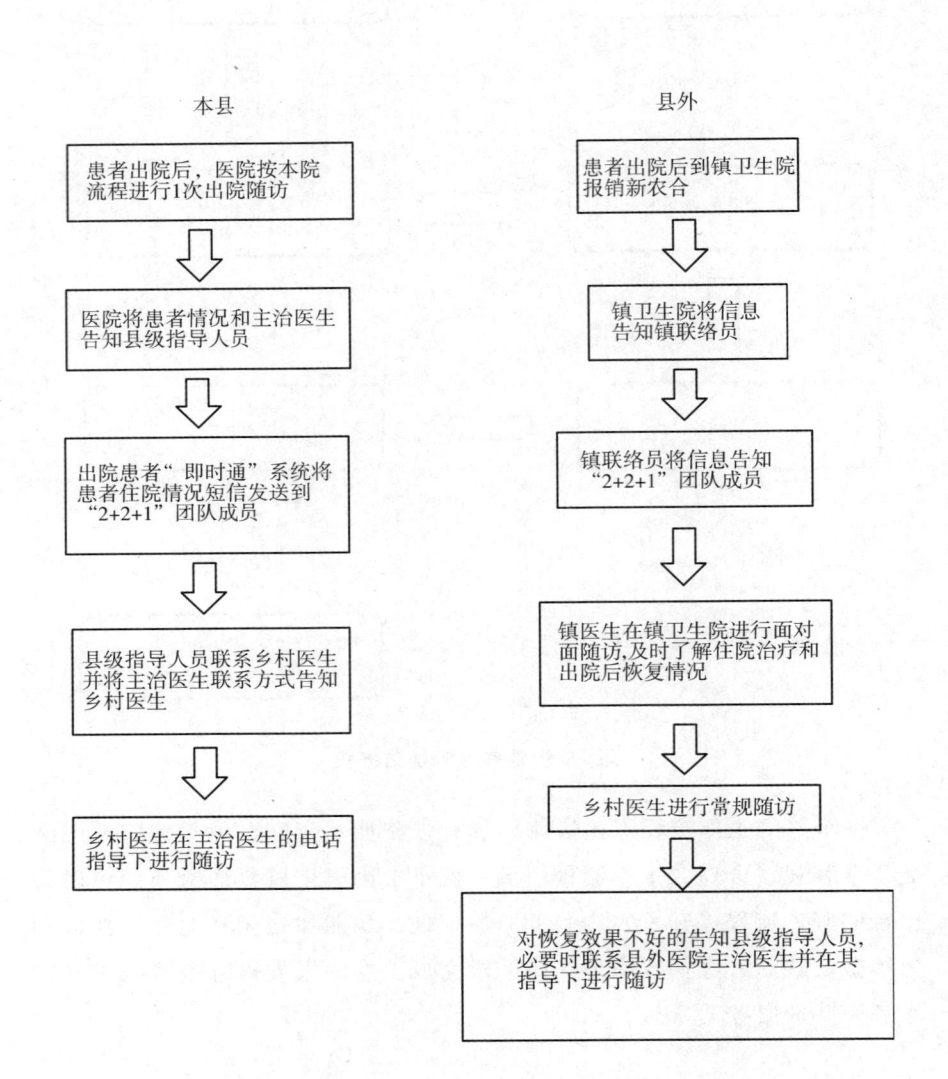

对恢复效果不好的告知县级指导人员，必要时联系县外医院主治医生并在其指导下进行随访

图 6　出院患者随访流程

表2　　　　　　　　家庭医生签约服务团队服务内容规范

	贫困人口签约服务频次
县级指导团队队长	各镇的县级指导人员组成专业结构搭配合理的县级指导团队，负责指导该镇签约服务工作，同时代表县级医院履行医共体管理和指导职责。县级公立医院确定一名科主任或者副高以上人员担任该镇县级指导团队长，并任镇卫生院挂职副院长。 签约服务频次为每季度听取各村家庭医生签约服务团队工作情况汇报，传达健康扶贫政策并全面检查签约服务和问题整改情况，每年进机关开展一次健康管理、传染病防治等内容的讲座
县级指导人员	对所有签约贫困人口全年面对面随访不少于1次，对"三个一批"管理一批人员和新增返贫贫困户全年入户随访不少于1次，每季度对乡村医生随访工作进行1次电话指导（可联系县级专科医生），每年和因病致贫人员的帮扶责任人进行1次电话联系并建立长效沟通机制。每学年对签约辖村的中、小学校开展健康知识讲座不少于2次，每季度在所有行政建制村（社区）进行一次传染病防治、健康知识讲座
镇级签约人员	对患有大病和慢性病的患者每季度进行1次面对面随访和1次电话随访，全年入户随访不少于2次。公共卫生服务内容和频次按基本公共卫生规范要求执行。对其他贫困人口每年进行1次入户随访。镇级医务人员中确定一人，负责每年和因病致贫人员的帮扶责任人进行1次电话联系并建立长效沟通机制
村级签约人员	村医和村卫计专干严格执行公共卫生服务内容和频次。对贫困人口中慢性病人员每季度进行1次面对面随访。对其他贫困人员每半年进行1次面对面随访和2次电话随访。对所有贫困人口全年入户随访不少于2次
贫困人口住院患者出院后随访	县域内住院患者出院后2周内由经治医院进行一次电话随访，县域外住院患者出院后由户籍所在地医院进行电话随访1次

镇巴县详细规定了家庭医生签约服务团队入户随访的频次，让医生和签约对象定期交流，增进相互之间感情，让医生能够深入了解签约对

象实际生活，加深医生的实际感触，在入户给患者诊断治疗，带去健康的过程中，能激发医生的使命感和荣誉感，更加利于签约服务的持续开展。通过医生的入户随访，签约对象对医生的工作也有更多了解。在此过程中，医生和患者的关系得到改善，有利于消除两者间的不信任，拉近了医患距离，使医生的崇高形象重新树立起来。对患者来讲，医生入户随访能更好地了解患者情况，有利于治疗的进行，保障患者健康，减少患者支出，提升其获得感。从社会生活方面来看，医患关系的改善能促进社会稳定，有利于社会和谐，最大限度地促进社会公平正义，使社会整体精神文明风貌得以提升。

（三）服务数据记载及信息技术应用

互联网技术的应用，使签约服务更加方便快捷，减少纸质报表的使用，提升效率，卫健部门也可以条理清楚地收集到群众健康信息。通过大数据分析，可以实现对服务对象的有效管理。

表3　　　　　　　　　　服务过程记载

家庭医生入户服务过程记载	信息化资料	签约医生每次入户要使用自己姓名和手机号登录镇巴健康扶贫微信公众号，实时上传入户照片和服务内容，上传时间为每天8时至22时。原则上在贫困户家中上传，贫困户家中没有网络的可在村卫生室上传，除住院病人随访可在所住院地点上传外，其他均不能在县城内上传。上传内容针对服务对象，提出精准化的健康指导，例如：身体一般情况、健康教育指导情况、政策宣传情况、住院费用报销详细情况等，不能用标题带过。符合公共卫生项目和汉中市规定的18种慢性病贫困人口，应当按照个性化方案上传服务内容。每次上传照片不少于1张，照片内容以家庭医生为贫困人口进行现场服务为主，照片质量要高，医务人员注意仪表、规范操作，注意保护贫困人口隐私
	纸质版资料	签约医生入户时要按要求填写健康扶贫服务手册，由贫困户保存。填写健康扶贫服务手册时必须如实详细记录签约服务内容和健康扶贫政策享受情况，每次完成服务后由签约服务医生签字

续表

家庭医生到镇、村工作的过程记载	信息化资料	录制1分钟含本人在场的知识讲座视频上传签约服务平台（包括对群众、对机关人员等方面的集中健康知识讲座以及对镇、村医务人员的集中业务培训。）
	纸质版资料	镇卫生院和村卫生室分别建立"上级签约医生工作记录本"，县、镇签约医生如实填写详细工作过程，由团队负责人（镇级医生或者公卫人员）及村医签字确认；按医共体建设、支医工作相关要求收集到镇、村的培训资料（共用）；按照基本公共卫生服务项目（健康教育项目）规范收集健康知识讲座资料

为使家庭医生更好地为群众服务，镇巴县通过公开招标，与互联网公司共同开发了家庭医生签约服务管理和电话跟踪随访系统软件，在卫生信息系统增加贫困户就诊即时通功能，家庭医生可通过手机短信随时掌握群众的就医动态，及时开展随访服务，签约服务做到了信息化、智能化。全县180个行政村配备了230台健康一体机和POCT（即时检测）快速检测设备，健康一体机集心电图、心律检测、血糖检测、血压测量、体温测量、血氧饱和度和尿常规等功能于一体，配备信息管理软件系统，支持将采集到的健康数据上传至服务对象个人健康档案，具有高集成、易操作、便携带、稳定可靠等特点。签约医生通过一体机可以有效开展慢病随访、健康诊疗等服务，提升了入户服务能力，使群众在家门口就能享受到优质医疗资源。

将信息技术运用到医疗中，重视便民医疗与基础医疗的发展和提升是近年来镇巴县秉承的理念，促进基层医疗"数字化、网络化、智能化"发展，破解基层医疗机构硬件设施落后、服务能力不足的问题，贯彻了"互联网＋医疗健康"的先进理念。

三 严格考评落实奖补形成家庭医生服务自觉

随着组织的发展和制度的成熟,绩效考核成为组织管理的重要组成部分。绩效考核的过程实际上是一个管理的过程,不仅是对工作结果的考核,还要对工作全过程、各环节进行评价,督促员工完成任务、达成组织目标。落实绩效考评是家庭医生签约服务团队提升服务质量,形成服务自觉的关键环节。但目前不论是国际上还是国内都缺乏成熟、统一的家庭医生签约服务绩效考核评价体系,这方面的探索有待进一步完善,镇巴县卫计部门也进行了有益探索,取得了一些成效。对家庭医生签约服务团队采用多种方式监督考评,以保证各项健康扶贫政策措施落到实处。首先,发布了《关于加强县级公立医院县镇卫生管理一体化及家庭医生签约服务管理工作的通知》,从服务数量、质量及效果评价方面对家庭医生签约服务团队进行考评。对完成年度工作任务较好的镇卫生院予以现金奖励。其次,制订《健康扶贫作风建设专项治理实施方案》,重点解决健康扶贫领域责任落实不到位、工作措施不精准、工作作风不扎实等问题,着力构建健康扶贫作风建设的长效机制,增强群众的获得感和满意度;同时利用信息管理系统从后台统计评价签约服务工作,并与评优树模、职称晋升、绩效考核等挂钩,确保健康扶贫工作落到实处。

(一)统筹经费保障签约服务运行

镇巴县积极整合各项资金,既保障签约服务所需资金落到实处,满足签约服务正常开展,又增加签约医生服务费,提升了工作积极性。

1. 改革支付制度

实行医共体下的参合基金按照人头打包付费模式,充分发挥医疗机构的控费作用,收支结余部分用于补偿签约服务费。

2. 统筹公卫经费

从基本公共卫生项目经费中提取6%,用于全人群中原发性高血压、Ⅱ型糖尿病、肺结核、严重精神障碍患者的家庭医生签约服务费。

3. 筹措各方资金

自 2017 年起,镇巴县对因病致贫建档立卡贫困人口财政补助 20 元、新农合支持 55 元、公卫经费 5 元(合计 80 元),其他建档立卡贫困人员财政补助 10 元、新农合支持 35 元、公卫经费 5 元(合计 50 元)。用于贫困人口家庭医生签约服务费的发放,保障贫困人口签约。

2019 年全县贫困人口数 52928 人(其中因病致贫人员 11115 人、其他贫困人员 41813 人),按照贫困人数及家庭医生签约服务费配套标准,全县共需贫困人口家庭医生签约服务费 3977115 元,其中,县财政局预算 640430 元、县合疗办配套 3072045 元、县卫计局从公共卫生经费中配套 264640 元。

4. 新农合基金支持

新农合基金由参合农民个人缴纳、集体扶持、政府资助三部分组成,所筹资金主要用于对参合农民医药费用进行补偿。

5. 辐射非贫困人群

非贫困的符合新农合门诊特殊慢病患者,新农合基金每人支持 50 元的签约服务经费。

(二)明确考核指标对团队实时监督

2016 年 8 月 19 日,习近平总书记在全国卫生与健康大会上讲话指出:"引导医疗卫生工作重心下移、资源下沉,把健康'守门人'制度建立起来,是满足人民群众看病就医需求的治本之策,也是一条重要国际经验。"我国乡镇卫生院和城市社区卫生服务中心守护着居民医疗卫生服务体系的"最后一公里",而家庭医生就是健康的"守门人"。[①] 要使家庭医生做好守门人,就要制定一套严格的标准对家庭医生监督考核,明确考核指标,规范家庭医生服务行为,提升服务质量,从而增强群众信任感和满意度。

实际操作过程中,考核指标的设置要综合考虑家庭医生数量、专业、能力和服务意愿,力求科学合理。镇巴县根据自身实际情况,将考

[①] 姜玉霞:《把健康"守门人"制度建立起来》,《内蒙古日报》(汉)2018 年 8 月 27 日第 7 版。

核指标分为贫困人口指标和慢病人群指标两类。贫困人口指标包括服务数量、服务质量、服务效果、村卫生室规范管理和基层医生服务能力。慢病人群指标包括原发性高血压规范管理率≥60%、血压控制率≥40%，Ⅱ型糖尿病规范管理率≥60%、血糖控制率≥40%，肺结核病管理率≥95%、规则服药率≥95%，严重精神障碍管理率≥80%、规范管理率≥75%，脑卒中规范管理率≥60%。

镇巴县完善了以往以服务数量、质量和满意度为主的考核机制，构建了能合理评价家庭医生工作成效的量化考核指标，指标更加清晰明确，没有盲目追求指标的大而全，有效防止签约医生望而生畏，谈考色变。考核指标的设定既能评价家庭医生工作效果，又能通过考核发现问题，引导家庭医生改进工作，知道自己要做什么、怎么去做。

（三）制定考核办法对工作全面监督

"没有规矩，不成方圆。"任何组织的高效运转，都必须要建立一个强有力的监督机制，对全过程进行科学监督，注重监督的民主与公平，提升监督的质量与效果，从而达到监督目的。在加强监督的同时也要建立激励机制，激发组织内部人员的内生动力和工作意愿，满足员工薪资、职位和才能发挥的需要，从而调动其积极性和创造性。在健康扶贫领域，需要家庭医生用掌握的医疗卫生知识服务签约对象，就必须外化为激励手段以调动家庭医生工作意愿。监督与激励是保障家庭医生签约团队高效工作的有效手段。镇巴县综合运用，制定相应规章制度，保障家庭医生签约服务团队高效开展工作，推进签约服务。

在日常工作中，要发挥家庭医生主观能动性，使他们严格按照考核指标、考核流程、考核方法进行工作，针对签约对象个性化问题及时采取应对措施，不断提高服务质量。使考核主体紧紧围绕考核指标进行"自考核"，更好发挥考核作用。

考核办法的制定遵循公平、客观、单头考评、结果公开、及时反馈、差别对待和奖惩结合的原则，考核过程中不论是签约团队，还是负责考核的行政部门都遵循这些原则，被考核对象全程参与监督，给予被考核对象解释说明的机会，做到公开透明，让所有被考核对象对考核结果都心服口服。

镇巴县采用后台调取资料、入户核实、干部评议、走访调查和医生考试相结合的方法对家庭医生签约团队进行考核。每季度进行一次督导检查，每年进行一次全面考核，从信息管理系统后台抽取家庭医生签约服务数据，仔细核对检查是否按要求进行签约服务。针对医生记录的服务数据开展入户调查，考察家庭医生实际服务情况。负责督导考核的领导干部针对检查情况作出评议，对核实发现的问题梳理归类，及时反馈通报，并提出整改措施，限期整改，确保工作继续顺利进行。积极开展群众走访调查，搜集群众意见建议，对照自身行为及时反思改进，提升团队服务水平。对各医院院长进行健康扶贫知识考试，对每一位家庭医生开展培训并组织考试，达到要求才可以参与签约服务，保障签约医生业务能力。督导考核注重对项目工作进展情况、服务数据核实、服务质量、服务真实度、群众满意度的评价，积极利用信息化考核手段，做到考核工作分工明确，对每项工作明确标准，有错必改，有责必究。

（四）运用考核结果对绩效兜底监督

考核的目的是衡量家庭医生签约服务效果，考核结果也要更好地应用到家庭医生工作评价中去，应用的好坏直接关系到签约服务能否顺利开展。因此要充分发挥考核结果的激励作用，既注重对家庭医生的物质奖励又注重精神奖励，把考核结果同服务经费、补助资金、绩效工资联系起来，并与评优树模、职称晋升挂钩，发挥考核结果的最大效用。

1. 开展专项督查考核

2016年8月，镇巴县卫计局根据县委、县政府印发《镇巴县脱贫攻坚工作督查问责办法（试行）》的通知精神，定期开展健康扶贫的专项巡查工作，针对县级三家医院和疾控中心、各乡镇卫生院、各村卫生室开展巡查。紧紧围绕健康扶贫政策保障、基层服务能力提升，医改、医政医管、公共卫生服务、计生奖扶政策落实、环境卫生等进行入户实地调查和档案资料检查，对于发现的问题，现场询问并要求立即整改。巡查工作结束后，组织镇政府分管领导、镇卫生院干部职工、村干部、村医、驻村第一书记，分别召开反馈反思会，就发现的问题认真讨论剖析，督促相关人员整改到位，防止再犯。根据健康扶贫专项督查、考核方法对家庭医生履职尽责情况进行重点检查，对作风漂浮、工作滞后的家庭医生进行约谈或追责,对表现优秀、尽职尽责的家庭医生给予表彰。根据考核办法的规定将考核结果运用到实际中去,激励家庭医生不断改进服务,增强服务能力,提升服务质量。

2. 与基层支医工作相结合

镇巴县规定县直医疗卫生机构医务人员在晋升中、高级职称前必须到基层卫生院支医一年,以此提高基层卫生院业务水平。把考核结果纳入基层支医工作,将签约服务作为一项指标衡量医生支医工作,有利于医疗资源下沉、提升基层医疗水平,有利于家庭医生签约服务开展,提升服务水平。

3. 科学运用签约服务经费

在贫困户的签约服务方面,按照因病致贫人员每人每年80元、其他贫困人员每人每年50元的标准核定签约服务资金270万元,分别由医保基金、公共卫生经费和县财政分担。在绩效考核的基础上,将签约服务经费按照县、镇、村三级1∶4∶5的比例发放给团队成员。县卫计局结合慢病基本公共卫生项目,对各镇慢病管理情况进行考核,兑现慢病签约服务费。对付费包按照服务内容进行考核并实行奖励,续签付费包适当增加奖励标准,对新农合特殊慢病签约服务按照服务包内容进行考核。各镇卫生院扣除签约服务成本后,剩余资金用于团队绩效分配,根据考核结果兑现签约服务费,具体考核办法由各镇卫生院制定。镇巴县还制定《贫困人口家庭医生签约服务经费专项审计调查办法》,定期对签约服务经费进行专项审计,规范资金使用管理,确保专款专用。

4. 评定优秀签约医生团队

个人激励可以最大限度地激发其积极性、主动性,实现预定目标;团队激励是以团队为对象进行激励,促使成员相互合作实现组织目标,对团队的激励能增强成员的集体归属感和荣誉感,激发更强大的凝聚力。[①] 根据《镇巴县健康扶贫领导小组关于印发家庭医生签约服务"星级团队"评选实施方案的通知》(镇健扶办发〔2017〕25号)文件要求,镇巴县根据考核结果按月评选签约服务"星级团队",对表现优异、积极完成任

---

① 殷东、张家睿、王真、翟春城、时宇、谢奉哲、王景慧、张淑娥、孙涛:《中国家庭医生签约服务开展现状及研究进展》,《中国全科医学》2018年第7期,第753—760页。

务的家庭医生进行表彰，通报表扬的同时给予5000元现金奖励，在评优、职称晋升时优先考虑。评选"星级团队"促进团队将家庭医生签约服务落到实处，提高家庭医生签约服务质量，调动了广大工作者的积极性，加强了签约服务吸引力，形成"比、学、赶、超"的良好氛围，切实提升团队服务能力和群众满意度。

5. 新农合支付制度改革奖励

镇巴县卫健局落实上级文件精神，结合本县实际，借鉴其他地区经验，制订了新农合基金支付制度改革方案，实行"总额控制、分块结算、结余留用、超支不补、分期拨付、定期考核、适当调控、奖惩并重"的方针，激发了医疗机构和家庭医生的工作积极性。

四 丰富内容压茬推进拓展家庭医生服务广度

习近平总书记在全国卫生与健康大会上指出："要把医药卫生体制改革纳入全面深化改革中同部署、同要求、同考核，支持地方因地制宜、差别化探索。"以签约服务为抓手，紧紧围绕"健康镇巴"理念，镇巴县始终把实现好所有群众"医疗有保障"作为奋斗目标，不但解决了山区群众"看病难"问题，还把签约服务内容向提升全民健康深入发展。

（一）深化医联医共帮扶，提升医疗服务质量

镇巴全县21所基层卫生院全部纳入了"紧密型"医共体管理，分别由3所县级公立医院（镇巴县人民医院、县中医院、县妇幼保健院）托管。县级签约医生每季度对镇卫生院、村医、村卫计专干进行一次急诊急救、三基知识、中医适宜技术、健康教育、慢性病管理、健康扶贫政策等业务的培训；每学期开展健康教育进校园知识讲座两次；每季度进机关、社区开展1次健康管理、传染病防治等知识讲座。在县级医院的帮扶下，镇卫生院实行"一院一科一特色建设"基层服务人次同比提高了20%。

医共体内的成员单位成了共进退的"一家人"，大医院不再像以前一样吸纳乡镇医院的病人和医疗人才，而是想方设法地培养基层医疗人才，帮助基层医疗机构培养全科医生提升服务能力和质量，吸引患者就近寻诊，减轻大医院的工作压力，医共体的建立缓解了居民看病难题。

镇巴县建立"基本医保+大病保险+民政救助+补充医疗保障+爱心基金"的"4+X"保障政策。使困难群众在县内医院合规医疗费用报销比例达到90%以上，在其他机构和县外就诊的合规费用报销比例超过80%。贫困人口县内就诊实行"先诊疗、后付费"的政策，采用"一站式"报销，最大限度减轻贫困人口就医负担。医共体建设直接带动家庭医生签约团队服务水平的提升，使基层医疗单位可以承担更多的诊疗，患者可以在基层接受更多更高质量的治疗，拓宽了家庭医生服务广度。

（二）聚焦农村贫困人口，健全健康兜底保障

家庭医生首先要覆盖的重点人群是建档立卡贫困人口，通过持续稳定、有针对性地向服务对象提供健康管理服务，达到有效预防、控制病情、减轻痛苦、降低医疗费用开支、提升贫困人口生活质量和脱贫能力的效果，提升贫困人口群体的健康状况。

通过家庭医生签约服务保障贫困人口健康实施，同时推动了分级诊疗的实现，基层医疗机构能够诊治的疾病增多，医疗条件更好，切实减轻了群众负担，使群众对基层医疗服务机构更信任。常见病、多发病患者逐渐回归基层医疗机构就诊，直接减少了贫困人口的看病成本。分级诊疗制度的建立，是合理配置医疗资源、促进基本医疗卫生服务均等化的重要举措，是深化医药卫生体制改革、建立中国特色基本医疗卫生制度的重要内容，对于促进医药卫生事业长远健康发展、提高人民健康水平、保障和改善民生具有重要意义。[①] 根据全国健康扶贫动态管理系统数据显示：2018年年初，全县因病致贫、因病返贫户为2814户，比2017年年初的7450户减少了62%，比2016年年初的9892户减少了72%，签约服务成效显著。

（三）重视慢病重点人群，满足患者健康需求

慢性病危害人体的脑、心、肾等主要器官，容易对身体造成伤害，致使人体劳动能力下降，影响生活质量，治疗期长且医疗费用较高，增加了

[①] 《国务院办公厅关于推进分级诊疗制度建设的指导意见》，《中国乡村医药》2015年第20期，第86—88页。

全社会和患者家庭的经济负担。近年来，我国慢性病人数量呈上升趋势，情况不容乐观。

2018年8月，国家卫生健康委员会公布《关于印发建档立卡贫困人口慢病家庭医生签约服务工作方案的通知》，要求重点加强对已签约贫困人口中高血压、糖尿病、结核病、严重精神障碍等慢病患者的规范管理与健康服务。有条件的地区，可结合实际探索扩大贫困人口家庭医生签约服务慢病管理范围。将贫困人口慢病签约一批是中央"三个一批"重要精神的具体要求，各地设立贫困人口慢病签约专项经费，用于补助签约费中个人支付部分、签约管理费用、上级专家咨询和指导费用等。镇巴县根据上级要求，结合中央精神，主动将县域内家庭医生签约服务拓展到全体慢性病人群。

对慢病患者的健康管理根据其身体健康实际状况分类管理。对普通慢病患者，首先对其进行健康体检建立健康档案；定期进行有针对性的健康教育；定期随访询问健康状况，指导服务对象控制健康危险因素，做到适时关注健康状况。对于高危慢病患者，由县级专科医师了解患者实际情况后，综合判断再制订有针对性的健康管理方案，定期入户或电话访谈了解患者近期健康状况，及时提供身体数据监测、健康评价、康复指导、疾病诊治、健康危险因素控制和预约诊疗、双向转诊、远程会诊等服务；对经医保部门确定为重特大疾病患者，加强跟踪管理和干预、诊疗服务，协助落实慢病长处方和延伸处方政策。对符合条件的贫困慢性病患者，协助其及时申请医保门诊慢性病鉴定、办理慢性病就诊卡。对新近识别认定的建档立卡贫困人口，及时通知所在乡镇卫生院，尽快组织家庭医生团队与贫困人口签订服务协议，并纳入分类管理。对外出务工、难以现场签约或有效管理的建档立卡贫困人口，通过各种渠道告知政策，提供健康咨询和就医路径指导。

（四）关注全体普通人群，推出个性化服务包

2018年4月，国家卫生健康委员会办公厅印发的《关于做好2018年家庭医生签约服务工作的通知》要求，针对全体普通群众积极开展个性化签约服务。有针对性地对服务对象提供健康咨询、健康评估、健康指导、用药指导等个性化服务。以"菜单"形式开展服务，切实提高签约服务精准性。鼓励家庭医生签约服务团队为企事业单位、养老院、学校等功能性社区提供签约服务。在政策、技术、医疗安全保障到位的前提下，明确上门服务项目清单，完善服务标准和规范。

普通人群最重要的是做好各种疾病的预防，家庭医生要通过做好公共卫生工作使普通人群增强抵御疾病的能力，积极在普通人群中推广服务包。镇巴县发改局、卫计局联合印发了《关于全面推行个性化家庭医生签约服务工作的通知》，针对非贫困人口个性化健康需求，在城区设定服务包27个、乡镇设定21个，按照免费与付费两种形式进行服务，以免费服务包为基础包同时设定初级、中级、高级三种付费服务包，以家庭为单位进行签约，逐渐将签约服务覆盖到全体普通人群。2017年以来，全县共签约孕产妇、老年人、儿童等付费服务包3000余个。镇巴县针对家庭医生签约付费服务包设立专项资金，对推行付费服务包的医疗机构进行鼓励，每个服务包奖励50元，第二年继续续签的，每个包奖励100元。

普通人群与家庭医生签约后，也就获得了"一对一"的定向医疗服务，家庭医生团队不再收取签约服务费以外的其他费用。增强了广大群众与医生群体之间的信任。信任感增强，医患矛盾将大大减少，家庭医生未来就能更顺利地在辖区内开展工作。家庭医生守住普通人群的健康，才能实现"健康中国"的最终目标，真正成为居民健康的"守门人"。

以多样化有效举措破解
慢性疾病的防治

习近平总书记在全国卫生与健康大会上讲话指出,"由于疾病谱、生态环境、生活方式不断变化,我国仍然面临众多疾病威胁并存,多种健康影响因素交织的复杂局面"。慢性非传染性疾病(以下简称"慢性病")对健康的影响程度正在不断提升,已成为居民的主要死亡原因和疾病负担。为了有效解决农村人口特别是贫困人口的慢性病问题,镇巴县转变慢性病诊疗模式,积极推进针对慢性病的家庭医生签约服务。在此基础上,进一步提升慢性病诊疗能力,推进分类管理分级施治,推进信息技术运用,并以开展疾病防控八大行动、培养健康细胞建立起有效应对慢性病诊疗的长期规划与长效机制;初步实现了基层服务能力、服务对象获得感、服务医生积极性、党群干群关系、干部思想作风"五个提升"目标,实现了对慢性病防治难题的有效破解。

一 农村地区慢性病防治困境分析

随着经济社会发展,疾病的形态在发生着变化,慢性病对农村人口健康影响越来越大,农村慢性病防治难题较为突出。

(一)农村慢性病防治难问题的主要表现

1. 疾病主要形态的变化

在现代化进程中,人类健康水平在不断提升,但人类健康仍被众多疾病威胁,健康问题的主要形态也在不断改变。其中最为明显的表现之一是慢性疾病对人类健康的影响越来越大,其对健康的影响程度已经逐渐超越了烈性疾病。2002年，根据联合国的统计，全球60%的死亡和43%的疾病负担由慢性病导致，慢性病已经成为全球致死、致残的首因；到2020年，慢性病将引起全球73%的死亡和60%的疾病负担[①]。根据《中国家庭健康大数据报告（2017）》显示，2017年在线就诊中慢性病患者数量较2013年增加8.2%。随着农村的发展，农村人口健康水平也在不断提升，但同样遭受着越来越严重的慢性病问题，我国城市慢性病死亡比例高达85.3%，而农村的慢性病死亡比例也已经高达79.5%。而且相对于城市人口，农村人口生活受慢性病影响更大，大量患慢性疾病的农村人口，没有获得及时有效的治疗，较为严重的农村慢性病防治问题，困扰着农村人口的日常生活。

2. 农村人口慢性病防治主要难题

（1）慢性病预防意识低。因自身健康意识不够强，或受实际生活环境的影响，一些农村人口存在一些不好的生活习惯，如高盐饮食、不注意环境卫生与个人卫生。这些习惯是导致慢性病发病的重要因素，但并没有引起重视，特别是对于一些高危群体，其大大增加了患病的可能性。

（2）慢性病诊断晚。农村人口慢性病发现较晚，对多地卫生行业从业者的访谈中均可以发现，他们会接诊很多"拖到不能再拖"才来治病的农村病人，特别是农村贫困病人。还有一些早期诊疗的轻视乃至误诊，同时拖延了疾病的及时治疗。慢性病诊断不及时严重影响治疗效果，对患病群体造成了更大的身体损害。

（3）慢性病治疗效果差。慢性病患病周期较长，需要保持长期治疗，但农村人口慢性病治疗效果相对不好，疾病复发和疾病恶化的现象较为严重。高血压等各类重点慢性病的规范管理率非常低，使慢性病对农村人口的生产生活造成持续的困扰。

（4）慢性病群体的生活干预效果差。慢性病的治疗不是一蹴而就的，作为生活病的慢性病治疗，要配合以生活方式与生活习惯的转变和调整。这就要求病人能获得有效的生活干预，引导、监督他们调整养成与诊疗相适应的生活状态。但农村慢性病群体的生活一直没有得到有效监督与干预，配合治疗所应坚持的生活方式与习惯没能得到患病群体的重视。

---

① 世界卫生组织2002年的报告。

（二）农村慢性病防治面临的多重困境

农村慢性病防治问题为何严重？主要是由于农村生活环境、农民对疾病的认识、农村诊疗水平、医生作用发挥四方面中所存在的问题造成的。

1. 不利于疾病防治的生活环境

一是农村人居生活环境卫生问题较严重。很多农民家庭，特别是贫困农民家庭，没有足够的精力和认识去保持健康的生活习惯，保持生活环境的干净卫生；更没有足够的条件和能力，通过居住环境改造，较彻底地提升自身生活环境。"越穷越脏、越脏越病、越病越穷"的恶性循环相当常见。卫生条件较差的人居环境不仅让贫困人口面临更大的疾病风险，也导致慢性疾病的治疗与恢复格外困难。

二是农村封建迷信思想较严重。一些农村人口，特别是文化程度较低的中老年农村人口，存在着比较严重的封建迷信思想。导致其患病后，四处求神拜佛，不及时到正规医疗机构看诊，不配合医生坚持进行治疗，导致慢性疾病的治疗被耽误或者效果不佳。

三是农村慢性病人普遍没有养成有利于慢性病康复的生活习惯。慢性病治疗需对一些生活习惯进行调整，让生活与疾病治疗相适应。如高血压病人要坚持低盐饮食、糖尿病人要尽量少地食用糖类；但是在实地的调研中发现，很多农村慢性病人，在生活中并不能做到这些，医生在作息方面的要求和建议很难被病人实现，病人家属也没有起到很好的监督作用，造成疾病的治疗与恢复并不理想。

2. 轻视慢性疾病的农民心理

帕森斯在《社会系统》中提出了"病人角色"的概念。指出病人由于病痛会被免除正常社会角色的活动和社会责任。患病是一种不合乎社会需要的状态，疾病是对个人希望完成任务和角色的能力的干扰。疾病对一个社会系统来说是一种偏差行为，要采取一些机制使之得到控制。在实际生活中，病人的社会角色和疾病的社会意义会因疾病特点的不同而不同。由于慢性疾病在较长时间内不会像烈性疾病对生活健康造成巨大的影响，导致轻微的身体不适不被重视，带病参加生产劳动的现象在农村较为普遍，影响了慢性病的及时治疗和所需的充足休息。

为什么一些农村慢性病人会带病参加劳动？为什么在生活中一些农村

慢性病人会轻视慢性疾病，不会按照医嘱，根据疾病康复需求调整饮食作息？一方面，慢性疾病得不到农民的重视。在传统观念上，有病状态和无病状态是相互独立的，在无病状态下要正常地参与社会生产生活。处于有病状态，"病人"变成了其主要的社会角色，则不需要参加生产，其主要任务转变为积极参与治疗，实现康复。但实际上慢性病因为其病因的多源性和治愈的不易性，打破了有病状态、无病状态的明确区分。有学者指出这是一种"第三态"，是一种过渡状态，介于病态与健康之间，并且可以持续很久[1]。这种状态会导致实际的慢性病病人角色和病人身份十分复杂，病人这一身份不能在一个人所扮演的多种角色中长期处于主导地位[2]，这一现象在对慢性疾病没有很好认识的农村人口中更为凸显，也就造成一些慢性病在农村受轻视，很多身患慢性病的农村人口"被迫"像个没有病的人一样生活，慢性病的治疗以及相关饮食作息要求不在生活中被重视。另一方面，很多农村慢性病人口缺乏针对慢性病的自我管理能力。Corbin 和 Strauss 将慢性病人自我管理能力描述为三方面任务：疾病的治疗管理（如服药、改变饮食和自我监测等）；建立和保持在工作、家庭和朋友中的新角色；处理和应对疾病所带来的各种情绪（如愤怒等）[3]，这种对疾病的自我管理影响着疾病的治疗。很多农村慢性病人这方面能力缺乏，且没有有效途径来获得这些能力，他们难以实现对慢性病的有效自我管理，调节自身身体和心理状态，无法有效运用自身力量来应对慢性病。

3. 难以深入影响的医生角色

与病人社会角色相对应，医师本身也是作为特定群类的社会现象[4]，医生是针对疾病的社会设置，医生功能是尽量医治病人，使病人能够重回正常的社会生活中去。慢性病能否得到有效治疗，与医生能否深入影响病

---

[1] ［苏］M. C. 克利涅尔：《评"个人健康——社会价值"》，孙舟译，《国外社会科学》1990 年第 3 期，第 75—76 页。

[2] 高成新、刘洁：《医学社会学视角下抑郁症现状调查分析》，《医学与哲学》2016 年第 2 期，第 34—36 页。

[3] ［美］莫瑞·辛格：《批判医学人类学的历史与理论框架》，林敏霞译，《广西民族学院学报》（哲学社会科学版）2006 年第 3 期，第 2—8 页。

[4] 阮芳赋：《医学社会学的对象、内容和意义》，《医学与哲学》1982 年第 4 期，第 9—11 页。

人密切相关。

根据一般的观点，病人与医生的关系是不对称的，病人需依附于医生，听从医生对于疾病诊疗的相关要求；但是疾病治疗与康复中"不遵医嘱"的现象，在农村相对普遍，因为农民没有对慢性病形成足够的认识。

为何一些农民不相信、不配合医生？患者对治疗信任并配合的基础是患者能体验到治疗是"可信的、有效的"。但很多农民无法很好地体验到治疗是可信而有效的。"患者体验"是在医学与健康中日益被重视的。医学社会科学家日渐关注患者体验，即一个病人表现其疾病或不适的方式[1]。患者体验是患者身体对疼痛的体验，更是患者因疾病所带来的综合生活体验。解决疾病不仅是消除身体的痛感，也是消除生活中综合的"疾病体验"。导致农民对现代医学治疗不信任不配合的重要原因之一就是现代医学无法全部消除农民的"疾病体验"。

Luck 和 Scheper – Hughes 提出了"心灵身体"的概念。描述了三种有关健康的"身体"：个体身体、社会身体和身体策略[2]。现代医学仅仅是解决个人身体的问题，却没有从根本上解决"疾病"。如果西医仅仅把病人当作一个物体来给以躯体的医疗救济，那么他们的心灵和社会身体交给谁来医疗救济呢？农村疾病与生活是密切联系起来的，疾病带来身体疼痛体验的同时，还会带来"我做了什么才会得病""到底是什么使这种病在我身上一直持续""我的病会不会复发"的心理压力。比如乡土社会有一句谚语，"药补食补，不如心补"，就体现了农民其实非常重视疾病所带来的心理问题的解决。对疾病的治疗是对身体、心理的多重恢复。而现代医学无法做到这一点，农村慢性病人生活所遇到的心理问题得不到解答。

正是因为现代医学无法回答农民的心理困惑，无法帮助农民处理各种情绪，所以让农民觉得现代医学不是"有理有据"的，从而对现代医学产生了不理解乃至不信任，进而导致农民在治疗过程中的不配合，乃至抗

---

[1] [美]莫瑞·辛格：《批判医学人类学的历史与理论框架》，林敏霞译，《广西民族学院学报》（哲学社会科学版）2006 年第 3 期，第 2—8 页。

[2] Kate R. Lorig, Halsted R. Holman, Self – management Education: History, Definition, Outcomes, and Mechanisms, *Annals of Behavioral Medicine*, 2003, Vol. 26（1）: 1 – 7.

拒现象。

4. 无法有效治疗的诊疗水平

较低的诊疗水平，一方面表现在农村医疗队伍弱，特别是乡村医生水平亟待提高，另一方面表现在基层医疗机构与医疗制度无法很好实现慢性病诊疗。

农村医生队伍实力弱。技术专业性是医生获得社会认可和病人信任的基础，医生能作为社会最重要的文化价值"健康"的首要代表，就是源于医生技术上的专业性。而农村医学专业人才缺口严重。乡村医生大多没有得到足够的医学教育，且流失严重；乡镇卫生院医生数量不满额现象普遍，且能力不足。这些导致农村人口慢性疾病难以得到有效治疗。

农村医生队伍实力弱是由于健康与疾病治疗方面存在着严重的城乡不平等造成的。国家对于农村人口的健康保障问题存在轻视。这种轻视突出表现在"乡村医生"问题上。医生是针对疾病与健康的重要社会设置，国家对乡村医生的态度同时存在着在使用上的重视和地位上的轻视乃至不承认。乡村医生作为农村地区"县—镇—村"三级医疗机构最基础、最基本的环节，在农村医疗卫生事业中扮演着关键角色，世界卫生组织也曾称赞过中国农村"县—镇—村"三级卫生体系对农村人口健康所发挥的重大意义。但实际村医的地位非常低，甚至没有得到国家对其医生身份的认可。目前国家提出要提高乡村医生地位，各省相继出台政策，但一些省仅将乡村医生作为乡镇卫生院的临聘人员，没有从根本上改变乡村医生地位。国家对乡村医生的轻视，导致乡村医生流失非常严重，大量医学生不愿来到农村，为农村人口的健康服务。医学是一门要持续进行知识更新的学科，医生要得到持续学习的机会，相较城市医生有相对有效的进修与培训，乡村医生几乎没有途径实现对医学的持续学习，很多慢性疾病的治疗只能坚持"老套路"，对新方法，以及需要改正的问题一无所知。

不健全的卫生保健体系与制度建设也影响着慢性病的有效治疗。一方面，农村针对慢性病的诊疗体系不健全。镇卫生院和村卫生室的医疗器材设备短缺，医疗条件很差，县域内没有针对慢性病的专业康复与管理中心。自2016年起我国学习西方大力推广家庭签约医生，但实际上除了健康扶贫中贫困人口签约家庭医生作为"政治任务"推进以外，家庭医生主要在城市得到一定推广，特别是上海、深圳、厦门等社会经济水平发展较高的发达地区。广大农民的健康问题实际仍未得到重视和有效解决。另一方面,农村针对慢性病的医疗保险制度不健全,2002 年以来新型农村合作医疗制度得到恢复和发展,并已基本覆盖了广大农村地区,但以大病统筹为主的新农合更多的是应对急、危、重疾病带来的突发性风险[1],而对慢性病的治疗与康复无法提供有力支持。

农村医疗问题的地位与处境,导致农村人口健康无法得到有效守护,特别是农民慢性病治疗无法获得有效帮助。首先因为慢性病治疗是一个长期过程,其治疗需要病人与医生的长期沟通,得到医生的跟踪指导。可用"医疗距离"一词来表示病人获得医生帮助的便利性,农村病人获得医生帮助的便利性远远低于城市。农村贫困人口没有机会和专业医生保持长期有效的沟通,获得其持续跟踪指导,导致慢性病治疗效果不理想。其次慢性病潜伏性强、病因多元、不易治愈、病情反复、病状不同等特点对医生的专业能力有较高且复杂的要求,且不同疾病需要不同专科的医生。农村地区薄弱的医疗能力,无法提供所需要的慢性病有效治疗。

健康卫生领域巨大的城乡差距,反映出健康是一种巨大的社会历史现象,健康差异在一定程度上是由于社会不平等所导致的。社会学家韦伯提出了"生活方式"的概念,即在同一地位群体中的成员享有相似的生活方式,社会经济状况是决定人们特定生活方式的重要因素。他用"生活机会"来解释获得特定生活方式的可能性,即一个人想要获得某种生活方式,必须有资金、地位、权利和社会关系的支持[2]。美国著名医学社会学家威廉·考克汉姆指出,韦伯"生活方式"的概念也适用于健康生活方式,因为追求健康生活方式,就是个人在尝试按照自己的动机、努力和能力水平产生良好的健康状态。国外许多研究表明,社会阶层和健康状况之间的差异是社会经济因素不平等分配的结果。人群之间健康的差异是由于社会特征的差异,而不是卫生保健方面的差异造成的。健康不平等,是一个社会经济地位或社会分层结构问题,是社会经济地位决定了健康[3]。

---

[1] 管军、张亮、綦斐等:《基于社会资本理论的农村慢性病综合管理模式分析》,《中国卫生经济》2010 年第 3 期,第 65—67 页。
[2] [德] 韦伯:《经济与社会》(下卷),上海人民出版社 2010 年版。
[3] 冯显威:《健康社会学发展中的新理论范式研究》,《医学与社会》2012 年第 1 期,第 1—4 页。

农村慢性病防治问题也体现了隐藏在健康背后结构性的不平等，应引起注意并着力解决。城乡二元结构导致农村人口很多慢性病无法得到有效诊疗。所有人都有追求健康生活的愿望，但很多农村人口实际上没有能力解决慢性病问题；只有从政策与行动上关注农村人口健康，采取针对农村健康问题的行动，才能解决好农村健康问题。

二 打造科学有效的慢病防治模式

镇巴县围绕慢性病的家庭医生签约服务，打造新的科学有效的慢病防治模式，实现对慢性病防治难题的有效破解。

（一）既有慢性病诊疗与干预模式存在问题

一是滞后性。旧有模式，只会在慢性病实际产生后才进行干预，集中于疾病的治疗问题，没有涉及慢性疾病的预防。

二是被动性。慢性病的诊疗是长期的，且需要相对较长的康复期，还需要有与慢性病诊疗、康复相适应的饮食作息行为。但是在旧有模式中，这些完全需要依靠病人的自觉，能否坚持慢性病的按时看诊，能否坚持按时服药，能否保持有利于恢复的生活习惯全部取决于病人自己，医务人员并没有主动提供帮助。

三是孤立性。目前慢性病诊疗是不成体系的，每一种慢性病都有非常多的不同诊疗方案，且方案质量参差不齐。每个慢性病病人的疾病治疗都被当作"个别事件"处理，没有形成系统化的思路与方案。

由此可见，慢性病没有得到足够重视和专门对待。原有诊疗模式将造成慢病诊疗一些问题的产生。其一是发病率高，损失大。由于忽视预防，导致慢性病发病风险持续提高，给普通群众健康与生活带来的损失不断上升。其二是诊疗中给患者造成较大负担。诊疗不规范给患者造成精神、时间、金钱上的较大负担。其三是诊疗效果差。由于大量患病人口健康意识差，自我监督、自我管理的能力弱，导致慢性病诊疗得不到坚持，诊疗效果严重下降。要从根本上破解慢性病诊疗难题，就要实现慢病诊疗模式的转变。以健康扶贫为契机，镇巴县推进针对慢病群体的签约服务实现了慢病诊疗模式的有效转变。

（二）聚焦慢性病重点人群

推进慢性病人口家庭医生签约服务的基础在于对慢性病重点人口的有效识别和记录。以因病致贫筛查的全面体检为契机，镇巴县实现了对慢病人群的识别与瞄准，总共识别Ⅱ型糖尿病1726人，重性精神病610人，结核病104人，原发性高血压12285人，并且建立了《慢病管理》健康档案。

在精准识别基础上，镇巴县逐步推进慢性病患者签约服务工作的开展，截至2018年，已经实现了对主要地方病患者、14种新农合门诊慢病患者（脑卒中、甲亢、脑萎缩等）、四类公卫重点人群（原发性高血压、Ⅱ型糖尿病、肺结核病、严重精神障碍）的签约服务覆盖。并且慢性疾病签约服务也逐渐向非贫困的慢性病群体拓展，针对非贫困人口个性化健康需求，设定初级、中级、高级三种付费服务包，制定了慢病防治十年规划，开始分期分批次将全县慢病患者纳入签约管理。

为保证重点慢病人群签约服务有效落实，镇巴县加大签约服务的资金投入，原发性高血压、糖尿病等四类公卫重点人群，按每年6%的比例，从基本公共卫生项目资金中提取签约服务费；脑卒中、甲亢等14种慢病患者，从新农合基金中按每人每年50元的标准补助签约服务费。在签约服务经费保障的推动下，慢病人口，特别是重点慢病人口的签约服务得到有效推进。

（三）持续进行团队建设

在医疗资源匮乏的深度贫困地区，推进慢病人口签约服务扎实开展是对基层健康治理的一大考验。镇巴县吸取本地科学组建团队开展贫困人口签约服务经验，在"2+2+1"贫困人口签约服务团队（1名村医、1名村卫计专干、1名镇级医生、1名镇级公卫人员、1名县级指导人员）的基础上，组建以"2+2+1+N"为模式的慢病签约服务团队。

慢性病签约服务团队成员有明确详细的分工。乡村医生负责慢性病初筛、治疗、随访、健康教育、信息录入反馈；村卫计专干负责宣传动员、居家环境卫生指导，并协助村医进行信息录入；镇级医生负责诊断治疗；镇级公卫人员负责慢性病签约、管理，健康指导；县级指导人员负责指导、协调县级慢性病专科医师和工作督导；慢病专科医师负责诊疗方案审核，疑难慢性病诊断治疗，对上转患者进行诊断与康复指导。通过团队内有效的分工协作，签约服务实现了对慢病预防、治疗、康复等过程的全覆盖，提升了慢病诊疗效果。

（四）精确设定服务内容

为避免签约服务流于形式，镇巴县制定慢性病签约服务的随访内容与随访频率。根据规范，签约服务对慢病患者随访流程为"初步筛查—明确诊断—方案审核—团队签约—规范治疗—定期随访—上下转诊"。村级医生每月上门送医送药，对慢病患者家庭医生必须入户随访；县级指导人员每年入户随访不少于1次；镇级医生和村级人员每年不少于2次；对于外出或在县外住院的，定期进行电话、短信和微信随访。针对住院治疗病人，县级医生对本院出院患者2周内打电话1次，有问题的通知镇级医生在1周内电话跟进随访1次。镇级住院的患者出院后2周内电话随访一次，村级对县外住院签约对象出院2周后入户随访1次。此外，镇巴县还规定对需要转上级医院诊断治疗的慢病病人，由家庭医生帮助预约上级医院的专家门诊、大型设备检查及住院服务等，并对病人提供后续治疗康复和住院服务。签约对象有任何健康方面的问题，可随时咨询自己的家庭医生。

在设定服务内容与频次基础上，镇巴县进一步明确慢性病签约服务的考核指标，如原发性高血压规范管理率≥60%、血压控制率≥40%；Ⅱ型糖尿病规范管理率≥60%、血糖控制率≥40%，脑卒中规范管理率≥60%等，进一步督促签约医生把服务落到实处。

通过对服务内容与频次以及考核指标的精确设定，镇巴县有效保证慢性病签约服务的落地，仅靠病人自觉性进行自我管理的旧模式被打破，医生常态而有效地参与到慢病诊疗的全过程，实现了对慢性病诊疗的有效干预，极大提升了慢性病诊疗的效果。

三 加强对重点慢性病的科学治疗

为实现对慢性病有效治疗，镇巴县通过提升基层医疗服务水平，用建立集中化重点慢病治疗中心的方法提升针对慢性疾病的诊疗水平；同时落实对重点慢性病的规范管理，压实分级诊疗制度，提升慢性病管理与诊疗的规范性。加强对现代信息技术的运用，进一步便利慢性病诊疗服务的开展，用信息技术提升服务质量与效率。2019年全县慢性病共8498人，签约率达到100%。高血压、糖尿病、严重精神病障碍、结核病规范管理率分别达到83.3%、83.4%、72.7%、100%。

（一）提升慢病诊疗能力

1. 提升基层医疗卫生服务水平

针对深度贫困地区基础薄弱，卫生服务水平差，无法有效实现慢性病诊疗的现实困境，镇巴县采取多种举措，按照保基本、强基层、建机制的要求，坚持以基层为重点，以增强服务能力为核心，重点加强基础设施建设、人才队伍建设、设备配置建设、服务内涵建设，推动医疗卫生优质资源下沉、工作重心下沉，切实提高基层医疗卫生服务水平。

一是县级医院错位发展。为最大限度丰富疾病的诊疗范围，避免县域内医疗卫生机构诊疗能力的重叠，增强不同医院对不同类型疾病的诊疗水平，镇巴县积极探索县级医院错位发展，制定了《镇巴县"十三五"医疗机构设置规划》，明确3所县级公立医院的改革发展方向，并与西安交大口腔医院、西北妇女儿童医院、汉中市3201医院、江苏省通州区人民医院、通州区中医院建立对口支援关系。依托有效的支援和明确的错位发展规划，使县级公立医院整体水平得到全面提升，诊疗能力得到增强。

二是提升镇级医院服务能力。镇巴县积极推进镇卫生院分类管理。县委县政府在充分调研并综合考虑各镇卫生院的实际情况后，提出了确保基本、重点突破、统筹推进的建设管理原则。将6所条件好的镇卫生院定位为片区中心卫生院，着力打造功能完备、服务能力较强的区域性医疗卫生服务中心，辐射周边镇的急诊急救和基本医疗服务，其余15所普通镇卫生院定位为以基本医疗和基本公共卫生服务为主。在此基础上，镇巴县推进一院一科室建设，结合医院自身能力与条件以及群众实际需求，每一所卫生院重点发展一个科室，重点提升某一方面的诊疗水平。此外，镇巴县先后投资2699万元，新建、改（拓）建了22个镇卫生院业务楼；投入1750万元添置医疗设备。通过以上举措，镇级医院的服务能力得到有效增强。

三是加强村级卫生室建设。镇巴县一次性投入资金420万元，对全县所有村卫生室进行规范化建设，并积极实施村医"镇聘镇管村用"模式，稳定村医队伍，对村医开展定期的培训与考核，提升村医能力，落实村医工作。在国家及省市卫计委的支持与帮助下，镇巴县为181个村卫生室配备了健康管理一体机、POCT快速检测仪、电脑、电视、治疗盘、电针治疗仪等43种设备，让群众在家门口就能享受优质医疗资源，极大地方便了群众就医。

四是加强三级医疗机构间的人员流动。实现医疗机构之间医务人员的流动，是让医务人员获得锻炼学习、提升医务人员能力的重要途径。为进一步提升县域内医务人员工作能力，镇巴县制定《医师多点执业实施办法》，通过开展医师多点执业，采取对口支援模式，县直公立医院47名高级职称医师与全县21个基层卫生院建立支医和多点执业关系，医师执业地点只能从县级医院"下延"，不得"上流"，县级医院专家医生深入基层更好地起到对基层慢病诊疗工作的指导、帮扶，提升基层医务人员诊疗服务能力。

五是鼓励社会办医加快发展。为进一步解决基层医疗服务能力弱的问题，提升社会参与卫生健康事业积极性，镇巴县积极鼓励社会办医加快发展。秉持"鼓励、支持、平衡、规范"的原则，制定了《加快发展社会办医的实施意见》，进行人才技术、业务管理、发展规划方面的引导，实行专科专院错位发展，推动民营医疗机构升级晋档。截至目前，全县共发展民营医院3所，其中一所已达到二级医院标准。通过社会力量的有效动员，推动贫困地区医疗卫生服务能力提升。

2. 集中力量建设慢病治疗中心

慢性病诊疗难题一方面是基层诊疗能力弱，另一方面是基层慢性病诊疗不规范，针对慢性病特点的专项诊疗措施不到位，导致慢性病诊疗的不规范，诊疗效果不佳，甚至给患者增加时间、金钱等方面的额外负担。针对基层慢性病诊疗不规范的现象，镇巴县依托县级公立医院，成立原发性高血压、Ⅱ型糖尿病、结核病、精神卫生和脑卒中五个治疗中心。五个治疗中心为全县慢病管理提供技术指导和培训指导，有效地提升了基层针对慢性疾病诊疗的规范性。

此外，镇巴县进一步提升贫困人口的慢性疾病报销水平，严格落实贫困人口一般诊疗费报销执行到位，贫困人口门诊慢性病报销额度提高20%执行到位；贫困人口新农合基本医保住院报销比例提高10%执行到位，贫困人口县域内先诊疗后付费政策及"一站式"即时结算服务执行到位，从而进一步减轻了慢性疾病诊疗带给贫困人口的生活负担。

（二）分类管理分级施治

一是慢性疾病精准分类管理。镇巴县按照"分类指导、重点管理"的健康服务模式，根据"一人一策"的原则，进行精准健康评估、健康管理，有针对性地出具健康处方。对21种特殊慢性疾病，镇巴县按照不同类别制定签约服务包的基础上，本着安全、廉价、有效的原则，形成全县统一处方，为少数特殊病患者制订个性治疗方案。

二是慢性疾病科学分级施治。镇巴县发挥县健康联合体的"联合"作用，依托医联体建设，推进医共帮扶，组建健康联合体21个，医联体8个；医共体21个，覆盖全县25家医疗机构。完成了21所镇卫生院"紧密型"改革，并且专门在6所片区中心医院建立转诊中心康复科，为分诊疗打下坚实基础。在此基础上，镇巴县积极推进慢病分级诊疗，落实双向转诊制度，引导患者基层首诊，上转患者住院连续计算起付线。截至2018年10月签约医生累计为服务对象代办慢病手册968份，接受电话咨询2000余人次，代办住院手续和出院报销651人次。通过分级施治，开展规范管理和科学诊疗，镇巴县实现了慢性疾病诊疗中基层作用的有效发挥，降低了不必要的县域外就医，越来越多的病人愿意留在县内看病，并有效地降低了慢病诊疗给慢病患者所带来的时间、金钱等方面的压力。2017年镇巴县县域内患者就诊率达91%，其中镇卫生院就诊率44%，县级医院就诊率47%，较2016年同期提高了6%。截至2018年8月县域内就诊率达93%。

（三）积极运用信息技术

信息技术运用对慢性疾病诊疗具有特殊的重要意义。慢性疾病诊疗具有连续性、长期性的特点，运用信息技术进一步提升其效果。

一是建立贫困人口健康档案。镇巴县与国家卫生健康委员会开展战略合作，以大数据平台为轴心，在全国率先实现居民健康档案、电子病历、医疗结算与健康扶贫业务数据的互通共享，开展数据分析和研判，构建贯穿居民生命全周期的健康数据链，截至目前，全县已为6326名患慢性病的贫困人口建立了电子档案，进行在线管理。镇巴县同时创建健康扶贫"二维码"，即将互联网技术与精准扶贫有机结合，专门为脱贫对象私人定制的大数据系统，可以记录帮扶对象的基本情况、帮扶举措、疾病信息、就诊记录等。电子健康档案的建立，可以及时完整地记录慢病贫困人口的健康状况和治疗情况，可以作为长期治疗的重要参考，保证了慢病诊疗的连续性。

二是密切慢病患者与医务人员的交流。通过贫困户就诊即时通系统，家庭医生凭借手机APP随时掌握群众的就医动态，开展健康档案信息查询、与患者进行交流。通过密切地交流，能够让医生及时有效地了解慢病人口的治疗效果以及健康状况的变化，及时给出相应建议，从而有效加强医生对慢病治疗的干预，提升慢病诊疗的效果。

三是提升患病群众的慢病自我管理。慢病诊疗的长期性要求对慢病有效的自我管理非常重要。通过"健康镇巴"微信公众号，患病群众可以享受到慢病管理提醒服务，并能够进行对应知识的学习。通过健康知识学习和慢病管理提醒服务，患病群众慢病自我管理能力显著增强，慢病诊疗效果得到进一步提升。

四 建立有效应对慢病的长效机制

在革新慢病防治模式，提升慢病诊疗水平的基础上，镇巴县结合陕西省疾病预防控制"八大行动"与"健康细胞"建设，并依托开展国家精准医学研究项目等机会，进一步建立起"疾病防控到位、综合健康服务到家、重病慢病治疗到人"的慢病防治长效机制。

（一）预防为本，开展疾病防控八大行动

习近平总书记指出，要提倡健康文明的生活方式，树立大卫生、大健

康的观念,把以治病为中心转变为以人民健康为中心,建立健全健康教育体系,提升全新健康素养[①]。要从根本上减少慢性病对生活的影响,就要实现关口前移,以预防为本,增强普通群众的健康素养,提升普通群众获取并保持健康生活的能力,降低慢性疾病的患病风险。为实现有效的疾病预防,推进关口前移,镇巴县根据健康陕西建设安排,以推进疾病防控"八大行动"为契机,多措并举推进健康教育与健康环境建设,实现从病后干预向全方位健康管理的转变。

一是深入开展健康教育。健康教育能帮助群众掌握更多健康知识,提升群众健康素养,树立健康观念,让群众获得保持健康、抵御疾病的能力。镇巴县重视健康教育,积极引导贫困群众移风易俗,养成良好卫生习惯。镇巴县组建281人的健康教育师资团、760人的专家库和462人的服务队,在307家医疗卫生单位安装华医网和健康传播卫星设备221台。在诊疗中镇巴县将健康教育贯穿入院、住院、出院全过程,并专门开发健康教育短信平台、微信平台,结合生活实际播发预防、治疗慢性疾病的各类知识。同时镇巴县在学校、企事业单位等处运用各种机会,结合群体生活特征与慢病实际风险开展有针对性的健康教育活动,并在形式上坚持将健康教育讲座逐步从"宣传教育型"向"教育、参与、行为改变型"转变,提升健康教育讲座效果,截至目前,镇巴县累计开展个性化健康教育44.5万人次、健康讲座15.8万人次、公众咨询7.5万人次。此外,镇巴县卫健局与县电影公司合作,制作了《家庭急救常识》等8部健康教育影片,随电影下乡深入全县各个村庄,累计播放1000多场。

在健康教育方面,镇巴县针对普通群众特别是农村贫困群众老年群众文化素质相对较低,健康观念不深,对健康重视程度不高的实际特点,有针对性地探索了如何运用群众通俗易懂的方法普及健康知识和技能的有效路径。2018年5月,镇巴县卫健局成立一支由8名医务人员组成的"健康扶贫文艺宣传队",将健康扶贫政策及健康知识编排成镇巴民歌、渔鼓、快板等节目,用喜闻乐见的方式利用群众集中的机会演出。既传播健康知识又丰富文化生活,成为贫困群众与帮扶单位、卫健单位之间的联系纽带,密切干群关系,深受群众欢迎。

---

① 习近平总书记在全国卫生与健康大会上的讲话。

健康扶贫文艺宣传队的成员穿上白大褂就是白衣天使，脱下白大褂就是健康宣传员，自宣传队成立以来，他们自主编创了八岔戏《扶贫政策扬风帆》、渔鼓表演唱《儿童计划免疫歌》、花鼓《预防碘缺乏》、小品《防治高血压》、快板《全民健康好生活》、打碟子表演《优生优育利国民》、舞蹈《七步洗手很奇妙》等近20个节目，在全县多个镇村巡回演出120余场次，受益群众达5万人。他们的足迹踏遍全县所有行政村，并围绕"健康细胞"建设编创节目，逐步开展进校园、进机关等演出活动。

二是综合开展环境治理。生活环境和健康密切相关。提升环境卫生水平，打造健康人居环境，能够有效减少一些慢性病的发病。镇巴县积极开展人居环境和公共环境的治理工作，通过提升环境卫生程度，减轻由于环境问题所造成的慢性病患病风险。以农村环境综合整治等工作为载体，镇巴县加快推进美丽乡村建设，全面整治农村居住环境。实现了将爱国卫生、美丽乡村建设、城乡环境整治活动与健康镇巴建设融合推进。

通过健康教育与环境整治的广泛深入开展，镇巴县有效补齐了慢性病预防方面的长期短板，实现了关口前移，进一步推进从以治疗管理为中心向健康管理为中心的转移。

（二）共建共享，改善环境培育健康细胞

以往健康工作中，卫生健康行业"单打独斗"，无法实现深入、常态、有效的慢性病诊疗防治。建立慢性疾病的长效防治体系，其基础在于落实以健康为中心，构建起"大卫生、大健康"的格局，把健康融入所有政策。而"大卫生、大健康"格局的建立不能仅仅依靠卫生健康事业工作者发力，还需要政府、市场、群团组织、企事业单位共同参与，全民共建共享。

为推进健康共建共享，搭建"大卫生、大健康"格局，实现慢性病防治的常态有效全民参与，镇巴县积极进行健康家庭、健康学校、健康村庄、健康机关、健康社区、健康企业、健康医院等"健康细胞"的示范建设，在各类单位的日常生活与行动中融入健康元素，实现常态化健康干预。通过健康细胞建设，健康治理真正融入日常生产生活之中，健康事业真正嵌入基层社会之中。从培育健康人群、推广健康文化、优化健康服务、营造健康环境、构建健康社会等方面入手，健康理念播撒到了各个角落，健康行为覆盖到了方方面面，健康服务惠及了所有居民，从而有力推动了"大卫生、大健康"格局的建立,推进"健康镇巴"建设,实现常态化的健康保持与健康干预,有效降低以慢性疾病为代表的各类疾病的患病风险。

(三) 深溯根源,形成慢病诊疗长期规划

要更为有效地建立起慢性病防治的长效机制,就需要最大可能地增强慢性病防治的针对性,不能只依据一般的认识。要全面、精确、深入了解造成本地某些重点慢性疾病高发的具体因素,并针对这些具体因素,实现有针对性的干预,从而实现精准防治,建立切合本地实际的慢病防治方案。

为实现对本地慢病等各类疾病致病因素的全面、准确、深入了解,镇巴县依托国家重点研发计划"精准医学研究"项目,率先在全国启动了"精准健康"工作。根据项目安排,镇巴县与西安交通大学公共卫生学院、陕西省镇巴县疾控中心联合进行镇巴县居民健康素养调查、慢性病患病率及危险因素调查,进一步摸清县域内群众健康素养水平、慢病的实际患病率及健康危险因素。

健康素养调查、慢性病患病率及危险因素调查共覆盖镇巴县 20 个镇(办)、60 个村、3 个社区,累计调查 2495 人。调查内容涵盖调查对象的基本社会人口学特征、日常生活习惯、吸烟饮酒、膳食摄入以及生活素养技能等多个方面,通过运用科学方法进行深入探究,镇巴县获取了关于镇巴居民日常生活习惯、健康素养的精确、全面、翔实的数据,获得了提升精准健康管理所需要的科学依据。

在获取实现精准健康管理所需要的科学数据基础上,镇巴县进一步进行慢性病防治规划的设计,实现对本地现实存在的致病因素、致病风险的精准干预,进一步科学地建立围绕人的生命周期,围绕人的日常生活,覆盖重点公卫人群的慢性疾病健康管理规划。

通过落实疾病预防控制八大行动,推进健康细胞培育,深入开展"精准医学研究",镇巴县精准把握了导致慢性疾病产生的具体因素,形成了常态、长效的慢性疾病防治举措,提升了群众针对慢性疾病的自我预防与控制能力,培育了有利于搭建健康生活的健康单元,逐步建立了针对慢性疾病的长效机制。

以智能化、信息化推动健康扶贫提质增效

人民群众健康是中华民族昌盛和国家富强的重要标志,更是一个国家开创美好未来的根基,同时也事关全面建成小康社会的时代任务。党和国家从维护全民健康和实现国家长远健康发展的角度出发,将人民群众利益放在首位,努力铺就中国的"健康之路"。2015年,"健康中国"上升为国家战略;2016年,《"健康中国2030"规划纲要》印发;2017年党的十九大报告明确提出"实施健康中国战略";2018年政府工作报告中,推进将健康中国战略纳入提高保障和改善民生水平的重点工作。在此背景下,镇巴县结合时代赋予的优势条件,将互联网与健康扶贫深度结合,推进"互联网+健康扶贫"模式,以智能化、信息化推动健康扶贫工作提质增效,最大限度地减少因病致贫、因病返贫现象的发生,助力健康中国建设。

一 智能化、信息化推进健康事业的必要性

推动信息技术在健康卫生领域的有效广泛运用具有重要意义。目前卫生健康事业中存在基层诊疗能力不足、医患间联系不紧密、一线健康卫生工作难以实现有效监督等问题,推进健康卫生工作的智能化、信息化,有利于助推这些问题的有效破解,实现健康卫生工作的提质增效,卫生健康事业的整体突破。

(一)信息技术运用有利于实现优质资源下沉,提升群众的获得感

以智能化、信息化推进健康事业,能够实现基层诊疗水平、服务范围的提升,实现优质资源的下沉,加强基层为群众健康服务的能力,便利群

众诊疗，提升群众获得感。

1. 提升基层诊疗水平

目前我国卫生健康事业存在着基层卫生健康工作者诊疗水平较低的问题。医疗专家集中在大城市、大医院，对于基层群众特别是广大的农村群众没有很强的可及性。推进信息技术运用，就能密切各级健康卫生工作者之间联系，加强专家对一些工作者的指导，同时也能为基层工作者提供更多在线学习的便利机会，从而提升基层诊疗水平。

2. 拓展镇村服务范围

基层医疗水平低所带来的问题就是基层特别是镇村两级健康卫生的服务范围小，很多较为常用的基本医疗卫生服务无法为群众提供，为群众生活带来不便。通过运用信息技术加强基层诊疗服务水平，就能拓展镇、村健康卫生服务范围，更好地为群众提供多元服务。

3. 引导群众基层就医

基层诊疗水平较低，服务范围不全会让群众对基层诊疗信心不足，患者向城市大医院流动，这会显著增加他们就医的时间、金钱等各方面支出，让群众背上较重的就医负担。用信息技术增强基层健康卫生服务能力与范围，就能重振群众在基层诊疗的信息，引导群众在基层就医，显著减轻群众负担。

（二）信息技术运用有利于密切医生患者联系，改善医患之间关系

以智能化、信息化推进健康事业，能够有效解决医生患者之间联系不密切的问题，让医生和患者间的联系变得密切而多元，并且实现患者对医生的监督与评价，改善医生患者间的关系。

1. 丰富医患间联系方式

目前医生和患者间的联系主要依靠患者在医院就诊时与医生面对面地交流，医患之间的联系方法较为单一，而这样单一的联系方式并不能满足医生与患者间就疾病诊疗进行沟通的需求。通过信息技术的运用，能够丰富医生与患者的联系方式，给医患间的联系提供更多的有效渠道。

2. 增多医患间联系频次

较为单一的医生患者面对面交流意味着医生患者交流的频次较低。疾病状况是不断发展变化的，需要密切关注、及时干预调整。低频次的医患

交流不能满足疾病诊疗的需求，特别对于一些特殊疾病。通过信息技术的运用能够让医生和患者借助网络等途径更为密切而便利地进行交流。

3. 实现患者对医生监督评价

保障医生对患者的服务质量，需要让患者有平台对医生进行监督评价。通过信息技术的运用，能够为患者有效地建构起评价监督医生的平台，从而倒逼医生为患者提供高质量的服务，实现医患关系的改善。

（三）信息技术运用有利于健康扶贫高效开展，助力一线提质增效

一线工作者为群众提供健康卫生服务时，会遇到诸多问题，特别是数据填报、信息填写等文牍工作会占用较多的时间精力。同时，如何实现对一线工作者的监督，也是考验管理者的问题。智能化、信息化能够有效破解这些问题。

1. 减轻一线工作者的文牍困扰

一线卫生健康事业工作者为基层群众提供健康卫生服务的时候，存在着体量较大的文牍工作，耗费了一线工作者的大量精力。如贫困人口家庭医生签约服务工作中，家庭医生要填写签约信息表、随访记录等诸多内容，严重占用了签约服务开展的时间精力，信息技术的运用能够有效地将一线工作者解放出来。

2. 便利一线工作者的服务开展

一线健康卫生工作者在为基层群众提供健康卫生服务时难免会遇到一些难以解决的问题，以至要有必要的帮助和支持。通过信息技术的有效运用，能够让其及时查阅相关信息，便捷获取相关帮助，从而便利服务的开展。

3. 保证一线工作者的服务质量

通过信息技术的有效运用，能够实现对一线工作者工作的有力、及时监管，从而遏制少数一线工作者存在的形式主义、滥竽充数的行为，让一线工作者的健康卫生服务落到实处，有效保证工作服务质量。

（四）信息技术运用有利于提升整体性和联系性，健康事业实质突破

信息技术在卫生健康事业的广泛有效运用能够实现健康卫生数据库的建立以及卫生健康大数据的深度运用，能够实现贯穿生命周期数据链的建

设，密切卫生健康事业各主体间的深入交流、有机协作，实现卫生健康事业取得实质突破。

1. 健康卫生大数据的深度运用

信息化、智能化信息技术的有效运用能够实现健康卫生大数据系统的建立，实现覆盖区域广大居民健康信息数据库的建立。并且能够进一步推进健康卫生大数据在卫生健康事业中更深入、更广泛地运用，让数据信息发挥更大作用。

2. 贯穿生命周期数据链的建设

信息化、智能化信息技术的有效运用能够实现贯穿居民生命全过程的健康数据链的建设，一方面便于诊疗工作的开展，另一方面也能让居民更好地掌握自身的健康状况，推进健康卫生服务的整体性、连续性，从而推进健康卫生服务质的突破。

3. 卫生健康事业各主体的密切合作

目前医务工作者、政府干部、社会组织、基层群众等卫生健康事业的各个主体间的联系程度不足，合作水平较低，通过信息技术的运用，能够大大地便利卫生健康事业各主体间的交流，为各主体提供实现深入合作的有效平台，实现其有效协作、互联互通。

（五）信息技术运用有利于破解诸类疑难问题，使健康卫生工作尽善尽美

在卫生健康事业中，存在因病致贫预警、公共卫生事件处置等诸多长期难以破解的问题，通过推进智能化、信息化技术的有效运用，能够实现有效破解，让健康卫生工作尽善尽美。

1. 因病致贫预警的实现

实现对因病致贫的预警是非常必要的，可以实现对疾病风险的"预防式治理"，避免重大疾病出现给群众生活带来巨大负担，但是预警的实现非常困难，需要强大的信息技术支撑，通过信息技术的有效运用，能够破解技术难题，实现对因病致贫的监测预警。

2. 公共卫生事件的智能处置

公共卫生事件的发生有其不确定性，但是同时具有较大的危害性，容易对群众生活产生较大的影响。实现对公共卫生事件的及时高效处置能够避免、减轻公共卫生事件对群众生活的影响，保障群众正常的生产生活。通过信息技术的运用，能够实现公共卫生事件的智能处理，将影响降到最低。

二 探索建立"互联网+健康扶贫"的体系架构

健康是促进人全面发展的必然要求，也是人民群众的共同追求。改革开放以来，我国卫生与健康事业加快发展，医疗卫生服务体系不断完善，基本公共卫生服务均等化水平稳步提高，公共卫生整体实力和疾病防控能力迈上新台阶。新时代新背景下，镇巴县利用先进的信息技术条件，推进"互联网+健康扶贫"，充分发扬敢为人先的精神，率先开展"互联网+健康扶贫"试点，积极构建"互联网+健康扶贫"信息化服务载体，针对性地推出"互联网+健康扶贫"数据平台、微信公众号"健康镇巴"和家庭医生签约服务管理软件，有力推进了"互联网+健康扶贫"工作的开展。

（一）探索"互联网+健康扶贫"的具体背景与动因

镇巴县地理位置偏远，交通条件落后，不仅给当地群众出行、就医、上学等活动带来了极大不便，也长期制约着当地的发展。由于当地自我发展条件较差，基础设施较为薄弱，医疗卫生服务资源严重不足，基层的医疗卫生条件差，很多居民患了大病、重病之后只能长途跋涉地前往市级医院，其间无疑需要很多额外支出，如住宿费、交通费等。医疗费用的报销也很麻烦，无法进行一站式报销。这些都加剧了当地的贫困程度，解决不好当地居民的健康问题，脱贫致富就难以实现。

随着网络传播技术的日益发达与智能化设备的日益普及，即便在镇巴县这样的山区，网络也已经变得十分普遍，人们对网络与智能手机的接受能力有了很大的提升。利用信息网络高效性与便捷性的特点，极大地解决了镇巴县农村居民在地理位置上的不便，打破了山区自然条件和时间距离限制的枷锁，为镇巴县的健康扶贫工作注入新的动力。

国家卫生健康委员会与工业和信息化部于2018年3月联合印发了《关于开展互联网+健康扶贫应用试点项目的通知》。"互联网+健康扶贫"是在健康扶贫工程和电信普遍服务试点工作基础上，联合医疗机构、研究院所等相关主体，动员社会力量，改善贫困地区基层医疗卫生服务能力，提高贫困人口健康水平的应用项目。3月24日"互联网+健康扶贫"全国试点项目在汉中启动，市委书记、市长亲自挂帅抓项目落实，经过多方调研和专家团队论证，制订了《互联网+医疗健康的健康扶贫项目工作方案》和其技术方案，以全国"互联网+健康医疗"应用试点项目落户汉中为契机，镇巴县在上级的大力扶持下，试点先行"互联网+健康扶贫"项目应用，积极构建"互联网+健康扶贫"数据平台、移动家庭医生签约服务管理系统、"健康镇巴"微信公众号等，为群众健康、决胜脱贫攻坚提供了有力保障和科学路径。

（二）打造"互联网+健康扶贫"工作体系

为推进"互联网+健康扶贫"试点工作在镇巴县的深入开展，有效助力家庭医生签约服务等工作的提质增效，镇巴县坚持创新导向、需求导向、基层导向，主动研发并推出了健康扶贫家庭医生签约服务管理系统、"健康镇巴"微信公众号、"健康镇巴"手机APP、贫困患者就诊即时通一系列"产品"，构建起了"互联网+健康扶贫"的工作体系，优化了一线的健康扶贫工作，推动健康扶贫工作扎实开展，显著提升了贫困人口的获得感。

1. 健康扶贫家庭医生签约服务管理系统

健康扶贫家庭医生签约服务管理系统于2017年11月1日正式投入使用。该系统所包含的健康扶贫信息管理、系统设置管理、扶贫包联责任人管理、扶贫巡查动态管理、贫困信息统计报表五个模块可以实现贫困人员信息、签约医生信息、服务动态的有效管理。家庭医生服务团队中镇卫生院医务人员、村医负责定期对该系统中的相关数据进行更新。卫健工作的管理人员可在系统后台进行大数据统计及处理分析，实时掌握县镇村各级医疗机构工作开展的整体情况，该系统的使用让镇巴县贫困人口的签约家庭医生入户随访服务得到极大便利，减轻了签约医生在开展服务中很多不必要的压力，有效地推进了家庭医生签约服务的开展，密切了医生与患者之间的交流，拉近了医生与患者之间的距离。并且实现了管理者对服务、治疗、新增、退出等情况的及时掌握和动态管理。

(1) 实现"红点作战"与数据自动汇集,保证一线服务质量。在签约服务管理系统的首页地图上,有很多小红点。每个红点代表一个医生,点开红点就可以了解是哪位签约服务医生,在哪里,在为谁服务,从而实现对医生入户情况的有效掌握。签约医生每次入户进行签约服务后,当日要在"健康镇巴"手机APP中上传入户照片和服务内容。入户照片为签约医生在贫困户家中开展签约服务的情形,内容为服务情况,如身体情况、健康教育指导情况、政策宣传情况、住院费用报销情况等。同时,签约医生在入户随访中需要进行血压、血糖等健康体检,并填入签约服务系统。为避免这些信息的造假,镇巴县将随访体检所用的健康一体机与签约服务系统对接,签约服务系统中体检结果的相关数据只能从健康一体机以及快速检测设备直接上传,不能自行填写,有效避免了造假行为。

(2) 实现整村签约与数据自动上传,化解基层文牍困扰。通过签约服务管理系统实现与家庭医生签约服务团队整村签约相适应的网上批量签约。每个家庭医生签约服务团队组建成立后,会通过系统将该团队与其承包村的全部贫困人口直接签约,避免了由于以往逐家逐户签约,填写纸质材料所造成的较大工作压力。同时镇巴县家庭医生服务管理系统和国家健康扶贫动态管理系统已经实现互联互通,家庭签约医生每开展一次签约服务,其服务内容和相关数据信息将会同步上传到国家管理平台,因此基层医务人员不再使用全国健康扶贫动态管理系统当中的"三个一批"填报,从而大大减轻了一线医务人员的工作压力,切实减轻基层工作人员的负担。避免因为繁杂的文牍工作,影响签约服务的实际开展。

(3) 实现大数据综合运用,开展签约服务动态整体监控。镇巴县以系统数据为支撑,推进大数据的综合有效运用。通过追溯签约医生服务频次与服务质量,定期开展数据分析、质量抽查和情况通报,将健康扶贫动态管理系统逐步作为考核基层工作成效、衡量工作创新突破、实施动态目标管理的主要手段,实现了对签约服务的整体、动态监控。

2. "健康镇巴"公众号

针对贫困群众的健康需求,镇巴县推出了"健康镇巴"公众号。通过这个公众号为贫困人口提供高效便捷的各方面健康服务。增强贫困人口健康素养,拉近贫困人口与医务人员的距离,增强贫困人口对于健康生活的获得感。

（1）宣传健康扶贫政策

"健康镇巴"微信公众号中包含了政策规定方面的内容，针对性地解答了一系列老百姓关心的实际问题，为老百姓进一步理解健康扶贫政策提供了有效渠道。该部分内容大致回答了以下若干方面的问题。如农村贫困对象参加"新农合"需要自己交钱吗？农村贫困对象需要住院怎么办？农村贫困对象得了特殊的慢性病（有村医给予解释特殊慢性病的种类）怎么办？农村贫困对象大病专项救治的疾病包含哪些？帮助贫困群众更好了解健康扶贫政策内容。

（2）助力健康自我管理

结合季节以及不同时段的常见病，及时推送相关健康提示；同时还经常推送丰富有用的各类健康知识，从而有效帮助居民加强对健康的认识，提升健康素养。同时"健康镇巴"公众号还对慢病签约服务群体定期提供慢病管理提醒，帮助慢病患者注意进行慢病护理，有效实现了健康服务智能化，帮助贫困群众实现了对健康有效的自我管理。

（3）有效拉近医患关系

贫困人口以及其他参加签约服务的群体，通过"健康镇巴"的公众号在线进行与签约医生沟通，以及签约服务评价，同时可以进行签约服务包在线选购或调整，服务对象得到了更多方便，并且有效保证了服务群体的权利。此外，居民还可以在线上及时向医生询问病情，并预约看病，显著便利了居民就诊，并且拉近了医生与病人群体间的距离。

3. "健康镇巴"手机APP

为进一步帮助签约服务医生更便利地开展家庭医生签约服务，镇巴县为一线的签约服务医生量身打造了"健康镇巴"手机APP。其功能众多，有效便利了一线医生的签约服务工作，能够解决医生常见的诸多问题。一是入户随访工作情况上传。签约医生入户随访工作完成后，"像发个朋友圈一样简单"，仅需通过简单操作，就可以便捷地上传服务照片和服务内容。此外，为应对秦巴山区山大沟深，一些地方网络信号很弱的现实问题，镇巴县在手机APP中增添了"无网工作模式"，从而实现无网情况下上传信息在移动端的自动缓存。二是签约服务及时提醒。通过手机APP的定时提醒功能，实现对医生开展签约服务的及时提醒，保证服务按时开展。三是相关规定查询。通过手机APP能够查询相关报销政策、贫困患者流程、签约服务流程的规定,使医生能够合规开展相关工作。四是药品说明书库。与国家药品说明书库对接,医生在指导患者用药的时候,可以查询到相关药品的药品说明书,更准确地指导患者进行安全用药。五是工作电话查询。App 录入了全县全部签约医生的联系电话。镇村医生在诊疗中遇到困难时,可以直接通过电话簿联系到县级医院相关科室的专业医生,获得相关指导建议。六是线上视频培训。镇巴整理了一些常见病的诊断与治疗的培训视频,医生可以通过软件在任何时间直接进行观看学习。此外,该手机应用还具备健康档案信息查询、预约服务、健康指导、应急处理和医患交流等多种功能,为一线医生提供了一个医疗服务开展、医学知识学习的优质、便捷平台。

为了让健康镇巴发挥更好作用,镇巴县配套打造了"贫困户二维码",并通过二维码实现对贫困群体的全覆盖。"贫困户二维码"即通过将互联网技术与精准扶贫有机结合,专门为脱贫对象私人定制大数据系统,其中记录了帮扶对象的基本情况、帮扶举措、每个阶段的帮扶进程,以及疾病信息与就诊记录。家庭医生只需"扫一扫"即可及时掌握贫困户的需求,有效促进了家庭医生对签约贫困户的了解。通过建立精准的个体档案,大大方便了家庭医生上门服务的开展。

4. 贫困患者就诊即时通

为进一步便利家庭医生签约服务的有效开展,方便家庭医生及时了解贫困人口的就医动态,保证入户随访的及时跟进,镇巴县自主研发了贫困患者就诊即时通软件。根据镇巴县贫困人口家庭医生签约服务相关要求,在贫困患者出院后签约医生要进行随访,了解贫困患者的治疗情况与康复情况。通过贫困患者就诊即时通软件,在贫困群体到医院就诊以及出院后,就诊即时通软件会自动向签约医生发送短信,进行提醒。就诊即时通软件的使用,使签约医生能够随时掌握贫困群众的入院就医动态,了解贫困群体的诊疗情况,从而便于签约医生及时开展随访工作。

三 实现信息技术普遍运用的有效举措

为服务全民健康、深化推进"互联网+健康扶贫",提升镇巴卫生健康事业整体信息化建设水平,实现卫生健康事业对信息技术的普遍有效运用。镇巴县基于"33651工程模式"有机整合人口健康管理平台，建设一个覆盖全县建档立卡贫困人口、服务于全县28.9万人的"互联网+健康扶贫"平台，完善"互联网+健康扶贫"的体系架构，并推进信息技术面向非贫困群体和公共卫生的作用发挥。以公共卫生、医疗服务、医疗保障、药品管理、计划生育、综合管理六大业务板块为基础，形成统一高效、互联互通、信息共享的区域卫生信息化系统。

（一）完善"互联网+健康扶贫"的体系架构

镇巴县全面推进"互联网+健康扶贫"探索，并在进一步加强宽带网络基础设施建设的基础上，根据国家卫健委的指导与支持，确定了建设"一网、一轴、四纵"的总体设计构架，进一步完善"互联网+健康扶贫"的体系架构，推进试点的深入开展，推进互联网技术的普遍应用。

"一网"是指通过深入开展信息技术服务，将各级基层医疗卫生机构有机连接起来，从而形成一张互联互通、信息共享、高效便捷的智能网络。一方面，网络的使用不仅打破了镇巴县乡村地理上的限制，达到了患者少跑腿的效果；另一方面，基于网络技术的远程医疗也为患者的疾病治疗争取到了宝贵时间。

"一轴"就是基于健康扶贫动态信息系统，建设基于个人健康档案的健康教育、疾病预防、慢病管理、分级诊疗、康复管理等全过程健康服务的大数据服务平台，建立形成以个人健康为中心、利于个人维护健康、打通公共卫生和医疗服务、贯穿个人生命全周期的健康数据轴，其主要内容包括乡村居民的健康档案数据、体检数据、一体机数据、公卫服务数据等。通过这些数据的共享，能够达到让数据多跑路，让群众少跑腿的效果。此外，医生根据患者贯穿生命全周期的健康数据轴，可以对病人有更加深入的了解，也为医生的诊断提供了很大的帮助，提高诊断的科学性与高效性，降低了不必要的风险。

"四纵"是围绕个人生命全周期的健康数据轴，建立远程医疗到村、在线慢病管理到户、医学教育与健康促进到人、移动智能医疗到病的服务体系。通过信息化的手段，为慢病管理与远程医疗提供了可能性，提高了医疗服务质量与效果；在线的医学教育在提高居民医疗卫生知识的同时，也使在线学习者的综合素质在潜移默化中得到提升。

图7 "一网一轴四纵"体系

(二)推进信息技术更广泛运用,服务整体卫生事业

在"互联网+健康扶贫"的成功实践基础上,镇巴县深入推进信息技术在卫生健康事业上的更广泛运用,并通过多项举措,以信息技术的广泛运用推动整体卫生健康事业的提质增效,更好地守护镇巴人民的健康生活。

1. 建立一站式平台数据管理机制,有力控制不合规费用

通过互联网技术的使用,镇巴县建立了一站式平台数据监管处理机制,利用监管平台对医疗机构为贫困人口进行的每一次诊疗实施监控,掌握每一次诊疗中的治疗方式、使用药品、累计花费,严格控制定点医疗机构不合规费用的产生。截至目前,累计发现并纠正不合规医疗行为3300余人次。做到了贫困人口在镇村卫生院(室)不产生不合规费用,在省市定点医院和县级定点医院的非合规费用分别控制在8%和5%以内,有效保证了贫困人口相关诊疗政策的落实,使扶贫资源得到最大化利用。

2. 精准推进贫困边缘人口预警,抵御因病致贫返贫风险

目前,全国每年新增的致贫、返贫人口中,50%是因病致贫、因病返贫。镇巴县在"互联网+健康扶贫"上进一步探索,通过进行全人群的医疗消费实时统计与预警,实现了因病致贫返贫的"悬崖效应预警"。镇巴县目前已经实现了县域内全部人口的医疗救治花销情况的实时统计。如果某一个非贫困家庭,年医疗花费总额超过家庭年纯收入的40%,那么将被列为需要预警的边缘人群。镇巴县对他们优先开展签约服务,进行适

当的干预和管理对可能因病致贫的群体给予及时有效的帮助，大大减少因病致贫现象，从而实现对贫困发生率的控制。

3. 搭建医共体网络视频会诊平台，推进远程诊疗服务下沉基层

为进一步提升解决山区县医疗转诊耗时长、成本高、群众负担大的问题，以及基层医生在开展医疗工作时难以得到高效直接指导的问题，镇巴县持续加大远程会诊系统和在线培训系统的建设和相关投入，加强远程诊疗服务体系的建立。镇巴县持续推进全县区域影像、区域检验、区域心电等远程诊断系统建设，在各村卫生室设立"互联网＋健康扶贫"远程诊疗服务点，并建立"医共体网络视频会诊平台"；通过发挥网络优势，建立生化、心电、影像检查检验中心，实现检查检验同质同步、资源共享；省、市、县医疗专家可以通过平台对镇、村的诊疗进行相关指导。涵盖 8 家省、市三级医院，3 家县级医院，21 个镇卫生院，183 个村卫生室的镇巴远程诊疗服务体系已经形成，目前已有 2700 余人次接受了远程诊疗服务，有效降低群众诊疗成本，提升了诊疗效率。

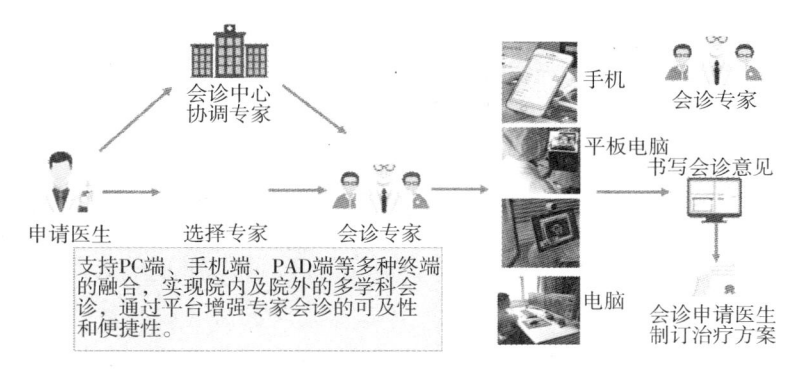

图 8　远程诊疗

4. 建构贯穿生命全周期的健康数据链，推进健康数据深度使用

通过与国家卫生健康委员会开展战略合作，以大数据平台为轴心，将当地居民健康档案、电子病历、医疗结算与健康扶贫业务数据有效整合起来，实现资源互通、共享，并在此基础上进行数据分析，从而构建贯穿群众生命全周期的健康数据链。贯穿生命全周期的健康数据轴的建立，不仅为医生提供了患者的既往病历和各种健康数据，也为医务人员的诊断提供

了科学的参考数据。此外，该信息具有共享性，不仅各层级的医疗机构能够获得，政府也可以利用此数据有针对性地安排工作。政府通过贯穿居民生命全周期的健康数据轴可以了解当地居民的健康状况，还为做好疾病防控和健康促进等工作提供了方向和技术支持，也为当地居民的医疗卫生提供了保障。医疗机构与政府通过居民的健康数据轴，可以准确得知当地居民身体健康状况，从而进一步了解居民患病的主要病种，有针对性地开展工作，加强重点病种的预防与控制工作。

5. 架构突发公共卫生事件应急处置系统，有效守护公共健康

依托互联网技术镇巴县建立了突发公共卫生事件应急处置中心，搭建了综合监控管理平台，为各医疗机构配备了远程视频记录仪，对全县各医疗机构重点区域进行可视化联网监控监管。县域内任何地点发生突发卫生事件，均能在现场搭建远程视频，为突发公共卫生事件应急指挥中心快速掌握事件情况、统一调度、事件评估、决策和处置提供依据。使其最大程度上减少突发公共卫生事件对公众健康造成的危害，保障公众身心健康与生命安全。

（三）信息技术实现整体突破[①]

互联网信息技术的发展与应用，为卫生健康事业注入了新的活力，打破了传统看病就医的模式，实现了多项突破，提高基层机构的医疗卫生服务条件，极大地增强了居民的获得感和幸福感。

一是数据研判，提供决策。综合医疗数据、居民健康档案数据、医疗费用数据的分析，加强健康扶贫领域中"精准识别、精准分类、精准救治"过程的大数据研判，为健康扶贫退出机制提供决策支持。

二是量化评估，预警提醒。对全人群的健康大数据进行分析，建立量化评估标准，准确认定边缘人口，对于贫困边缘人口年度就医自付费用达到致贫预警线进行及时预警，提升"控增量"工作的决策能力。

三是实时监管，优化资源。将健康扶贫工作规范引入医疗领域，针对医疗大数据进行实时监管，及时发现被帮扶人群不合规医疗行为，使扶贫

---

① 《镇巴"互联网＋健康扶贫"在全省网络扶贫工作推进会上推广交流》，镇巴县卫计局，2018年8月29日。

资源得到最大化利用。将基层慢病管理相关健康服务数据，引入医疗环节，增强医疗诊断的准确性，从而降低医疗环节支出费用。

四是数据分析，识别慢病。基于电子病历数据和居民健康档案数据统计，建立"基层慢病管理对象数据库"，对慢病管理服务对象进行界定，其中属于健康扶贫对象的，给予政策赋予的必要帮扶，对非贫困人群也给予动态监控主动干预，让非贫困人口彻底离开贫困边缘。

五是签约服务，规范管理。以家庭医生签约服务推动慢病规范管理，为常见致贫返贫高发慢病建立服务体系，探索院外慢病服务管理长效机制，使患者疾病得到有效控制，降低并发症发病率，提升患病人群的生活品质。

六是移动终端，强化主动。移动家庭医生签约服务系统是"互联网＋健康扶贫"的主要基层创新应用，通过智能手机在签约医生与常住居民间建立联系信息纽带，签约医生充分利用日常时间通过手机完成工作信息记录，减轻了工作负担。该系统通过GPS、GIS等技术锁定服务位置，扫描服务对象动态二维码等方式防止服务不实。同时，系统也为镇巴县常住居民提供了完整的电子健康档案查询微信公众号，通过关注注册后即可看到自己家庭成员的身体健康状态，主动与自己的家庭医生进行信息沟通。

七是远程医疗，提质增效。开展普及人的在线医学教育，搭建在线医学教育服务平台，面向试点医疗机构开展基于现代信息技术的继续医学教育培训，提高基层医生临床诊疗能力和服务水平，帮助贫困地区培养本地人才。实现远程医疗到村，提升基层服务能力，确保小病不出村。

八是绩效评价，强化应用。基于大数据构建健康扶贫工作绩效评价体系，实时量化家庭医生工作成效，指引基层医务工作者明确工作方向。

四　智慧医疗对于多向目标的有效实现

因病致贫、因病返贫是导致农村人口贫困的主要原因之一。长期以来，贫困地区受环境地域及体制机制束缚等因素影响，医疗卫生事业发展相对滞后，农村医疗卫生网络体系不健全、保障水平低，疾病发病率高，群众缺医少药、看病难、看不起病等问题仍然突出。① "互联网＋健康扶贫"是破解这一系列问题的有效手段。镇巴县将当地居民的利益作为一切工作的出发点与落脚点，切实解决了当地居民看病难、看病贵等问题，极大地增强了当地居民的获得感与幸福感。镇巴县不仅深入贯彻落实了党中央、国务院脱贫攻坚的决策部署，还发挥了互联网、人工智能、5G 网络等新技术优势来充分推动健康扶贫工作的实施，实现优质医疗资源下沉、服务模式创新，大大促进医疗卫生资源的均衡发展。

（一）实现医疗资源下沉，实现基层服务优质化

社会资源的长期分配不均一直是我国社会发展所面临的长期性难题，医疗卫生服务资源分配不均，是我国当前社会主要矛盾的体现，即人民对美好生活的向往与发展不平衡、不充分之间的矛盾。多数偏远地区的人民难以享受到优质的医疗卫生服务资源，即便可以享受到，也需要更大的服务成本。镇巴县基础设施建设较为落后，当地医疗卫生条件也较为薄弱，优秀医务人员和优质医学专家极为稀缺。具有实力的大医院往往具备先进的医疗器材和优质的医学专家团队，通常人满为患，出现床位短缺、专家号短缺等现象，而与之相反，地方医院由于缺乏优质的医疗团队与先进的医疗设备，比较冷清，造成了部分医疗卫生资源的不必要浪费。

镇巴"互联网＋健康扶贫"实践中，有效地推进了这一问题的破解。在"互联网＋健康扶贫"试点的推进过程中，实现了医疗资源的下沉，提升了基层卫生健康服务水平，实现了基层健康卫生服务的优质化。通过信息技术的有效运用与普及，不同层级的医院可以通过互联网进行沟通，一方面居民健康数据信息是互通互享的，也为医生的诊断提供了必要的科学数据；另一方面通过互联网技术，在专家会诊、视频教学、技术指导、远程会诊的过程中，可以实现医疗专家对基层健康卫生工作者的直接指导，从而直接提升基层的诊疗水平和服务范围，让优质医疗资源在基层的诊疗服务中发挥更大的积极作用。同时信息技术的运用还为基层医务工作者提供了一个学习的有效平台与有效渠道。以前基层医务工作者缺乏培训

---

① 《以新理念开辟健康扶贫的"镇巴路径"——陕西省镇巴县健康扶贫先进事迹》，陕西省政府办公厅，2018 年 10 月 9 日。

和学习的机会与渠道，但是通过信息技术的运用，乡村医生可以在线获得专业培训，提高其专业技术水平，从而改善医疗卫生服务资源不均衡的局面。

（二）优化工作路径，提升管理服务水平

"互联网＋健康扶贫"的开展，有效实现了镇巴健康扶贫工作路径的优化，使健康扶贫工作中的服务、合作、管理等各个方面实现了提质增效，有效地提升了健康扶贫工作的管理服务水平。

信息技术的有效运用实现了健康扶贫服务路径的优化。通过信息技术的运用，有效减轻了一线工作者报表填报、记录档案填写等大量的文牍事务，有效化解了此类事务给基层健康卫生人员所造成的压力。县域平台和国家健康扶贫动态管理系统实现互联互通，不仅实现了信息共享，提高了工作效率与效果，还进一步减轻了基层工作人员负担，避免了多系统造成的工作重复问题。通过优化服务路径，有效地将基层卫生健康工作者的服务能力解放出来，让基层工作者更专注地投身于健康卫生服务中，显著提升了服务水平。

信息技术的有效运用实现了健康扶贫合作路径的优化。通过信息技术的运用，有效实现了健康扶贫工作中医务人员、政府干部、社会组织、社区管理者、广大群众不同主体以及县、镇、村不同层级之间的密切联系和深入合作，以"互联网＋健康扶贫"为纽带，不同主体、不同层级的连接得到了有效加强，从而有效地推进了健康卫生共建共享的实现。

信息技术的有效运用实现了健康扶贫管理路径的优化。依托信息数据，镇巴县定期开展数据分析、质量抽查和情况通报，将健康扶贫动态管理系统逐步作为考核基层工作成效、衡量工作创新、实施动态目标管理的主要手段，通过信息技术实现了对健康扶贫工作的有效监督考核，在减少一线工作者应对检查所消耗的时间精力的基础上，保证了监督考核的有效落实，提升了监督管理的有效性。

（三）帮扶贫困群众，增强贫困群众获得感

由于镇巴较为闭塞，很多居民对各种卫生知识知之甚少。在种种因素的影响下，当地居民不管是在看病方面，还是在预防疾病方面都显得力不

从心。镇巴县推行"互联网+健康扶贫"后，贫困群体健康问题得到有效解决，对生活燃起了新的希望，显著地增强了贫困群体的获得感。

随着信息化与智能化的不断发展，远程医疗得到了有效实现，创造性地打破了传统的看病就医模式，为贫困地区居民的看病就医提供新的渠道。在过去，患者要想到大医院看病，需要长途跋涉、翻山越岭前往城市医院，这期间还要花费住宿费、交通费等额外的支出。患者看病就医过程中，还经常性地存在长时间的挂号等待、重复检查、就诊专家不在等不确定问题，造成了大量的时间浪费，还可能延误病人的病情。通过远程会诊和信息共享，农村的患者在家门口就能享受到大医院专家的诊疗服务，减少了过去长途跋涉到大医院看病就医的局面。上级的医疗机构通过实时获取病人的医疗信息，并在此基础上做出科学的医疗诊断，提高了诊断的科学性，也大大地解决了患者看病难等问题，这也就逐步减少了病人数量，达到了"减存"的效果。

通过"互联网+健康扶贫"的技术支持，贫困群体得到了更多获取健康知识的机会。居民可以在线学习医疗卫生知识，增加了自身的医疗卫生常识。通过医疗卫生知识的普及，居民可以养成健康良好的生活习惯与饮食习惯，从而降低了疾病发生的可能性，提升了自身对于健康生活的守护能力，最终达到了疾病"控增"的目标。此外，通过对大数据、云计算等技术的运用，基于大数据通过人工智能的算法，根据患者历次的医疗诊断情况，系统地向人们推送健康教育的文章和生活卫生常识，从而更加显著地增强了群众学习健康知识的效果。

通过为群众在基层提供更好的医疗服务，提升群众在日常生活中自主守护健康的能力，有效地实现了疾病的"减存控增"，帮助群众化解疾病带来的生活压力，抵御潜在的疾病所造成的生活风险，从而让群众有了追求更加美好生活的能力和信心，显著增强了群众的获得感。

（四）推动智慧卫健建设，实现卫健事业智能化

在"互联网+健康扶贫"试点的推动下，实现了镇巴卫生健康行业整体信息化、智能化水平的提升。通过"互联网+健康扶贫"推动信息化建设，卫生健康行业的大数据平台得以建立，数据得到了更为深入和广泛的运用。通过医疗大数据，对医疗机构进行实时监管，可及时发现并纠

正不合规的医疗行为，减少患者不必要开支，同时也使医疗资源得到最大化利用。通过大数据的综合运用，还实现了对大规模疾病的有效预防和控制，科学监管、快速反应。特别是实现了对突发卫生健康事件的高效处理，相关单位应对突发公共卫生事件的应急处置能力得到了巨大提升，能在第一时间做出合理快速的应对措施，从而减少疾病的危害与影响。此外，卫生健康行业部门还可以通过居民健康数据轴实时监测居民的健康状况，可采取必要的措施。这些实现了卫生健康工作的实质性突破，推动了"智慧卫健"的建设，并且也有利于推动政府从管理型政府向服务型政府的转变，更好地为群众提供健康服务，守护群众身体健康。

以健康治理理念增进人民群众的福祉

"要把人民健康放在优先发展的战略地位。"推进健康中国建设，是中国共产党对人民的郑重承诺。党的十九大报告中提出，深化医药卫生体制改革，全面建立中国特色基本医疗卫生制度、医疗保障制度和优质高效的医疗卫生服务体系，健全现代医院管理制度。加强基层医疗卫生服务体系和全科医生队伍建设[①]。推进健康中国建设，增进人民群众福祉，就要有效地推进健康治理体系与健康治理能力的现代化。这当中非常重要的路径之一就是抓住地方实践，激活地方经验。镇巴县在健康扶贫实践中，对实现有效健康治理的路径与机制进行了深入而系统的探索。本章将分析健康扶贫镇巴经验的推广及其重大意义，分析如何让健康扶贫与医药卫生体制改革实现有效对接，从而发挥更深远的作用，进而更为宏观和系统地探讨实现有效健康治理的条件与机制，挖掘镇巴健康扶贫实践的理论增量与深远价值，让其在"全方位全周期地保障人民健康，为实现'两个一百年'奋斗目标、实现中华民族伟大复兴的中国梦打下坚实健康基础"的伟大健康治理实践中发挥更大作用。

一 政策创新扩散让基层探索发挥更大作用

健康扶贫镇巴实践有效增强了贫困人口获得感，实现了县域卫生健康事业的整体提升。不仅在县域内取得巨大反响，在市域、省域乃至全国范围内影响也不断加强，其实践中的成果经验发挥了越来越大的作用，对于

[①] 习近平：《决胜全面建成小康社会 夺取新时代中国特色社会主义伟大胜利——在中国共产党第十九次全国代表大会上的报告》，人民出版社2017年版。

全国范围内的健康扶贫、健康治理乃至社会治理都产生了积极影响。

（一）健康扶贫镇巴实践的扩散

1. 市域省域内先进经验的推广

健康扶贫工作开展以来，陕西省、汉中市党政领导、卫生健康行业领导干部多次到镇巴调研，对其工作予以高度肯定。陕西省安康市、西咸新区教育卫体局、榆林市卫健委以及诸多县区卫健部门均积极到镇巴县交流学习。汉中市健康扶贫工作推进会议、2017年全省健康扶贫冬季攻势现场会、汉中市家庭医生签约服务工作现场推进会先后在镇巴县召开，镇巴县"2+2+1"家庭医生签约服务模式、以全面体检为关键的"四步筛查"、"互联网+健康扶贫"等先进做法在省域内得到广泛学习借鉴。

2. 跨省域的交流

健康扶贫镇巴经验在省域内产生越来越大影响的同时，也逐渐吸引了省外的关注。河北省卫健委、江苏省南通市卫健委、黑龙江省桦川县及云南等多地政府来镇巴学习健康扶贫先进经验，镇巴县也主动多次到省外参加学习交流。通过双向的跨省交流，健康扶贫镇巴经验在全国范围内逐渐产生更大的影响。

3. 获得国家认可与支持

健康扶贫镇巴实践引起了国家层面的关注与重视。时任全国政协副主席何维、九三学社中央脱贫攻坚民主监督专项调研组、国家卫健委扶贫办曾云光、基层卫生司社区处鄂启顺、发展中心医保研究室顾雪非、国务院扶贫办调研组先后深入镇巴，实地调研健康扶贫，就慢病规范管理工作等工作开展专题调研。各调研组均对镇巴健康扶贫工作表示高度肯定，认为镇巴健康扶贫先进经验值得总结并推广。新华社、《人民日报》、中国青年网、国际在线、《陕西日报》等中省媒体也组成健康扶贫采访团开展对镇巴健康扶贫的集中报道。电视节目《焦点访谈》《健康之路》也曾专题报道镇巴县健康扶贫的成功实践。2018年8月镇巴县荣获全国脱贫攻坚组织创新奖，2018年10月全国贫困人口慢病签约服务现场推进会在镇巴召开，国家卫健委和工信部"互联网+健康扶贫"项目试点工作也落户在镇巴进行。2019年8月在中国国家互联网信息办公室、国家发改委、工信部、福建省人民政府举办的第二届数字中国建设峰会上，镇巴县

"互联网+健康扶贫"系列项目得到展出,引起高度关注和肯定。此外,健康扶贫镇巴经验也引起了学界的关注。笔者关于"加强深度贫困地区健康扶贫的若干建议"获得国家采纳,以单件报送的方式呈报中央领导同志,笔者的研究成果指出"健康扶贫存在信息数据不精准、医疗保障水平低等问题,要提高健康扶贫信息化水平,有针对性地采取疾病精准防控措……"来信经国家信访局办信司报送,得到中央有关领导重要批示,为《关于健康扶贫冬季暖心服务活动的方案》等相关文件的出台贡献了智慧①。健康扶贫镇巴实践的先进做法与有效经验逐步获得国家认可,逐步上升为国家经验,对国家健康扶贫、健康治理的政策与实践产生较大的影响。

(二)健康扶贫基层实践的重大意义

通过市域、省域推广,跨省域交流学习以及逐渐被国家认可,镇巴健康扶贫实践的影响日益扩大。镇巴县深刻认识到健康扶贫的艰巨性、长期性和复杂性,以更大的魄力、更高的定位、更实的措施,回归制度建设,建立长效机制,精准发力、综合施策,构建力度更大、范围更广的健康治理与健康保障体系,努力实现彻底去除因病致贫返贫的"病根",真正拔掉缠在贫困地区、贫困群众身上的"穷根"。健康扶贫镇巴实践对健康扶贫乃至健康治理、国家治理都有重大而深远的意义。

1. 破解贫困地区健康问题

健康扶贫镇巴实践的最直接意义就是推动了贫困地区健康问题的有效解决。它探索了克服贫困地区自身资源短缺、条件困难的有效办法,探索了和贫困地区贫困群众深入沟通,实现患病贫困人口精确瞄准、精准帮扶的办法,这对于破解贫困地区健康问题具有重大意义。通过对镇巴经验的吸收与学习,明显推动了贫困人口签约服务、贫困地区环境整治、贫困地区基层医疗卫生建设等各项问题的有效破解。

2. 破解农村地区健康问题

镇巴经验的又一重要意义是推动农村地区健康问题有效解决。以往众

---

① 国家信访局:《"2017信访e观察"三个关键词,为你解锁办信重点工作》,国家信访局,2018年1月26日。

多针对医疗卫生的改革试点都是从发达地区的城市首先开展，如我国家庭医生签约服务的试点是从厦门、深圳等地开始，"以城市为背景"的政策在普及中，会明显地产生对农村环境与农村人口的不适用性，甚至会进一步扩大城乡差距。镇巴实践紧密围绕乡村特点，紧密服务农村人口，紧密契合农村环境，它能够较为顺利地在农村地区推广，能较好破解农村健康难题。

3. 增进人民幸福感获得感

"政之所兴，在顺民心"。政府履职必须切合民众实际需求，顺应民意。健康扶贫镇巴实践能够有效解决困扰贫困人口的健康问题。"健康扶贫，扶的是健康，与人的生命有关，我们必须高度负责"，健康扶贫镇巴实践，有助于解决因病致贫、因病返贫的问题，帮助贫困人口摆脱疾病困境与疾病风险，让贫困人口享受到优质的健康服务，弥合健康卫生方面的不平等，让贫困人口享受到发展成果，增进贫困人口获得感。

4. 推进扶贫实践，丰富深化减贫思想与理论

习近平总书记指出要通过重点发展基本公共服务，完善基本医疗保险、大病统筹救助、商业医疗保险等办法，建立有效化解因病而贫的长效机制。健康扶贫开展的过程是一个长效机制的建立过程，从深层次讲也是一个扶贫开发思想与理论丰富并深化的过程。镇巴健康扶贫政策的扩散，其影响不断加深，也就逐步影响了长效机制的建立，逐渐形成了"理论增量"，融入整体的扶贫开发理论与思想之中，从单纯实践上升为一种具有普遍意义的思想价值。

5. 推进健康治理体系与健康治理能力现代化

深入讨论健康扶贫镇巴实践的价值，必须要"跳出健康扶贫看健康扶贫"，发现镇巴健康扶贫对于整体健康治理的意义。健康扶贫镇巴实践有效解决了基层卫生健康事业的诸多难题，例如如何实现对群众有效动员，如何处理好不同级别、不同性质卫生健康机构之间的关系，如何完善医疗保障体系，如何推进家庭医生签约服务。这些问题的积极探索和有效破解，是对我国整体健康治理体系与健康治理能力现代化的推进。健康扶贫镇巴的实践推动了整体健康治理水平的提升。

6. 推进健康中国建设

习近平同志指出，在推进健康中国建设的过程中，我们要坚持中国特

色卫生与健康发展道路，把握好一些重大问题，要坚持正确的卫生与健康工作方针，以基层为重点，以改革创新为动力。他强调在健康中国建设中基层的重要作用以及改革创新的重要作用。健康扶贫镇巴探索，它瞄准基层，解决了基层卫生健康事业的问题，从整体上提升基层卫生健康水平，且在实践中不断创新，探索解决卫生健康问题的新理念、新思路、新方法。健康扶贫镇巴实践，能够实现基层整体提升，能够让创新发挥更大效果，因此有利于推动健康中国的建设。

7. 推进社会发展，推动国家治理现代化

在着眼于健康治理现代化和健康中国建设的基础上，要进一步拓宽视角来看基层健康扶贫政策实践价值，要用"跳出健康治理看健康治理"的视角，发现健康扶贫镇巴经验对于推进社会治理，特别是基层治理，乃至对于推进国家治理现代化的重要意义。2018 年 6 月，九三学社中央到镇巴县开展脱贫攻坚民主监督时，全国政协常委、九三学社中央副主席刘忠范在反馈调研情况的讲话中指出，镇巴基层党建在脱贫攻坚中切实发挥了战斗堡垒作用，扶贫干部的关键少数作用发挥良好，民风塑造增强了贫困群众的内生动力等方面给调研组留下深刻印象。健康扶贫镇巴实践有效嵌入了社会治理之中，健康事业建设有效地嵌入了社会发展之中。健康扶贫镇巴实践探索了动员群众、与群众沟通、改善干群关系的众多经验，其影响也将超越健康治理，推动整体的社会建设与社会发展，推动国家治理现代化。

8. 激发制度活力，激活地方经验

健康扶贫镇巴实践成果，上升到国家政策之中，这对于地方的探索与实践是一种激励，能够有效推动地方在实践中主动探索、主动提炼，激发地方用探索创新破解实际困难的意识与行为。同时这也是一种对于地方经验的激活，能够让地方经验的内核得到升华，让地方经验不再局限于本地范围，从而发挥更大作用。

二 深化医疗改革让健康事业惠及更多群体

卫生健康事业要采取措施让健康扶贫的举措与经验得到长效保持，持续发挥作用。特别是要将健康扶贫与深化医药卫生体制改革的探索与实践结合起来，让健康扶贫的先进经验融入医改之中。健康扶贫政策要融入医改,提升其长效性;医改也要借助健康扶贫获得进一步的深入推进。李克强总理曾指出,医改还面临诸多困难和挑战,长期存在的基本医疗保障短缺、医疗资源总量不足且配置不合理、城乡和区域卫生事业发展不平衡、人才队伍建设薄弱和"以药补医"等矛盾依然存在,看病难、看病贵问题还相当突出,要不断深化医改,推动建立符合国情惠及全民的医药卫生体制。国务院印发的《"十三五"深化医药卫生体制改革规划》,也指出要加快建立符合国情的基本医疗卫生制度,推进医药卫生治理体系和治理能力现代化。将健康扶贫的经验融入医疗改革之中,对推进健康治理现代化和卫生健康事业的整体提升具有重大意义。

(一) 如何让健康扶贫对接医改

实现健康扶贫与深化医药卫生体制改革有机对接,要让健康扶贫的措施逐渐融入医药卫生体制改革的实践中,使健康扶贫的好经验在医药卫生体制改革中继续发挥作用。

1. 健康扶贫与医改统一于健康中国建设

人民健康是民族昌盛和国家富强的重要标志,健康中国建设是国之大计。要让健康扶贫有效对接医改,最根本的是要让健康扶贫与医药卫生体制改革统一于健康中国建设之中。新一轮医药卫生体制改革自2009年启动。2009年4月颁发的《中共中央国务院关于深化医药卫生体制改革的意见》,提出到2020年基本建成覆盖城乡居民的基本医疗卫生制度,实现人人享有基本医疗卫生服务的目标。健康扶贫工作目标在于解决因病致贫、因病返贫问题,让贫困人口看得起病、看得好病、少生病,并提升贫困地区的基本医疗与公共卫生水平,这与医改目标是高度契合的。要在健康中国建设的指导下,将两者有机统一起来,从而实现两者的有效对接。

2. 加强政策的延续性

让健康扶贫对接医改,要提升健康扶贫政策的延续性。如果只将健康扶贫当作一场短期的脱贫运动,那么其将难以有效影响医疗改革。需要立足长远,在脱贫攻坚战取得全面胜利后,仍要将健康扶贫中一些有利于保障弱势群体卫生健康水平,有利于降低重点人群因病致贫风险的政策保留下来,让这些政策持续发挥作用,从而实现对医药改革的深入影响。

3. 逐步拓展受益群体

让健康扶贫政策对接医药改革，在增强健康扶贫政策延续性的基础上，要逐步拓宽政策的受益群体。健康扶贫政策针对的是贫困人口和贫困地区，但其中众多举措，如贫困人口家庭医生签约服务、"互联网+健康扶贫"，实际起到了创新与实验作用，对于更好保障非贫困人口健康同样能发挥很好的作用。因此，要让健康扶贫逐渐越出贫困治理的范围，逐步拓展受益群体，让非贫困人口逐渐能享受到健康扶贫工作中所探索出的各类医疗服务举措，从而让健康扶贫政策发挥更大影响，对以实现人人享有基本医疗卫生服务为目标的医药改革发挥更大作用。

4. 三个一批集中治疗向常态治疗转变

大病集中救治一批、慢病签约服务一批、重病兜底保障一批的"三个一批"行动计划，直接有效解决了贫困人口疾病问题。健康扶贫对接医改，就需要将"三个一批"的集中诊疗行动向常态诊疗转变，实现工作常态化。要把慢病签约服务、大病集中救治、重病兜底保障的举措纳入医药卫生体制改革的体系之中，让"三个一批"集中治疗的好经验在日常诊疗工作中持续发挥作用。

5. 推进医联体建设

"医联体建设和健康扶贫是当前卫生计生系统的两项重点工作，开展医联体建设是国务院推进的一项重点医改任务"。在健康扶贫工作中，探索了如何实现县镇村三级医疗卫生机构有效协作的好经验，探索了如何实现不同层级、不同专业背景的卫生健康事业工作者有效协作的好经验，并且直接推进了医联体的建设。要将健康扶贫中这些好经验进一步提炼并积极运用，从而进一步破解人、财、物等各方面的难题，推动医药卫生体制改革中医联体建设的持续推进。

6. 完善体系架构与制度建设

《中共中央国务院关于深化医药卫生体制改革的意见》指出："建设覆盖城乡居民的公共卫生服务体系、医疗服务体系、医疗保障体系、药品供应保障体系，形成四位一体的基本医疗卫生制度。"党的十九大报告首次提出"三个制度一个体系"，即"全面建立中国特色基本医疗卫生制度、医疗保障制度和优质高效的医疗卫生服务体系，健全现代医院管理制度"。这段话突出了"全面建立"这个重点，与党的十八大以来强调"推进试点"形成了显著对照,表明医改已经正式由试点阶段进入了制度构建阶段①。因此,让健康扶贫对接医改,也要从根本的制度建设层面发力,将健康扶贫中好经验、好做法进行归纳、提炼,将其融入医药卫生体制改革的制度建设之中。

7. 保持对不同群体的动员

健康扶贫中实现了对政府、公共卫生机构、社会组织、广大贫困群众的有效动员,让这些群体都积极投身到健康扶贫工作中。要让健康扶贫有效对接医药卫生体制改革,就要继续保持对不同群体的有效动员,让政府、社会、群众都积极参与到卫生健康事业建设之中,了解、参与并支持深化医改,从而能让医改落实更有力、推广更顺畅,更被广大人民所认可。

(二) 健康扶贫镇巴实践对医改的启示意义

习近平总书记强调,当前医药卫生体制改革已经进入深水区,到了啃硬骨头的攻坚期。要加快把党的十八届三中全会确定的医药卫生体制改革任务落到实处。要着力推进基本医疗卫生制度建设,努力在分级诊疗制度、现代医院管理制度、全民医保制度、药品供应保障制度、综合监管制度五项基本医疗卫生制度建设上取得突破②。继续深化医改是关系我国现代化建设全局的重大民生工程和发展工程③,那么如何继续深化医药卫生体制改革?健康扶贫镇巴实践对这一问题有着巨大启示意义。

1. 深化医药卫生体制改革应该实现四个下沉

马晓伟指出,大医院门庭若市,基层医疗机构门可罗雀,结果基层越办越差,大医院越办越强,产生虹吸现象把患者都吸上来了④。时任国务院医改办主任孙志刚也指出,在整个医疗卫生服务体系中,基层医疗卫生机构是最薄弱的环节。在医疗改革的实现路径上,坚持从基本入手,从基

---

① 王虎峰:《深化医改进一步向制度化建设迈进》,《中国卫生》2017年第11期,第11页。
② 习近平:《把人民健康放在优先发展战略地位努力全方位全周期保障人民健康》,《人民日报》2016年8月21日。
③ 李斌:《深化医药卫生体制改革》,《求是》2013年第23期,第13—17页。
④ 马晓伟:《结构调整和付费改革将成医改重点》,《中国医院院长》2011年第12期,第30—31页。

层改起①，健康扶贫镇巴实践展现了基层在卫生健康事业中的重大作用和提升基层能力与水平对于整个卫生健康事业推进的价值。深化医改应着眼基层，实现四个下沉。

一是深化医改中要实现人员下沉。医疗人才缺乏是对基层卫生健康服务的最大限制。健康扶贫镇巴实践通过开展贫困人口签约服务和医费共体建设等行动，实现县级优质医疗人才的有效下沉，一方面提升一线的诊疗能力，另一方面加强了对基层健康卫生从业者的指导。在医改中要实现优秀医疗人才的下沉，提升基层能力。

二是深化医改中要实现资源下沉。在健康扶贫中镇巴县把资金投入于基层医疗卫生机构的建设，为乡镇卫生院、村卫生室配齐基本医疗服务所需的各类设备，实现优质医疗资源下沉。在医改中应坚持实现资源下沉，让基层群众在家门口就能享受到优质的医疗资源。

三是深化医改中要实现健康知识的下沉。镇巴县通过组建健康文艺宣传小分队，开展健康教育等举措让群众有效掌握了健康知识，实现了健康知识的下沉。健康知识不能再是"高高在上"，只被医疗卫生行业从业者所拥有，医改中也要着力于丰富群众所掌握的健康知识，提升群众健康素养，让群众自身维持健康的能力得到提升。

四是深化医改中要实现服务下沉。导致"大医院爆满，小医院冷清"的重要原因之一是基层医疗卫生机构无法有效提供优质的基本医疗服务和公共卫生服务。在医疗改革中，只有实现优质服务的下沉，让群众的基本服务需求在基层卫生机构得到满足，才能破解患病群体盲目向高级医疗机构聚集的现象。

2. 在四个下沉基础上，医药卫生体制改革要实现四个提升

在实现优秀人员下沉、优质资源下沉、健康知识下沉、优质服务下沉的基础上，更为深刻的是要实现四个方面的提升。

一是提升可及性。镇巴县积极推进对信息技术的运用，严格落实家庭医生入户随访，其目的就在于提升贫困人口对优质医疗服务、优质医疗资源的可及性。在深化医药卫生体制改革的实践中，不仅要实现下沉，而且要建立起下沉人员、资源与基层群众的有效衔接机制，提升基本医疗卫生

---

① 孙志刚：《深化新医改共筑健康梦》，《行政管理改革》2014年第6期，第44—51页。

服务的可及性。

二是提升普及性。健康扶贫镇巴实践补齐了贫困人口享受医疗服务的短板，是对基本医疗卫生服务普及性的提升。卫生健康不平等问题的重要方面是贫困人口与弱势群体无法获得有效的基本公共卫生服务和基本医疗服务。在深化医药卫生体制改革中要提升基本医疗卫生服务的公平性和均等化。

三是提升接受度。健康扶贫镇巴实践有效提升了贫困群众的接受度。一方面提升贫困群众对健康卫生观念的接受度，通过健康教育与健康素养的提升，让贫困群众认识到保持健康的重要性，提升健康意识；另一方面提升贫困群众对健康扶贫政策与举措的接受度，从内心认可健康扶贫的政策与行动。在深化医改中，也要提升群众的接受度，让群众发自内心地认可医改对于自身生活的重大意义，支持医改；让群众认同分级诊疗等观念，从而推进医改有效落地。

四是提升参与度。医药卫生体制改革旨在通过体制机制改革完善健康领域的生产关系，重在解放健康生产力[①]。健康生产力的产生需要的是更广泛的参与。健康扶贫镇巴实践有效推动公共卫生机构、政府、社会组织、群众等各方面群体的广泛参与，从而保障了健康扶贫有力开展。在深化医改中，不能只依靠卫生健康行业自身力量，还需要增进多元主体的共同参与。

3. 深化医疗卫生体制改革要正确处理六重关系

健康扶贫镇巴实践，进一步表明医疗卫生事业发展中要正确处理好六个层面的关系，这对于深化医药卫生体制改革也具有重要意义。

一是正确处理政府与市场之间的关系。

医改在巩固完善医改成果的基础上，更加注重落实政府保基本的职责；更加注重市场机制在优化配置医疗卫生资源中的作用。[②] 正确处理好政府与市场的关系对于医改的推进有重要影响。镇巴县委县政府和行业部门积极投身健康扶贫，对健康扶贫的科学体系进行设计，引导、推动健康

[①] 王秀峰、张毓辉：《论发展健康服务业与深化医药卫生体制改革的关系》，《中国卫生经济》2014年第6期，第5—7页。

[②] 孙志刚：《深化新医改共筑健康梦》，《行政管理改革》2014年第6期，第44—51页。

扶贫的落实,这体现出在卫生健康事业中政府所应发挥的重大作用。在深化医药卫生体制改革中要明确政府在基本医疗卫生服务方面的责任,让政府有效发挥作用;在此基础上,逐渐实现"多元办医",让市场机制在健康卫生领域发挥更积极作用。

二是正确处理基本医疗卫生服务和非基本医疗卫生服务之间的关系。

基本医疗卫生制度作为公共产品向全民提供,是维护公共医疗卫生公益性的必然要求,是实现人民群众共享改革发展成果的重要途径。健康扶贫镇巴实践,有力推动面向贫困群体的基本医疗卫生服务的落实,展现了基本医疗卫生服务对于解决贫困人口健康问题的重大意义。在医药卫生体制改革中,也要正确处理基本医疗卫生服务和非基本医疗卫生服务之间的关系,有力保障基本医疗卫生服务的普及与落实,建立基本公共卫生服务均等化制度,不断提高全民族健康素质,在此基础上,不断提升非基本医疗服务质量,满足人民健康方面的更高追求。

三是正确处理城市与农村的关系。

健康扶贫镇巴实践是以农村为突破口,针对农村健康的实际问题,结合农民健康观念实际特点和健康卫生工作所拥有的现实条件,建立了对农村人口切实有效的健康扶贫政策,避免了"从城市开启"的健康政策对农村不适用的问题。在深化医药卫生体制改革中,也要正确处理好城市与农村的关系,在向农村推广城市试点经验时,也要关注到农村的实际条件,农村社会的实际特点,采取特别举措,保障农村地区医改契合农村实际,最终健全网络化城乡基层医疗卫生服务运行机制,推进城乡医药卫生一体化建设,建立起覆盖城乡的医疗卫生制度。

四是正确处理贫困人口与非贫困人口关系。

医改旨在使人人享有基本医疗卫生服务、不断提高全民健康水平,要实现这一目标就要处理好贫困人口与非贫困人口的关系。镇巴县通过健康扶贫,以贫困人口为突破口,全面推进基本公共卫生服务均等化,同时注意把慢病签约服务、信息技术运用的有效经验与措施向非贫困人口推广,避免造成贫困户和非贫困户的较大差异,形成悬崖效应,避免陷入"福利陷阱"。在深化医药卫生体制改革中,要补齐卫生事业建设的最短板,要格外关注弱势群体、贫困群体的实际问题,同时也要避免过大政策差异,让不同群体都能在不同程度、不同层面享受到医改的成果,推进健康卫生行业的整体提升。

五是处理好不同层级的健康卫生从业者之间关系。

健康扶贫镇巴实践理顺了县镇村不同层级之间的相互关系，实现了三级医疗卫生从业者之间的有效互通、高效协作。在深化医药卫生体制改革中，也需要处理好不同层级健康卫生从业者之间关系。一方面要坚持推进分级诊疗，实现各级医疗机构的互通合作。分级诊疗作为深化医药卫生体制改革的产物，是实现有序就医的重要制度保证。在医药卫生体制改革过程中，必须明确各级医疗机构的职责与权限[①]；另一方面要格外注重加强基层建设。基层医疗卫生机构直接面向群众，从基层入手，有利于破解密切影响群众的最基本问题。"小病大看"的重要原因就在于"基层不强"，要加强基层医疗机构建设，确保农村基层医疗卫生服务体系"网底"不破，提升基层能力。

六是处理好健康治理与社会治理的关系。

健康扶贫中对群众的有效动员发挥了重要作用，密切了干群关系，提升了党和政府的形象。深化医药卫生体制改革也要处理好健康治理与社会治理的关系。既要积极运用社会治理中的先进经验，实现对不同群体的有效动员和不同群体间分歧的有效化解，也要看到医改对于整体社会发展与社会建设的作用，深入推进医改，维护群众利益，满足人民群众对健康生活的追求，提升党和政府的形象，推动社会和谐发展。

4. 深化医药卫生体制改革要实现六个转变

（1）实现从被动服务向主动服务的转变

卫生健康行业工作者要做到"主动作为"。镇巴县推进家庭医生签约服务，打破"医不叩门"的传统，积极开展健康教育与环境治理，实现了卫生健康行业工作者从被动服务向主动服务的转变。如果医务人员永远停留在医疗机构之中，等待疾病发生才发力，等待患病人口上门求助才行动，就无法让卫生健康事业在居民生活中发挥足够大的作用。因此在深化医改中，要通过改变全科医生执业方式，通过基层医院坐诊向入户签约服务转变等途径，实现健康卫生行业从业者从被动服务向主动服务的转变。

[①] 吕键：《论深化医改进程中分级诊疗体系的完善》，《中国医院管理》2014年第6期，第1—3页。

(2) 实现被动参与向主动参与的转变

健康扶贫中镇巴县通过健康教育，推动贫困人口健康意识的提升，增强了贫困人口主动参与健康建设的意识和能力。如果在健康建设中，基层群众只是被动接受服务、接受诊疗，那么无法实现健康水平的根本提升。因此，在深化医药卫生体制改革过程中，要积极培养基层群众的主体意识，实现医疗与卫生健康服务从单纯服务供给向服务供给与能力供给并重的转变，实现医改中基层群众从被动参与、被动接受向主动参与、主动接受的转变。

(3) 实现以治病为中心向以健康为中心的转变

在健康扶贫工作中注重关口前移，提升疾病预防工作。通过建立健康信息档案，开展签约服务，逐步实现从单纯的疾病诊疗干预向全方位健康干预的转变，逐步建立起大卫生、大健康格局，推进健康镇巴的建设。在深化医药卫生体制改革中也要着眼于实现全周期、全阶段的健康服务，推进健康档案建设、常态化健康教育等工作的落实，实现由以治病为中心向以健康为中心的转变。

(4) 实现从单一保障向多重综合保障的转变

医改的重点任务是进一步巩固完善全民医疗保障体系，完善医疗保障制度与医疗报销制度，不断筑牢看病就医的底线。党的十八届三中全会明确提出要深化医药卫生体制改革，健全全民医保体系，加快推进重特大疾病医疗保险和救助制度建设。镇巴在健康扶贫中，逐步建立起了以新型农村合作医疗、大病保险、补充医疗救助、民政专项救助、社会爱心基金为基础的五重医疗保障体系，有效降低了因病致贫风险。在深化医改中，要进一步完善医疗保障体系，实现从单一保障向多重综合保障转变，构建以基本医疗保障为主体，以多种补充保险和商业保险为辅助，以大病救助为兜底的全民医保体系[①]。这对于实现党的十八大提出的"人人病有所医"目标和促进社会公平正义，具有十分重要的现实意义。

(5) 实现单向发力向组合发力的转变

健康扶贫的推动与落实，依赖于政府、公共卫生机构、社会、群众的多主体合作和多方面协同，正是多主体凝心聚力共同参与才实现了健康扶

---

① 孙志刚：《中国医改的创新实践与探索》，《求是》2012年第18期，第36—38页。

贫工作的深入扎实开展。而这种多群体合作与共同发力也是深化医药卫生体制改革中所需要注意的。医改中存在"碎片化"的现象，表现在筹资、投入、价格、医保和人事分配制度等方面，造成协调工作任务重、难度大。深化医改要打破单项、分头推进的工作模式，实现从单向发力向组合发力的转变，实现医改高质量推进。

（6）实现粗放治理向精准治理的转变

实现对健康卫生问题的精准治理是医改的重要内容。早在2012年，时任卫生部部长陈竺就指出"制定《医疗质量管理与控制办法》，开展单病种医疗质量控制工作"。①健康扶贫镇巴实践实现了一病一方、一户一策、专病专治的疾病问题精准治理，有效提升了工作质量与效率，增强了群众满意度。在深化医药卫生体制改革中，也要进一步实现从粗放治理向精准治理的转变，实现对不同群体、不同地域、不同问题的精准有效破解，提升卫生健康工作质量与效率。

三 以人民为中心的健康治理实现条件和机制

治理不同于传统的行政管理，不是政府对健康工作的单向控制，而是强调社会组织和公民平等参与作为公共事务的健康事业的管理，需要不同主体的良性互动、充分合作与有机衔接。卫生健康事业也应高度注重治理体系和治理能力建设②。健康扶贫镇巴探索注重体制机制创新，从根本上讲是实现了整体健康治理的进步，推动健康治理体系和健康治理能力的现代化。基于对镇巴县以健康扶贫助力健康中国建设的研究，本部分将探究以人民为中心的健康治理的实现条件和机制。

（一）以人民为中心的健康治理的实现条件

以人民为中心健康治理的实现，需要各个方面协调推进，以系统性、机制性、现代性、有效性为目标，使观念、资源、行动、技术各方面，均

---

① 陈竺：《把医改推向深入》，《中国科技产业》2012年第4期，第18页。
② 刘谦：《关于深化医药卫生体制改革的思考——学习十八届三中全会精神的体会》，《中国卫生政策研究》2014年第1期，第2—4页。

能达致健康治理所需条件。

1. 观念层

要实现以人民为中心的健康治理,首先要实现健康事业中医务工作者、群众、政府干部的观念转变,提升各群体思想认识。

(1) 提升医务人员积极性与荣誉感

首先要提升医务人员的积极性与荣誉感,让医务工作者认识到实现健康治理的重要意义,让医务人员积极主动参与到健康治理之中,并进一步激发其在一线实践中探索、挖掘实现有效健康治理经验的内生动力。如果不能实现医务人员的观念转变,就不能实现对其的有效激励;只依靠强制与约束推进健康治理,将导致健康治理的新举措难以有效落地,长效性难以实现。

(2) 群众对医务人员的认同感

加大宣传力度,在全社会创造尊医重卫的环境,为卫生改革与发展创造良好的内外环境[①]。群众对医务人员的认可与支持,是实现健康治理有序、顺利推进的重要基础。只有提升医务工作者在群众心目中的形象,在全社会营造尊重医学、尊重医疗卫生工作人员的社会氛围,实现医生与群众的良性、有效互动,才能让健康治理举措有效地发挥作用。

(3) 坚持对医疗健康事业公益性的认同感

实现有效的健康治理,要在观念上坚持对医疗健康事业公益性的认识。公益性是对医疗卫生服务和医疗卫生事业性质的界定[②],坚持公益性是深化医药卫生事业改革的主线。推进医药卫生事业建设,推进健康治理的根本目的在于为人民服务,提升人民群众健康水平,保障人民生命健康权。只有坚持公益性,才能保证健康治理以人民为中心。

(4) 党和政府对卫生健康事业重要性的认同感

"健康扶贫是决胜脱贫攻坚战的基础一环,我们一定要提高政治站位,创新工作举措,把健康扶贫抓紧抓好,助力全县脱贫攻坚,助力健康镇巴建设,助力全面小康社会建成"。镇巴健康治理的有效推进就在于党

[①] 张茅:《突出重点突破难点进一步深化医药卫生体制改革》,《行政管理改革》2012年第12期,第58—62页。

[②] 张茅:《深化医改需要探索和把握的几个问题》,《行政管理改革》2010年第6期,第8—18页。

和政府对卫生健康事业的高度重视。李克强总理曾指出，健康事业是维护十几亿人民健康福祉的重大民生工程，也是协调推进经济社会建设、扩大内需的重大发展工程，是我国经济社会领域的重要变革。[①] 只有党和政府认识到卫生健康事业对于整个国家建设的重要意义，才能有力推进健康治理。

（5）全民对于卫生健康事业重要性的认同感

实现健康治理"以人民为中心"，就要提升群众对健康的重视程度，提升群众的健康意识和健康素养，让群众认识到卫生健康事业对于自身健康与发展的重要意义，认识到实现有效的健康治理对于自身的重要意义。只有让健康治理的观念深入人心，让健康文化得到群众的普遍认同，才能实现健康治理的全民共建共享，扎实深入推进。

2. 资源层

推进以人民为中心的健康治理的第二层条件就是有充足的资源，强大的人力、物力、财力等资源以及各种资源的有效下沉，是实现有效健康治理的重要保障。

（1）加强人才建设

加强卫生人才工作是加快推进卫生事业发展的迫切需要。推进健康治理，需要充足人才支撑，因此推进健康治理要把"人才强卫"作为卫生事业优先发展的战略，从保障人民群众健康需求出发，科学规划，突出重点，创新机制，扎实推进卫生人才队伍建设，实现健康治理的有力开展[②]。

（2）加大资金投入

推进健康治理需要加强对先进技术和设备的普遍有效运用。一系列配套设备和技术的广泛运用是推进健康治理手段和能力现代化的重要保障之一。同时，健康治理的稳定运行需要有强大的保障体系，而强大保障体系的建立需要以大量资金投入为支撑。

（3）推动资源下沉

落实健康治理的资源保障，不仅要在量上提升人、财、物的投入，还

---

① 李克强：《不断深化医改推动建立符合国情惠及全民的医药卫生体制》，《求是》2011年第22期，第3—10页。

② 张茅：《深化医改人才为先》，《求是》2011年第12期，第42—44页。

要调整人、财、物的分布，实现优质资源的有效下沉，提升基层对于优质资源的可及性。如果在加大资源投入的同时，基层医疗卫生人才短缺、医疗设施落后的问题却得不到有效解决，那么资源就难以发挥最大效果，难以推进健康治理在基层落地，难以让基层群众在健康治理之中切实获益，并切实提升获得感。

3. 行动层

实现以人民为中心的健康治理，还要有系统的举措，通过广泛、扎实、科学的行动，让健康治理有序推进，扎实落地。

(1) 把健康融入所有政策

推进健康治理，首先要有意识、有计划地将健康融入所有政策，提倡"把健康融入所有公共政策"的理念，在制定环境政策、城市发展规划和其他公共政策时要更多地考虑人的健康，把人的健康和全面发展作为制定各类公共政策的核心理念①，从而使各类工作实施能够与群众的健康生活相适应，避免各类政策实施中产生不利健康的因素，力争各类政策落实中都能对健康产生积极作用，从而让"大健康、大卫生"的格局得以成型。

(2) 形成科学架构和长远规划

卫生健康事业建设是一项巨大工程，健康治理涉及多方面、覆盖多主体，且要经历多阶段。如何让健康治理实现对多方面的全覆盖，如何让健康治理动员更多的主体积极参与、有机协作，如何能让健康治理一步一步压茬推进，就需要形成科学的制度、体系架构，形成长远的规划，从而推进工作开展。

(3) 医疗卫生行业的积极协同参与

卫生健康事业建设与健康治理推进，需要医疗卫生行业工作者的积极参与和协同发力。在横向上，诊疗、公卫、疾控等卫生健康行业的各部门，需要有机衔接，相互支持，实现信息资源共享；在纵向上，中、省、市、县、镇、村各级医疗卫生事业工作者要有效协作，一、二、三级医院间实现从竞争者向发展共同体转变，共同参与到健康治理之中。

(4) 关口前移实现控增减存并举

推进健康治理，实现从以治病为中心，向以健康为中心转移，就需要

---

① 《深化医改努力实现卫生计生领域的"中国梦"——陈啸宏副主任在"实现卫生公平建成小康社会"高层研讨会上的讲话（节选）》，《卫生经济研究》2013年第6期，第3—4页。

在行动中实现从侧重疾病诊疗向疾病诊疗与疾病预防并重的转变。在积极提升医疗技术，破解疾病问题的同时，还要坚持关口前移，加强健康教育，提升群众健康素养，形塑群众健康生活，并且加强对传染病、地方病等集中问题的预防与破解，实现对疾病风险的"预防式治理"。

（5）多主体协调参与

有力地推进健康治理，需要多主体的协调积极参与。一是政府的参与。要发挥政府主导作用，坚持、把握好健康治理的前进方向，协调带动各行业部门积极参与。二是社会组织的参与。要积极让各类社会组织参与其中，获取更多资源并形成有利的社会风气。三是群众的参与。群众不能再被动地接受诊疗，要获取参与健康治理的机会与能力，作为能动的主体，主动而有力地参与到健康治理之中。

4. 技术层

实现健康治理条件的第四个层面就是在技术方面，要实现对各类技术的有效运用，不仅是信息技术、适宜医疗技术的运用，还包括沟通协调技术、治理技术的有效运用，以实现健康治理质量与效率的提升。

（1）信息技术的运用

《中共中央国务院关于深化医药卫生体制改革的意见》指出要逐步实现信息服务的统一高效、互联互通。在推进健康治理中加强信息技术运用非常必要。加强信息技术运用，才能有效密切各方联系，减小不必要文牍事务的影响，并且有效提升工作效率，便利健康治理中服务、监管等各方面工作的优质高效开展。

（2）适宜医疗技术的运用

要实现健康治理，还要推动适宜医疗技术的广泛运用。适宜医疗技术与基层实际条件、实际特点相适应，能够减轻诊疗工作中的困难，并降低成本，减轻疾病诊疗给群众所带来的压力。特别是中医适宜技术在基层的有效普及与应用，对于优化常见疾病诊疗，优化疾病预防与保健具有巨大意义。推进适宜医疗技术的运用，对于健康治理方式的革新具有重要意义。

（3）社会治理技术的运用

实现健康治理，还要通过治理技术的有效运用。健康治理方式与健康治理能力的现代化对卫生健康事业提出新的要求。要对卫生健康事业中不同主体之间关系进行调整,通过有效手段实现不同主体间的协同发力,还要用有效的方式实现对基层群众的动员,实现理念、政策、举措在基层的有效落地。这实质是对社会治理技术的巨大考验,只有实现对社会治理技术的有效运用,才能达成这些目标。

(二) 以人民为中心的健康治理的实现机制

在全球范围内,健康领域主要有两种类型的干预措施:一个是"纵向措施",另一个是"横向措施"。"纵向措施"是针对某个特定疾病而采取的专项行动。其优点是比较聚焦,有助于解决当前的主要问题;缺点是由于很少考虑可持续发展的体制机制问题,致使有限资源配置过程中容易出现对不同疾病厚此薄彼。"横向措施"是针对宏观体系建设和体制机制的改革,可促进多种疾病的防治,具有更长期的影响[1]。推进健康治理极为重要的是采取"横向措施",推进体系建设与体制机制建设,探索契合中国社会实际,符合人民根本利益的健康治理机制。长效实现机制的建立,能提升健康治理的全局性、稳定性、根本性和可持续性。

1. 政府引导机制

推进健康治理要建立起政府引导机制。市场无法解决医疗资源分配中的不公平问题,依赖自由市场来筹措资金和提供医疗服务将不可避免地导致贫困者和弱势群体在享有医疗服务上处于不利地位[2]。健康治理中要发挥政府主导作用,由政府把握主导健康治理的方向;并建立政府与健康治理中其他主体的常态联系,让政府更好地发挥组织与协调作用。

2. 联动与参与机制

推进健康治理要建立起有效的联动与参与机制。如果缺乏有效的联动参与,卫生健康事业就会出现"各吹各的号,各唱各的调"的现象。一是要实现有效的上下联动。发挥基层网底作用,为上级机构提供基础支持,发挥上级指导监督作用,带动基层提升,实现不同层级之间的明晰分

---

[1] 刘远立:《慢病防控是深化医改的切入点》,《中国卫生》2016 年第 1 期,第 86—87 页。
[2] 张茅:《深化医改需要探索和把握的几个问题》,《行政管理改革》2010 年第 6 期,第 8—18 页。

工与互动。二是要实现"三医联动",即医疗、医药、医保"三医"要采取"联合行动",三个领域同步进行、协调推进,不各自为政、各行其是。[①] 通过医疗、医保、医药三者间有效联动协作与常态互动,增强健康治理的系统性、整体性、协同性[②]。

3. 精确瞄准机制

推进健康治理要建立有效的瞄准机制。精确瞄准需要帮助的群体,精确掌握群众健康状况,精确瞄准疾病风险高的群体,精确瞄准区域的共性健康问题。同时这种瞄准应该是及时的、动态的,能够跟踪、反映所关注某一群体、某一问题的实际变化。在精确的瞄准机制上,针对不同群体条件、不同疾病特点,建立起有效的专病专治、专病专防的方案,从而逐步建立起"精准医疗",提升解决健康问题的效率和效果。

4. 长效防治机制

推进健康治理要建立起长效防治机制。一是推进常态化的疾病预防。党的十九大报告提出"坚持预防为主,深入开展爱国卫生运动,倡导健康文明生活方式,预防控制重大疾病",要形成常态化、规范化的疾病预防制度,有效应对时令性、地区性疾病问题。二是推进分级诊疗制度落地,用分级治疗加强医疗机构间的纵向联系。医疗资源分布不均衡的现状更决定了加强医疗机构间的纵向联系是符合规律、国情和提高服务效能的重要举措。从分级诊疗制度建设入手,推动区域医疗卫生资源整合和就医秩序再造。分级诊疗是解决看病难、看病贵,提高卫生服务绩效的有效办法[③]。通过常态化疾病预防制度和疾病分级诊疗制度的落实,实现常态、规范、科学的疾病防治。

5. 动员与约束机制

推进健康治理要建立起有力的动员与约束机制,一方面实现对不同群体的有效动员激励,另一方面实现对不同群体的有效考核监督。要建立政府的动员与约束机制,将人民健康状况作为完善发展成果考核评价体系的

---

① 王东进:《"三医联动"是深化医改的不二方略》,《中国医疗保险》2015 年第 11 期,第 5—7 页。

② 孙志刚:《深化新医改共筑健康梦》,《行政管理改革》2014 年第 6 期,第 44—51 页。

③ 刘谦:《关于深化医药卫生体制改革的思考——学习十八届三中全会精神的体会》,《中国卫生政策研究》2014 年第 1 期,第 2—4 页。

一项重要内容，激励政府更加关注民生和人民健康[①]，让政府特别是卫生健康以外的其他行业部门为健康事业投入更多支持。也要建立起对医疗卫生行业的有效动员约束机制，将健康治理的参与和医疗卫生人员自身相挂钩，提升他们对于参与健康治理的自豪感、荣誉感、责任感，让医疗卫生人员更扎实地参与到疾病诊疗、公共卫生、疾病预防等各方面工作中。还要建立对群众的有效动员机制，使积极参与、积极调整自身观念、配合开展相关行动的群众切实受益。

6. 基层提升机制

推进健康治理，基层是重中之重，需建立有效的基层提升机制。一是实现常态化基层人才培养，通过各种渠道补足基层人才短缺。二是建立常态化人员下沉机制，让优秀医务工作者按制度下沉基层、服务基层，提升基层群众对优质医疗资源的可及性。三是建立常态化基层人员培训进修机制，加强对他们的常态化教育，提升基层人员服务能力。四是建立常态上下级联系机制。通过先进信息技术的广泛运用，对口联系、对口帮扶，实现上下级之间的常态联系。

7. 嵌入机制

推进健康治理，还要实现健康治理与社会生活的普遍联系，建立起健康治理深度融入社会生活与社会发展的嵌入机制。一是要让健康治理嵌入社会生活与社会文化之中，让疾病诊疗与预防和日常生活紧密联结，在日常生活中解决健康问题。二是要让健康治理嵌入社会治理之中，在健康治理中有效运用社会治理的技术手段，并实现健康治理和社会治理的有效衔接。三是要让健康治理嵌入社会发展之中，让健康治理与推进整体的社会发展和社会建设紧密联系起来。

---

① 本刊编辑部：《中国卫生经济学会第十六次年会简述》，《中国卫生经济》2014年第1期，第1—2页。

经验分析篇

以健康为中心：健康扶贫进程中的地方经验
—— 以健康扶贫引领健康镇巴建设的调查与思考

一 重大实践为健康扶贫提供"镇巴经验"

习近平总书记指出"在脱贫攻坚实践中，各地区探索了很多好经验好做法"。汉中市镇巴县地处大巴山腹地，健康扶贫对象多、任务重、难度大。2016年以来镇巴县认真贯彻落实中省市脱贫攻坚决策部署，以健康镇巴建设为目标，坚持减存量、控增量"两手抓"，探索建立了医疗保障、能力提升、健康管理、统筹协作和监督考评"五大体系"，全面推进大病集中救治、慢病签约管理、重病兜底保障，形成了"一二五"健康扶贫的镇巴路径，较好破解了贫困群众"看得起病、看得好病、方便看病、少生病"的难题。用三年时间，全县贫困人口县域内就诊率达到93%，住院实际报销比例达到86%，因病致贫、返贫户累计减少7048户，先后获得2018年度全国脱贫攻坚"组织创新奖"，以及"全国健康扶贫先进县""全国优秀家庭医生团队"等荣誉称号。镇巴县健康扶贫的探索与实践就是一个"立得住、叫得响、推得开的'先进典型'"。挖掘、梳理、提炼健康扶贫的"镇巴经验"，对于扎实推进健康扶贫，推进健康治理体系和健康治理能力的现代化，推进健康中国建设都具有重大的现实价值和理论意义。

（一）健康扶贫"镇巴经验"的核心内涵

健康扶贫镇巴经验的核心内涵是：在聚力脱贫攻坚、深化医药卫生体制改革、推进健康中国建设的进程中，以健康扶贫为着力点，以贫困人口为突破口，以控增减存为抓手；结合地方实际、挖掘地方潜力、立足体系架构、依托靶向手段；坚持以科学规划为先、多方联动为本、能力提升为重的思路，构建以精准医疗、生活医疗、长效医疗、智慧医疗为内涵的疾病防治体系，实现让贫困人口看得起病、看得好病、看得上病、防得住病的目标，提升贫困群体获得感。在此基础上，把健康融入所有政策，构建大卫生、大健康格局，使健康扶贫嵌入健康治理，健康治理嵌入社会治理与社会建设；以健康为中心，实现健康治理观念、手段、方式、能力的现代化，实现健康的全民共建共享，实现区域社会发展的全面提升。

（二）健康扶贫"镇巴经验"的具体阐述

1. 以健康扶贫为着力点、以贫困人口为突破口实现卫生健康事业提升

我国目前存在不小的城乡差距与阶层差距。如果卫生健康事业的改革发展都从发达地区开启，那么这种改革与探索的可复制性、可推广性都会受到不小的影响与限制，甚至可能在健康事业的改革与发展中造成越来越大的城乡与阶层差距，让农村人口、贫困人口无法分享卫生健康事业发展的成果，患病贫困群体"贫病交加"的生活困境难以破解。把健康扶贫作为推动卫生健康事业发展的着力点，把解决贫困人口的健康问题作为提升卫生健康事业的突破口，再将贫困人口卫生事业中的成功经验"反哺"到整体的健康建设之中，能够更好地保证经验的可推广性和可复制性，从而更好地实现卫生健康事业的整体提升。

2. 健康扶贫要坚持控增量与减存量并重

健康扶贫工作不能仅围绕于已经患病的贫困人口，不能仅着眼于解决已经发现的疾病现象。一味关注于减轻疾病存量，不能有效抵御疾病所带来的贫困风险，造成因病返贫、新增因病致贫现象频繁发生，延缓脱贫攻坚进度、降低脱贫攻坚质量。健康扶贫要注重控制疾病增量，通过开展地方病集中诊疗、专项防控，重点传染病的专病专防和重大疫情的及时防控，控制会造成普遍危害的疾病问题的产生。同时要注重对群众健康观念的培养，纠正群众不利健康的作息习惯和生活习惯，改善公共卫生环境，提升人居环境，从而有效控制重点慢性病的发病风险。通过"减存量、控增量"的双向发力，提升健康扶贫工作质量。

3. 健康扶贫要结合地方实际、挖掘地方潜力

健康扶贫要尊重地方实际，不要设立过高目标，给地方造成过重的工作压力和负担。如在提高贫困人口医疗保障方面，镇巴县坚持保持贫困人口的看病报销比例在85%左右，不盲目提高标准，避免健康扶贫工作的过大压力。同时在健康扶贫工作中也要注意挖掘地方的潜力，一些地方由于自身条件资源的限制，推进一些健康工作中存在较大困难，但这些困难的解决不能完全依赖上级政府的支持，要挖掘本地潜力，如镇巴通过科学组建"2+2+1"家庭医生签约服务团队，有效解决本地全科医生数量严重不足的现实困境。

4. 健康扶贫要进行科学规划，形成完善组织架构和制度体系

开展健康扶贫要进行科学规划。镇巴县在开展健康扶贫工作时科学设立了短期解决贫困人口健康问题、中期提升基层服务能力、长期实现健康镇巴建设的三个目标，并且建立了统筹协作体系、服务保障体系、能力提升体系、健康管理体系、监督考评体系五大保障体系，通过科学的制度体系建设，实现了健康扶贫工作的稳定开展和有效落实。同时健康扶贫工作中还要坚持推进制度建设，用制度管人管事，通过建立科学规范制度，使健康扶贫各项工作落到实处。要形成激励和惩戒的各项制度，避免健康扶贫工作流于形式，并且更好地激发起医疗卫生行业参与者的积极性，提升工作质量与效率。

5. 健康扶贫要依托靶向手段，构建精准医疗

精准问题对于健康扶贫工作质量有巨大影响。在对因病致贫人口的精准识别上，如果不能精准识别患病人口，将影响生产劳动的患小病群体全部纳入因病致贫，会助长贫困户的"等、靠、要"思想，影响以发展为目的的产业扶贫等举措落实，并造成巨大财政压力，通过对贫困人口全面体检的方法，主动发力摸清贫困人口健康状况，能够客观、公正地实现因病致贫人口精准识别，为精准施策打好基础。在精确防治上，不同疾病有不同的特征，在预防与治疗上需要采取不同的举措，如果不能实现对不同疾病的精确防治，将影响健康扶贫效果。以家庭医生签约服务为抓手，通过建立专病专治、专病专防的精准策略，实现"一病一方、一户一策"，能够显著提升疾病诊疗效果。

6. 健康扶贫要着眼长效目标，提升基层能力，构建长效医疗

健康扶贫要立足长效目标，确保在脱贫攻坚结束后，卫生健康事业仍能够有效保障群众健康。其一要着眼于基层的能力提升。一方面要提升普通群众预防疾病、应对疾病、理性进行疾病诊疗、配合进行疾病康复的能力；另一方面要提升基层公共卫生机构开展疾病防控和开展疾病诊疗的能力，提升基层医务工作者的水平，提升基层卫生健康事业的服务能力。其二要着眼于经验提炼和体系制度建设，要积极提炼健康扶贫中好的做法与经验，并且将这些好的做法与经验融入健康治理的体系与制度架构之中，从而让健康扶贫做法与经验更长效地发挥作用。

7. 健康扶贫要革新医患观念，实现诊疗行为的改善，构建生活医疗

健康扶贫要破解卫生健康事业中一些观念层面的问题，要实现对医生与患者观念的重塑。一方面要转变医生观念，打破"医不叩门"的传统，实现基层医生职业方式的转变，让医生有更多机会走进病人生活，了解病人生活中所遭遇的实际困难，从而让医生更同情病人，激发起医生对病人的使命感，让医生能够更自觉自主地为病人提供更好的服务；另一方面，让病人能够更切实获得医生及时、有效的帮助，从而增强病人的获得感，重新塑造医生群体的高尚形象。通过转变医生和患者双方的观念。实现对医患关系的有效调节，实现医生和病人双方的有效互通。真正让诊疗融入日常生活场景之中，构建起真正的生活医疗。

8. 健康扶贫要着眼于方式手段的现代化，运用现代信息技术构建智慧医疗

健康扶贫要着眼于实现健康治理方式的现代化，积极加强并普及对于现代医疗手段和现代信息技术的运用。在运用现代信息技术的时候，要切实为一线工作者和普通群众着想，用信息技术便利诊疗服务开展，拉近医患之间距离，并增强工作的可视性和有效互通，增强信息技术运用的可接受度。通过现代信息技术的运用，一方面可以提升健康扶贫工作效率，减轻基层一线卫生健康事业工作者的工作负担；另一方面可以实现优质医疗资源的下沉，增强基层群众对优质医疗资源的可及性。在健康扶贫工作中，要以"互联网+健康扶贫"为抓手，推动健康治理的智能化，实现整体的"智慧医疗"建设。

9. 健康扶贫要着眼于提升贫困人口获得感

健康扶贫要最大限度提升贫困群体的获得感。一方面要通过构建多重医疗保障体系提高医疗保障力度，加强对大病、慢病、重病的针对性治疗，为患病贫困人口解决因病致贫的现实问题，让贫困人口跳出"疾病—贫困—疾病"的陷阱，让患病贫困群众摆脱"贫困交加"的生活困境，有效弥补健康卫生领域的不平等问题；另一方面要提升贫困人口在健康扶贫工作中的参与度，让贫困人口不是简单地在健康扶贫之中被动地享受服务、接受治疗，而是要让贫困人口也能有意识、有能力参与到卫生健康事业建设，参与到健康治理之中，让贫困人口不被忽视，也不是被动接受者，能在参与中提升自己的获得感。

10. 把健康融入所有政策，构建大卫生、大健康格局

要拓宽视野，"跳出健康扶贫看健康扶贫"，逐步实现对大卫生、大健康格局的真正建立。一是要在健康扶贫中实现对各方的有效动员，实现卫生、疾控等各类服务群众生活健康的健康行业部门的高效协作；实现"党政线""业务线""群众线"三条战线的协同发力；实现县、镇、村三级医疗机构的有效联通，做到上级对下级有效指导，下级对上级有力支持，真正将各行各业各级动员起来。二是要将健康治理融入所有政策，将健康观念融入整个社会的建设与发展之中，推动健康细胞建设，让广大非贫困人口在健康扶贫工作中也能够获益，使针对贫困人口的健康扶贫工作能带动卫生健康事业全面进步。

11. 以健康扶贫为抓手实现健康治理理念、手段、方式、能力的现代化

健康扶贫要成为推动健康治理的重要抓手。通过健康扶贫不仅要解决当下的现实问题，还要推进健康治理的现代化。推动健康治理理念、手段、方式、能力的现代化，从以治病为中心，转向以健康为中心；从患者被动接受服务，转变为医患双方有效协作互通；从医生被动地在医院等待患者求助，转向医生主动走进患者日常生活，为患者提供帮助；从单纯为患病群体提供医疗服务，转向着重提升群众抵御疾病、保持健康的能力。以健康扶贫为契机，理顺卫生健康事业中不同主体之间的相互关系，加强先进技术、先进经验的落实与普及，实现健康治理水平全面提升。

12. 健康治理要实现全民共建共享，推进健康中国建设

健康扶贫镇巴实践以"健康镇巴"建设为目标，将健康融入所有政策，用健康治理推动了区域整体健康水平的提升。健康中国建设是推进社会主义现代化建设，达成"两个一百年"伟大目标，实现中华民族伟大复兴的重要战略举措。健康治理要立足健康中国建设，以推进健康中国建设为目标和指导，将健康中国战略的系列举措有效融入健康治理的体制与机制之内，用健康治理的手段与方式推动健康中国建设。

13. "跳出健康治理看健康治理"，用健康治理推动社会治理与社会发展

健康治理需进一步拓宽视角，"跳出健康治理看健康治理"，要认识并重视有效健康治理对于社会治理与社会发展的重大意义。提升健康治理水平，提升广大人民群众健康水平，是党和政府对人民承诺的践行，是满足人民对美好生活的追求的重要举措，能够化解社会矛盾，弥合社会不平等，可以有效改善医患关系、干群关系，并有效提升党和政府的形象，提升人民群众进一步追求美好生活的信心和志气。因此健康治理一定要嵌入社会治理之中，理顺健康治理与整体社会治理的关系，用有效的社会治理带动健康治理；并提取健康治理之中的有效经验，为更好实现社会治理特别是基层治理提供思路，实现健康治理与社会建设和社会发展的结合联通。

二 "镇巴经验"的进一步分析

（一）镇巴经验的特征与先进性

1. 尊重地方实际，坚持实事求是，挖掘地方力量

健康扶贫的镇巴经验坚持实事求是。控制贫困人口医疗保障稳定于合理水平，依托卫计融合，激发计生队伍活力，组建"2+2+1"家庭医生签约服务团队这些都体现了镇巴经验对于地方实际条件与实际能力的清晰认识，并且在尊重实际的基础上，有效激活了地方改革发展潜力，发掘了地方力量。

2. 方案系统性、完整性高

健康扶贫镇巴经验具有很高的系统性。对健康扶贫的短、中、长期目

标均有设计，并且建立起了支撑工作开展的五大体系，以及一系列的规章制度，形成了系统的健康扶贫工作方案，并且方案实现了对"精准识别""三个一批""互联网＋"等各项举措的全面覆盖，具有很强的完整性。

3. 做法的创新性强

"镇巴经验"具有很强的创新性。在健康扶贫实践中，镇巴卫生健康事业工作者，积极探索、敢于创新，提出了新理念、探索了新做法，用创新解决了健康扶贫工作中的实际困境，推进健康扶贫取得良好效果，并很好地激发了基层活力。

4. 广泛而深入的联系性

健康扶贫"镇巴经验"有着广泛而深入的联系性。一是与整体脱贫攻坚工作紧密结合；二是与健康治理体系、方式与能力的现代化紧密结合；三是与深化医药卫生体制改革紧密结合；四是与健康中国建设紧密结合；五是与基层社会治理和整体社会发展、社会建设紧密结合。以健康扶贫为着力点，以贫困人口为突破口，推动了卫生健康事业乃至社会的进步。

5. 可操作性、可复制性强

健康扶贫的"镇巴经验"具有很强的可操作性、可复制性。镇巴的健康扶贫举措更多的是注重激发自身活力，依靠县域内自身力量推动健康扶贫的落实，而不是依靠过度的上级政府投入乃至包装。镇巴作为国家扶贫开发重点县，县财政收入有限，各方面资源条件短缺，其落实健康扶贫的举措是大多数地区完全有条件、有能力实现的，具有很强的可复制性。

6. 经验成熟度高

镇巴健康扶贫在谋划时与实践中注重听取行业管理者、一线工作者、贫困群众等各个群体的意见，并且在三年的实施中，结合实践情况，不断对健康扶贫体系架构、各项政策进行丰富和完善，对存在的问题进行了及时的调整。因此，"镇巴经验"具有很高的成熟度。

7. 有助于实现"群众层""行业层""国家层"的共同进步

健康扶贫镇巴实践实现了群众、政府、公共卫生事业工作者等不同主体之间的有效互动，提升了群众守卫健康的能力、卫生健康行业提供服务的能力和国家动员群众实现有效治理的能力，提升了群众获得感、行业使命感和国家责任感，推动了"群众层""行业层""国家层"的共同进步。

(二) 镇巴经验的理论意义与现实价值

1. 贯彻了习近平新时代中国特色社会主义思想

镇巴经验坚持"群众路线""实事求是",是对马克思主义、习近平新时代中国特色社会主义思想的生动实践。让贫困群众摆脱疾病与贫困的双重陷阱,实现全面发展,共享全面小康,是对"实现共同富裕"的社会主义本质思想的坚定贯彻。

2. 彰显了执政为民、为人民服务的理念

镇巴县委、县政府和全部医疗卫生事业参与者积极投身于健康扶贫工作,攻坚克难,无私奉献,用高度的责任感、使命感撑起贫困群体对健康生活的追求。他们的探索、实践、奋斗彰显了中国共产党执政为民,人民政府服务人民的理念,凸显了党和政府带领全国人民脱贫致富、全面建成小康社会的决心。

3. 践行并丰富了健康扶贫理念、方法与理论

健康扶贫镇巴实践提出了对健康扶贫内涵的深刻认识,探索了健康扶贫工作制度与体系架构,形成了诸多推动健康扶贫扎实落地的先进经验。它的经验具有深刻的理论含量,健康扶贫镇巴经验将丰富拓展我国的健康扶贫理念、方法和理论,成为我国精准扶贫、精准脱贫经验与成就的有益组成元素。

4. 对提升健康扶贫水平具有指导和借鉴意义

实践表明,健康扶贫镇巴实践是成功的。它在自身条件约束大,在健康卫生方面资源严重匮乏的情况下,成功探索出了一条实现健康扶贫扎实开展有效落地的道路,这对于全国各地健康扶贫都有很大的指导与借鉴意义,特别是对于集中连片特困地区的健康扶贫工作具有巨大的启发意义。

5. 探索了解决边缘人口、弱势群体健康问题的有效途径

健康风险是持续存在的致贫风险,并不会随着脱贫攻坚战的结束而消失。解决边缘人口、弱势群体的健康问题,降低疾病给健康生活所带来的风险要持续发力,对健康问题的放松将导致严重的因病致贫后果。镇巴健康扶贫所探索出的守护弱势群体健康,抵御健康风险的有效路径对长效破解健康问题具有重大意义。

6. 推动了健康治理理念与健康治理方式的现代化

健康治理体系和治理能力现代化需要健康扶贫经验。健康扶贫镇巴经验不仅对健康扶贫工作具有重大意义，而且有利于推进健康治理理念的创新，有助于实现整体健康治理方式的现代化。

7. 推进健康中国建设和医药卫生体制改革的深入开展

健康扶贫的镇巴经验坚持"以健康为中心"，健康中国建设与健康共享的实现也同样需要健康扶贫经验。镇巴健康扶贫探索了破解贫困人口疾病问题的有效路径，有利于缩小健康不平等，有利于实现优质医疗资源的下沉和基层诊疗工作模式的转变，促进医疗保障体系的完善，这些与我国深化医药卫生体制改革的实践是一致的，有利于推进医改的深入开展。

8. 推动基层有效治理与社会和谐发展

健康扶贫的镇巴经验其意义与价值并不局限于健康治理领域，对于整体的社会治理、社会发展同样具有重大意义，提升基层治理能力同样需要健康扶贫的经验。健康扶贫镇巴实践探索出了实现和贫困群体深入交流、改善干群关系、实现对群众有效动员的先进经验，这些经验对于社会治理和社会和谐发展同样具有很大价值。

生活医疗：贫困人口家庭医生签约服务
有效开展的"镇巴经验"

——基于陕西省汉中市镇巴县系列做法的调查与分析

"没有全民健康，就没有全面小康"，目前尚未脱贫的人口中有相当一部分是因病致贫人口，并且大病与慢病是在任何时候都需要重点防范的致贫风险。解决贫困人口健康问题，降低患病贫困人口医疗成本，建立因病致贫返贫的预警机制，是打赢脱贫攻坚战的重要一环。开展家庭医生签约服务是解决贫困群体健康问题的重要抓手，但目前签约服务流于形式和签约服务资源投入巨大而效果不显著的问题较为严重。镇巴县自开展贫困人口的家庭医生签约服务以来，系统设计、规范程序、细化内容，并采取众多措施提供资源和技术支撑、激发签约医生积极性、推动签约服务长期稳定开展。通过镇巴县的积极探索实践，成功将家庭医生签约服务干实干好，实现了贫困人口健康水平、医疗卫生服务水平、医患关系和整体卫生健康事业的全面进步，展现了家庭医生签约服务对健康事业的重要作用，形成了如何实现贫困人口家庭医生签约服务提质增效的"镇巴经验"。

一 扎实创新、多措并举·签约服务系统开展

习近平总书记指出"从贫困发生原因看，相当部分人口是因病致贫或因病返贫的"。面对贫困群体健康问题和健康扶贫相关要求，镇巴县积极进行探索、实践，通过一系列措施实现了贫困人口家庭医生签约服务的高质量、高效率开展。

（一）谋定后动——打好签约服务规范开展基础

1. 体检筛查准确掌握贫困群体健康状况

镇巴县是国家扶贫开发重点县、陕西省深度贫困县之一，全县有贫困村127个，其中深度贫困村10个，建档立卡贫困户17639户48968人，贫困基数大，因病致贫户7450户18625人，分别占贫困户、贫困人口总数的42.2%和38%。镇巴县卫健局于2017年组织开展了全县贫困户体检工作。通过全面摸底、对比筛选、体检筛查、深度筛查的"四步筛查法"精准识别患病贫困人口。准确的贫困户患病情况信息为家庭医生签约服务的有序开展提供了必要的数据支持，打下了坚实基础。

2. 出台贫困人口家庭医生签约服务政策

早在2016年，根据镇巴县委、县政府《关于印发镇巴县打赢脱贫攻坚战实施方案的通知》（镇发〔2016〕3号）精神，镇巴县出台《镇巴县健康扶贫工作实施方案》，提出建立完善家庭服务医生签约机制，将公示无异议的因病致贫对象（含计生特殊家庭）纳入家庭服务医生签约管理范围，实行一对一的签约服务。2017年5月18日镇巴县健康扶贫领导小组办公室发布《关于进一步做好健康扶贫工作的安排意见》，6月15日，镇巴县深化医药卫生体制改革领导小组办公室发布《关于印发镇巴县推进家庭医生签约服务指导意见的通知》，要求县镇村医疗单位要迅速组建家庭医生签约服务团队，全面开展签约服务；并在反复修改基础上形成《镇巴县家庭医生签约服务规范》。完善的政策文件保证了签约服务的规范开展。

3. 组建家庭医生签约服务团队

面对县域内全科医生仅有20多名，严重不足的情况，镇巴县创造性地实行了"2+2+1"家庭医生团队签约模式，即由1名村医+1名村卫计专干、1名镇卫生院医生+1名镇公卫专干、1名县级指导医生5人组成团队。全县具有中级以上职称的药师、护师和原计生专干均纳入了签约服务团队，团队成员涵盖医、护、药、技等各个领域的专业技术骨干，通过成员间的分工、协作、互补，弥补全科医生的不足，实现三医联动、上下联动、区域联动。全县686名医生组成178个签约服务团队，迈出了签约服务开展的关键一步。

(二) 动循矩法——保证签约服务细致规范实施

1. 实行团队整村签约

镇巴县家庭医生签约服务从 2017 年 4 月启动，采用"分片包干、团队合作、责任到人"的工作责任制，每个家庭医生签约服务团队负责一个村，签约村内所有建档立卡贫困户，对 17639 户 48968 名建档立卡贫困户实现了签约服务全覆盖。

2. 规范团队医生分工

为保证家庭签约医生服务团队高效运作，更好结合团队内不同成员特点有效发挥其在签约服务中的作用，镇巴县专门对团队成员进行了明确的职责分工。村卫计专干负责了解家庭成员基本信息，进行健康扶贫的政策宣传、组织动员，以及以治脏治乱治差为重点的农村环境治理及其他健康扶贫相关工作；村医负责全面掌握家庭成员健康状况，负责督促、指导签约服务对象主动接受健康教育、健康管理，负责入户随访，常见病诊治，转诊及出院病人随访，完成公共卫生服务项目，更新健康扶贫动态管理系统。镇级医生负责医疗救治、联系转诊、随访服务和个体化健康教育，对村级医生进行医疗业务指导，按照基本公共卫生服务项目规范开展公共卫生工作；镇级公卫人员负责指导村医及村卫计专干完成公共卫生工作，录入公共卫生服务系统，督促开展签约服务，核实保障政策落实情况。县级指导医生担任服务团队长，协调县级医院医疗资源，负责签约对象在县级及以上医院就诊的沟通联络；联系本院专科医生对大病和慢病患者治疗和康复指导，监督慢病患者管理效果；一对一帮扶指导乡村医生，指导健康乡村建设；对团队成员进行业务指导，对镇卫生院相关科室和村卫生室规范管理进行指导。此外，各镇设立县级指导团队长，负责各镇县级主导人员的管理与分工，各村家庭医生团队工作的常态监督，并开展相关讲座与培训。

3. 加强团队医生培养

为提高签约医生对医疗知识、健康扶贫政策等的掌握，镇巴县卫计局发布《镇巴县卫生和计划生育局关于印发家庭签约医生培训考核及合格证签发方案的通知》，并专门组织编印《镇巴县家庭医生签约服务知识读本》，对所有签约医生进行培训，每年组织两次考试，对考试合格的签约医生发放《家庭签约医生合格证》。该考试针对签约服务团队中不同成员承担的任务和自身特点编写不同的考试内容，提出不同的考试要求，并通过考试与签约服务费、职称晋升、评优树模挂钩，设立明确的考试通过率限制，加强了考试的受重视程度。通过这一创造性的办法有效提高了签约医生提供相关服务的能力，运用自身力量有效应对基层卫计人员不足、能力参差不齐的问题。

同时，结合学习型单位创建，镇巴县筹资50万元采购了最新版全套医学专业教材和人文类、哲学类书籍，发放给签约医生，每月聘请国内知名医学专家来县授课，并落实县、镇医生一对一、一对多帮扶基层医生制度，进一步提升了签约医生的知识水平和业务能力。

4. 细化团队服务内容

为保证签约医生上门服务的质量，真正为签约服务对象提供帮助，而不是蜻蜓点水、走马观花，镇巴县明确了家庭签约医生上门服务的内容及流程，共分九步九个内容：家庭医生自我介绍（单位、姓名）→询问家庭成员健康状况→治疗路径规范指导→按照"一病一方"健康教育→核实医疗保障政策落实情况→宣传健康扶贫政策→按国家基本公共卫生服务项目规范对家庭成员中重点人群进行随访服务→指导家居环境卫生整治及健康生活方式→填写健康扶贫手册并签字。医生入户必须完成以上九步九个内容，真正做到了签约一人、履约一人、做实一人。

在此基础上，镇巴县还进一步确定县镇签约人员到村服务、县级签约人员到镇服务，签约医生对本县县级医院就医及县域外就医的出院患者随访的具体内容和流程。实现了签约服务全部环节、内容的具体化，使全部服务的开展规范、有序、充实。

签约医生不仅提供医疗服务，很多人还主动为签约贫困户提供其他生活帮助。例如核桃树村刘树义家，其妻子患有高血压，儿子儿媳均因事故意外去世，孙子因失去双亲后疏于管教，学习成绩快速下滑。签约家庭医生团队中的成员杨娟除按时进行签约服务外，每月入户两次，对他们进行心理疏导，帮助申报受困家庭一次性补助，在妻子住院时帮助安排护理人员，并检查辅导孙子的家庭作业。现在孩子越来越开朗懂事，两位老人也慢慢走出了阴影，刘树义现在本地务工，妻子病情稳定，一家人有了新的希望。

5. 明确团队服务频次

为保证签约服务能规范地实现常态化开展，保持高水平运行，县卫计局结合医生工作实际情况，明文规定各级签约医生对患病和非患病贫困户进行签约服务的频次要求：县级指导医生对患大病、慢病的贫困人员半年进行面对面随访和电话随访各不少于1次，对所有签约的贫困人口全年入户随访不少于1次。镇级公卫专干和医生对患大病、慢病的贫困人员全年入户随访不少于2次，并与因病致贫人员的帮扶责任人电话联系1次，对其他贫困人口每年面对面随访不少于2次。村医和村卫计专干在严格执行公共卫生服务频次要求基础上，对贫困人口中慢性病人员每季度进行1次面对面随访，对其他贫困人口全年面对面随访不少于2次，其中入户随访不少于1次。因病在县域内住院的贫困人口在出院后2周内由经治医院进行1次电话随访，县域外住院患者出院后由户籍所在地医院进行1次电话随访。对于流动人口签约医生则会通过电话、微信联系，并利用其回本地的机会上门提供服务。签约医生不仅按时完成入户服务，还有医生会主动超频率进行额外入户服务，以求更好了解签约家庭健康状况。

（三）资源支撑——保证签约服务高效有力落实

1. 卫计融合：计生队伍提供人力保障

镇巴县2015年实施卫生计生行业融合后，计生工作停滞。针对这一状况，县卫健局加强了对原计生队伍的动员、培训、使用，用计生队伍在一定程度上解决了镇村医生紧缺、工作量大的问题。镇巴以镇（办）卫计队伍组团的方式开展了全县卫计深度融合技能竞赛活动，将竞赛成绩纳入镇（办）、卫计单位年度考核，全面激发了卫计人员学政策、懂政策、用政策的热情，加快了队伍融合，提升了队伍的理论水平，实现了卫生、计生队伍"1+1＞2"。将卫计专干纳入签约服务团队，分配明确的工作任务，使他们成为签约服务的组织员、宣传员和服务员，赋予了计生队伍新的岗位职责和脱贫攻坚的使命，有效为签约服务开展提供了人力保障，避免卫生队伍承担过大压力。

2. 智慧卫计："互联网+"提供技术支持

镇巴县注重在签约服务中对互联网技术的运用。一是自主研发健康扶贫家庭医生签约服务管理系统，该系统已于2017年11月1日正式投入使用，可进行一个团队对应一个村的批量签约，基层医务工作者不再使用全国健康扶贫动态管理系统当中的"三个一批"的填报，数据可自动同步。家庭医生上门服务后，体检数据由所使用的体检健康一体机自动上传。上门服务完成后，医生仅需通过简单操作即可上传照片和简要服务内容，像"发个朋友圈一样简单"。该系统的手机 APP 还具备多种辅助功能，如药品说明书库，与国家数据库对接，保证村医入户正确指导用药。管理人员可在系统后台进行大数据统计及处理分析，实时掌握情况。二是自主研发贫困患者就诊即时通软件，家庭医生通过手机短信提示随时掌握贫困群众的入院就医动态，及时开展随访工作。三是定制健康扶贫"二维码"，即专门为每户贫困家庭定制的大数据系统，其中记录了该贫困户的疾病信息、就诊记录，家庭医生只需"扫一扫"即可及时掌握贫困户的需求。通过互联网技术的运用，有效减轻了基层填报数据压力，提高数据准确性，方便了签约服务的开展，实现了签约服务信息化、智能化管理，避免数据造假，做到有效监督。

此外，镇巴县为基层配套了完善的电子设备，全县村卫生室均配备安装了华大基因检测仪、POCT 快速检测设备及 AI 医疗辅助设备，每村配备一台健康一体机，每名村医配备一部智能手机，做到优质医疗资源下沉。

（四）考评奖补——提升签约服务医生主动性、积极性

1. 监督考评，打造优秀签约服务团队

为保证家庭医生签约服务质量，镇巴县卫计局积极开展监督考评，一是建立健全补偿与激励机制。镇巴县发布《贫困人口家庭医生签约服务绩效考核办法》《镇巴县健康扶贫领导小组关于印发家庭医生签约服务"星级团队"评选实施方案的通知》，县卫计局及各镇（办）均成立了相应的绩效考核领导小组，牵头开展绩效考核工作。通过"数量+质量、平台+现场"的方法进行考核，结果与职称晋升、评优树模等挂钩，每季度评选签约服务"星级团队"3 支，给予获奖团队 5000 元奖励。打造签约服务文化，树立签约服务品牌，举办"健康扶贫先进事迹巡讲活动"，并将签约服务情况作为评选"镇巴名医"和"最美基层医务工作者"的主要标准。镇巴县还专门开展了健康扶贫"我参与、我追赶、我

奉献"行动。通过多种举措在全县178个签约服务团队中形成了"比、学、赶、超"的良好氛围。二是建立考核问责机制。用严格的制度来要求和监督，定期开展健康扶贫督查工作。通过后台调取资料、入户核实、干部评议、走访调查、医生考试等多种方法，以服务数量、服务质量、服务效果、村卫生室规范管理、基层医生服务能力为重点进行考核，对发现的作风漂浮、工作滞后的家庭医生进行约谈或追责。此外，制定《贫困人口家庭医生签约服务经费专项审计调查办法》，定期对签约服务经费进行专项审计，规范资金管理，确保专款专用、提升使用效能。2018年8月15日，县脱贫攻坚指挥部健康脱贫工作推进组发布《关于印发贫困人口家庭医生签约服务绩效考核办法（试行）的通知》，进一步推动考核问责机制的完善。三是各镇结合实际自主进行考核监督。如长岭镇制订《长岭镇家庭医生签约服务机制及考核方案》，组织村医、卫计专干每月开展一次家庭医生签约服务和健康扶贫应知应会政策及业务培训考试，并将考试成绩纳入绩效考核内容，与工资发放挂钩。

2. 经费保障，落实签约服务各项奖补

为更好激发签约服务人员积极性，镇巴县加强经费保障，落实各项奖补，一是整合医保基金、公共卫生经费和县财政资金270万元，对贫困人口按因病致贫人员每人每年80元、其他贫困人员每人每年50元标准，核定签约服务经费，根据签约因病致贫人员及其他贫困人员数量，在绩效考核基础上，将签约服务经费按县、镇、村三级1∶4∶5的比例发给团队成员。二是开发村级公益性岗位180个，落实补贴资金108万元，按照每个岗位每月500元标准落实签约服务报酬，提高卫计专干和村医签约服务收入。三是更好发挥绩效工资作用，合理确定基层医疗卫生机构的绩效工资总量，绩效工资分配与签约服务挂钩。

通过奖补的落实，签约服务人员积极性被更好激发，镇巴县永乐镇核桃树村卫计专干杨娟说道"现在工作积极性更高了，镇上将我们村卫计专干按村级副职对待，每个月工资涨到1380元，而且卫生院每个季度还给我们发放签约服务费，最少每个季度能拿650元，最高可拿1200多元，同时县卫计局还给我们争取了公益性岗位，每个月又增加了500元，大大提高了我们的工作积极性"。

（五）延伸举措——签约服务对接健康中国与乡村振兴建设

镇巴县树立大卫生、大健康理念，以健康扶贫为引领，把健康镇巴建设作为长期目标。在家庭医生签约服务的开展中通过多项延伸举措推动公共卫生、医疗服务的整体前进，对接健康中国与乡村振兴建设。

1. 签约服务与重点人群规范化管理相结合

贫困人口中患病人群规范化管理是公共卫生服务的难点所在。镇巴县卫计局以签约服务为抓手，将重点人群规范化管理与贫困人口签约服务结合起来，通过签约服务对重点人群中贫困患者进行规范管理，节约了医疗资源，实现了公共卫生项目提质增效，使重点人群规范化管理率提高到80%以上，全县慢病规范化管理率和控制率总体分别提高到70%和45%以上，有力地推动了公共卫生服务水平的提高，实现了对慢病群体，特别是贫困人口慢病群体的规范管理和有效治疗。

2. 签约服务与分级诊疗制度相结合

镇巴县将签约服务与分级诊疗制度建设有机结合，通过家庭签约医生引导患者基层首诊，并落实双向转诊。在医保报销方面，上转患者连续计算起付线，下转患者免收起付线。赋予基层签约医生一定比例的二级医院专家号源、预留床位，开通预约服务、代办医保和就诊绿色通道，方便签约居民优先就诊和住院，很好地调动了服务对象合理使用医疗服务的积极性。有助于推动基层服务能力的提升和群众就医观念的转变；有助于推动基层首诊、双向转诊、急慢分治、上下联动的分级诊疗新格局的形成。

3. 签约服务与医共体建设相结合

镇巴县医共体建设正在有序进行，全县21所基层卫生院全部纳入了"紧密型"医共体管理，分别由三家县级公立医院托管，每季度对托管成效进行评估和排名，并与县级医院领导班子成员的绩效工资挂钩，提高了托管医院的积极性和责任感。镇巴有效地将家庭医生签约服务和医共体建设结合起来，利用县镇医生下乡入户服务的机会开展对基层卫生院（室）的业务指导。县医生利用下乡入户的机会在辖区内社区、中小学、机关单位开展健康讲座，利用下乡期间休息时间组织镇卫生院医务人员、村医、村卫计专干进行急诊急救、三基知识、中医适宜技术、健康教育、慢性病管理、扶贫政策等业务培训，指导镇卫生院科室建设，镇卫生院医务人员也会每月对村医生和村卫计专干进行一次培训。通过签约服务，县镇村三级医护人员间获得更多交流机会，基层卫生事业得到更多的指导和支持，有了明显提升。

4. 签约服务与非建档立卡贫困人的健康事业相结合

为使非贫困人口也能享受签约服务，逐步提高非贫困人口健康水平，镇巴县开始向非贫困群体推广付费服务包。县发改局、卫计局联合印发《关于全面推行个性化家庭医生签约服务工作的通知》，卫计局医改办负责实施。镇巴县以"菜单"形式，在城区设定服务包27个，乡镇21个，按照免费与付费两种形式进行服务。免费服务包为基础包，付费服务包分为初级包、中级包和高级包，以家庭为单位进行签约，采取先试点后推广的方式逐步普及，2017年以来，共签约孕产妇、老年人、儿童等付费服务包3000个。

非建档立卡贫困人口签约服务中，残疾人、低保群体等重要群体的签约服务得到了尤为有力的推动，2018年7月5日，县卫计局和县残联发布《关于做好残疾人精准康复家庭医生签约服务工作的通知》，2018年10月9日，县脱贫攻坚领导小组办公室、县民政局、县卫计局发布《关于印发镇巴县城市低保人员家庭医生签约服务工作方案的通知》，以贫困人口签约服务成功经验、模式和人力技术资源为基础，结合群体实际特点与需求，实现了非贫困重点群体的签约服务高效开展。

二 多方受益、盘活全局·健康帮扶全面提升

习近平总书记反复强调，"要深入实施健康扶贫工程，提高贫困地区医疗卫生服务能力""保障贫困人口健康"。贫困人口家庭医生签约服务在镇巴县的开展取得巨大成功，实现了"精确到户、精准到人、精准到病"，有效提高贫困群体健康水平，明显改善医患关系，并实现了卫计队伍基层服务能力提升与卫生事业的全面进步。2016年以来，全县贫困人口县域内就诊率达到93%，因病致贫、返贫户累计减少7048户，先后获得2018年度全国脱贫攻坚"组织创新奖"，以及"全国健康扶贫先进县""全国优秀家庭医生团队"等荣誉称号。

(一) 抓铁有痕——签约服务得到全面、真实、有效、持续开展

家庭医生签约服务开展以来,做到了全面、真实、有效。地处大巴山腹地,总面积达 3437 平方千米的镇巴县实现了签约服务行政村全覆盖和贫困人口全覆盖。签约医生上门开展有效服务,"一病一方、一户一策",真正做到了精准到户、精准到人、精准到病,确保医疗政策、基础医疗服务落实到每一户贫困家庭,有效避免政策执行层层松懈、流于形式、"沙滩流水不到头"的情况发生。广大医护人员也不再单纯守在医院,等着患病贫困户"上门求助",而是主动投入扶贫之中,卫健行业在扶贫中的作用得到极大增强。"贫困之冰,非一日之寒;破冰之功,非一春之暖",家庭签约医生的常态化服务为贫困群体提供有效且持续的医疗保障,真正做到用医疗服务为群众脱贫保驾护航。

(二) 保障健康——镇巴人民健康水平得到显著提高

通过家庭医生签约服务,镇巴居民健康水平得到提升,真正感受到了"签约红利"。一是因病致贫、返贫人数逐年减少。根据统计,镇巴县 2016 年年初,因病致贫、因病返贫为 9892 户,2017 年年初为 7450 户,同比减少 25%;到 2018 年年初为 2814 户,比 2016 年减少 72%。二是贫困群体生活获得感、安全感显著提升。贫困户足不出户便能享受到优质医疗资源和医疗服务,因病致贫贫困户因看病所导致的时间、金钱负担显著下降,其他贫困户健康也得到有效保障。三是居民生活健康水平显著提升。通过签约医生入户服务,医疗政策、健康知识真正印到群众心中,群众生活环境和生活习惯得到有效改善,贫困村不仅变成脱贫村,也变成了健康村。根据调查,作为深度贫困县的镇巴县居民健康指数高于汉中全市平均水平。四是贫困户生产能力得到增强。因病致贫的人,治好病才能避免"无业可扶、无力脱贫",通过签约服务,很多因病致贫人员疾病得到更好治疗和控制,有能力参加一定的生产劳动,同时避免家人生产受到过大影响,进一步解放了劳动力,使很多贫困家庭生产能力得到增强。

(三) 相互理解——医患关系得到极大改善

贫困人口家庭医生签约服务的开展,一是使医务工作者能很好地了解

病人的生活和承受的痛苦。县妇幼保健院院长唐伶俐说："实实在在的入村服务，触发了医护人员内心的感触，长时间生活在科室里面会导致内心的烦躁，不能体会到患者的痛苦和无奈，到村里看到很多农户非常贫穷的实际生活，就会站在患者的角度考虑，这是对医护人员灵魂的洗礼。""脚下沾有多少泥土，心中就沉淀多少真情"，服务到户为医生提供了理解病人的机会，极大地激发了医生对病人的感情。二是使医护工作者精神面貌得到巨大提升。签约服务的开展使镇巴医务工作者形成了无私奉献、吃苦耐劳、踏实肯干的优秀作风，镇巴医务工作形成了"激情干事、积极奉献"的良好氛围。2017年全国优秀家庭医生签约服务团队成员，镇巴县人民医院内科主任陈伟医生说道，"健康扶贫工作的开展，让我们这些卫计人，形成了一支特别能吃苦、特别能战斗、特别能牺牲的优秀团队，我为他们自豪"。国家卫生健康委扶贫办负责人深入镇巴调研时说："白大褂遍布在镇巴的沟沟壑壑，是镇巴脱贫攻坚路上一道靓丽的风景线。"三是提高了医务工作者在群众中的形象。"医不叩门"的传统被打破，签约医生主动上门提供服务深深地感动了镇巴人民，医务工作者的高尚形象在群众心中重新树立，群众通过多种形式自发地向上门服务的医务工作者表示感谢。签约服务极大地促进了医生与病人间的相互理解，使镇巴医患关系得到极大改善。

（四）交流协作——各级医疗工作者能力得到明显增强

签约服务团队的组建和运行为各级医生提供很好的交流平台，镇村医生得到县级医生更多指导，镇村卫生院（室）得到县级医院更多支持。签约服务中，通过培训和实践锻炼，各级医疗工作者能力得到显著提升。村卫计专干杨娟说道："服务水平提高了，在县镇的经常培训和团队带领下，我每个季度不仅履行了入户引导、政策宣传、信息反馈等规定职责，还把掌握的高血压、糖尿病的预防知识和健康生活方式与村医共同传递给群众，并且学会测血糖、量血压等简单的医疗服务方法，虽然比原来工作更加繁重了，但感到非常充实，成了受群众欢迎的人。"

（五）齐头并进——公共卫生事业和健康乡村建设得到全面推进

以健康中国战略为引领，以家庭医生签约服务为契机，有效推动了

"三控四健"和疾病防控八大行动的开展；重点人群规范化管理、分级诊疗、医联医共体建设也都得到更好落实；优质医疗资源下沉得到推动，镇、村医疗机构医疗卫生服务能力显著增强；真正实现了"以点带面，盘活全局"，镇巴县公共卫生事业和健康乡村建设得到全面推进，为"健康镇巴"的建设奠定坚实基础。

三 地方探索、镇巴经验·贫困人口家庭医生签约服务的重大意义与实现路径

习近平总书记指出"在脱贫攻坚实践中，各地区探索了很多好经验好做法"。镇巴贫困人口家庭医生签约服务实践就是一个"立得住、叫得响、推得开的先进典型"，既彰显了家庭医生签约服务对于我国健康事业发展的重大意义，也形成了一套如何让家庭医生签约服务提质增效、有效开展的"镇巴经验"。

（一）真抓实干、真情奉献是做实做好服务、获得群众支持信任的不二法宝

镇巴县卫健队伍有着极好的精神面貌与工作作风，家庭签约医生只有拿出坚定不移、直面困难的态度，发扬踏实肯干、无私奉献的精神，才能把签约服务落到实处。特别是在集中连片特困地区，自然条件恶劣、贫困程度深、脱贫难度大，更要有这种魄力和精神才能克服困难，干实干好。"感人心者，莫先于情"，只有真情奉献，真正关心服务对象，负责任地为其提供服务，才能获得群众对家庭医生签约服务的认可、信任与支持。

（二）资源投入、网络支持是支撑签约服务有效、高效开展的关键保障

签约服务的有效开展需要人员、资金、技术的保障。镇巴县为签约服务的开展投入大量资金，动员县、镇、村三级全部卫生、计生行业人员参与其中，并自主研发能够便利服务、加强考核的互联网服务系统软件。只有投入足够多的各方面资源，才能保证签约服务有效运行；积极使用互联网技术，才能促进签约服务高效实施。

（三）自力更生、创新突破是解决地方实际困难的根本方法

签约服务的实施与推广需要巨大的人力支撑，特别对于全科医生严重不足的深度贫困山区来说是巨大挑战。面对全科医生稀缺，医务人员水平参差不齐，镇巴创造性地推出"2+2+1"团队签约和家庭签约医生自我培养考核的新模式，有效解决了实际困难。应对地方实际困难，除了获得上级、外界政策扶持以外，更需要自力更生，用自己的力量创造性地寻找解决办法，才能使困难得到有效解决。

（四）设计完善、谋划深远是保证服务可持续开展并带动整体的重要前提

家庭医生签约服务不应仅局限于将服务做好，而且要进行完善的设计，将重点人群规范化管理、分级诊疗等相关医疗政策实施结合进来；并提前做好谋划，与服务全人群、建设健康中国相对接；这样才能让签约服务开展能够带动医疗卫生、公共卫生事业的全面发展，保证签约服务持续、稳定地发挥作用。

（五）程序规范、操作细化是实现服务充实、考核有效的有力抓手

如果没有定制规范的服务程序，签约服务难免流于形式，也难以进行有效监督考核。镇巴县对签约服务团队成员进行明确分工，对入户服务内容和流程做出明确规定，对不同成员就不同人群上门服务的频率提出了明确要求，这样有效保证了签约医生入户服务能"有事可做"，对签约医生服务情况的考核能"有据可依"。只有实现程序规范化、内容操作化才能保证服务和相关考核的切实开展。

（六）监督考评、落实奖补是提升签约服务医生主动性与积极性的有效举措

签约服务医生作为提供签约服务的主体，激发他们的积极性与主动性是保证签约服务质量的关键一环。通过严格完善的监督考评，奖优树模、惩戒违规行为，能够形成"比、学、赶、超"的良好氛围，增强签约医生荣誉感；落实签约服务各项奖补能让医护人员权益得到保障，有更切实

的获得感。通过签约医生荣誉感、获得感得到提升，才能更好提升他们履行签约服务的主动性与积极性。

（七）积极建设"生活医疗"是健康治理现代化的必然之路

医生进入病人家庭，就是进入病人生活。通过家庭医生签约服务的开展，实现医生的"生活化"和医疗进入群众生活，破解了传统医疗的局限与弊病，改变医疗与群众生活的连接方式，标志着一种新的"生活医疗"逐渐成型。医生进入生活才能理解病人生活，才能更主动、负责地护佑生命。实现医疗进入生活，是改善医患关系，提升医生认识，实现医学对日常生活有效干预，提高普通群众生活健康水平，防范疾病风险的关键推手，因此要积极用相关政策与技术引导更多医生进入家庭签约医生行列，进一步扩大家庭签约医生的服务覆盖范围，从而让医生更多进入病人的日常生活，革新医疗卫生与群众生活关系，培养更多的"生活医生"，积极建设"生活医疗"，让医疗卫生更好"护佑人民的健康之路"。

精准工作法：因病致贫人口识别筛查的有效路径

——基于镇巴县相关做法的调查与思考

习近平总书记指出"精准识别贫困人口是精准施策的前提，只有扶贫对象清楚了，才能因户施策、因人施策"。在贫困人口精准识别与分类中，因病致贫人口的识别一直存在较难破解的问题，由于没有客观严格的规则，主要依靠主观评定，导致因病致贫群体识别不准确现象较为普遍，使相关政策与资金难以瞄准帮扶对象，进而影响扶贫扶志与发展型扶贫项目的实施。镇巴县在实践中主动送医下乡，依托医疗手段开展患病贫困人口的体检评估，形成了"四步筛查法"，找到了因病致贫人口精准筛查的有效路径。做到因病致贫人口精准筛查，是践行"精准工作法"的体现，以明晰规则、主动发力、专项施策贯彻精准思维，践行精准工作法，能够实现脱贫攻坚提质增效，守护脱贫攻坚的公平正义。

一 精准发力·因病致贫精准识别的镇巴实践

习近平总书记指出"中国在扶贫攻坚工作中采取的重要举措，就是实施精准扶贫方略，找到'贫根'，对症下药，靶向治疗"。实施精准方略，首先要找到对贫困人口精准识别的有效手段。

（一）送医下乡体检评估，科学掌握健康状况

为实现对因病致贫人口的精准识别，镇巴县探索出了送医下乡开展贫困人口疾病体检评估的办法，即组织医生深入乡镇村社，对所有标识为因病致贫的贫困人口进行统一体检，掌握患病情况，评估疾病对其生活的影响，从而确定患病是否为其致贫原因。为实现贫困人口体检工作的扎实开

展，镇巴县特聘请西安交通大学第一附属医院博士研究生、陕西省肿瘤医院专家等共17人，选派县级医务人员40名，成立5个各科专家合理搭配的巡回专家组，并对健康体检工作进行了全面系统培训，全面落实体检项目、标准、职责及分工。

2017年4月9—20日，"送医下乡、健康扶贫"活动在全县开展，57名省级和县级医疗专家，利用从县级公立医院统一调配的标准体检设施设备，连续在镇巴山区内穿行12天，累计行程达9000多公里，走遍镇巴20个镇（办）183个村（社区）996个村民小组，采取集中体检和入户体检两种方式，为山里贫困群众体检诊疗，通过医疗专家对体检结果进行综合评估、科学定性，确诊疾病390余种，集中体检结束后，镇巴县随即组织召开健康扶贫工作推进会，专题听取5个体检组体检工作开展情况汇报，提出"咬牙苦战半个月，实现两个100%"的目标，力争实现在家到户体检率和流出在外电话随访率达到100%。

2017年5月28日镇巴县健康扶贫领导小组办公室发布《关于进一步做好因病致贫人员体检识别分类管理的通知》（镇健扶办发〔2017〕7号），要求对新增因病致贫人员进行体检评估。6月1—10日，在县级公立医院设备支持、技术指导下，以镇为单位，各镇卫生院进行了新增人员的集中体检评估工作，并明确要新增因病致贫人员中因外出不能参加体检的，必须提供二级以上医院诊断证明。两次体检累计达20余天，行程超过10000公里，动用了县级医院及乡镇卫生院的全部力量，参与工作人员达1000余人次，体检筛查贫困群众53299人。

（二）扎实开展"四步筛查"精准建立健康档案

体检评估是镇巴县因病致贫人口识别的关键一步。除这一方法之外，镇巴县还有其他精准识别因病致贫人口的做法。可以统归为以"制定标准、体检甄别、对比核查、评估分类"为内容的严格有序的"四步筛查法"。

第一步是制定标准。镇巴县出台《镇巴县健康扶贫"四步筛查"实施方案》，统一体检标准、统一筛查方案、统一组织培训、统一抽调人员、统一调配设备，通过统一科学的标准、严格规范的程序、扎实充分的准备，确保筛查识别有章可循。

第二步是体检筛查。按照"县主导、镇组织、村协助"的原则，采取镇卫生院集中体检、行动不便患者上门体检等方式开展健康体检。在健康体检过程中进行核实，对具体疾病病种及情况进行界定和掌握，同时进行疾病对生活影响程度的评估。

第三步是对比核查。组织县镇村三级逐人逐户核查会审，并与扶贫管理系统数据进行比对，将疾病治疗变化情况与全县脱贫攻坚数据进行深度清洗，逐步建立动态管理系统，经公示最终确定因病致贫返贫7450户18625人，比体检甄别前分别下降28个和20.4个百分点，为下一步精准帮扶、靶向施策奠定了坚实基础。

第四步是评估分类。筛查确认的贫困患者由县、镇、村三级医生联合开展分析评估，精准分类。镇巴县将因病致贫疾病群体范围进一步明确，将"国家卫健委'三个一批'分类管理疾病"和镇巴县规定的21种2类慢病作为因病致贫疾病范围，此范围以外的疾病原则上作为普通疾病进行治疗，不列为致贫疾病范围，同时镇巴县科学进行因病致贫主、次因分类，确定疾病为致贫主因人员和疾病为致贫次因人员，此外明确规定对高血压患者列为因病致贫次要因素群体进行慢病管理。全县确定因病致贫9162人，其中大病2526人、慢病6326人、重病310人，逐人建立电子健康档案，并按照大病集中救治、慢病签约管理、重病兜底保障的"三个一批"策略实行精准救治。

经过四步筛查，全部建档立卡在册的贫困户17639户48968人中，因病致贫返贫7450户18625人，占全县贫困人口总人数的38%。较最初识别为因病致贫的人口数量有明显下降。镇巴县对精准识别的贫困户重新建档立卡，将健康扶贫对象体检情况全部录入因病致贫汇总数据平台并建立电子档案。此外，在识别筛查过程中，镇巴县卫健局认真开展健康扶贫工作督查，成立健康扶贫工作督查组，由各联系片局领导任组长，分管股室人员为成员，在集中体检评估阶段对各镇体检评估工作进行协调督导，平常则深入农户，使用专门设计的"贫困户健康扶贫访谈提纲"，调查了解相关情况。

（三）跟进实施相关政策精准识别对接精准帮扶

因病致贫人口识别筛查完成后，以识别筛查所掌握情况为基础，镇巴县迅速跟进相关政策的实施。一是开展"三个一批"工作。对因病致贫人员集中治疗。在体检中确诊为胃癌、结肠癌等11种大病的贫困人员，集中送二级以上定点医院救治。对治疗有效果的慢性病统一处方进行治疗，对特殊病患者提供个性化诊疗，对重病患者提供重病兜底和人文关怀。根据统计，1252人得到集中救治，5111人纳入慢病签约服务管理，598人纳入重病兜底（人文关怀）。二是推动贫困人口家庭医生签约服务工作。因病致贫群体识别，特别是在集中体检评估中，创造了医生与贫困群体深入接触的良好机会，医务人员不畏艰难、无私奉献的精神深深打动了贫困群体，有效推动了贫困人口家庭医生签约服务的开展，在识别筛查中，共签约家庭医生服务6610份。三是实现患病贫困群体电子信息档案建立。除将因病致贫贫困户重新建档立卡外，还积极开展相关电子信息档案的建立，将确定疾病为致贫主因的人口纳入国家和省级健康扶贫系统管理，疾病为致贫次因的人口纳入县级健康扶贫系统管理。同步建立"共性资料类""精准识别类""住院类""慢病管理类""关怀救助类"五大类档案，其中住院、慢病和关怀救助实行一人一档管理，有效掌握患病情况的同时，为后期制订个性化治疗方案提供了依据。四是精准建立动态退出与进入程序。镇巴县对经治疗治愈的对象建立退出台账，并向所在镇及扶贫部门出具反馈单，实行销号管理。新进入对象，先由扶贫部门认可，再由片区签约医生团队通过体检结果综合判定是否将其纳入。

二 以精准为抓手·精准思维助力脱贫攻坚

习近平总书记强调扶贫"要有针对性，要一家一户摸情况，张家长、李家短都要做到心中有数"，要"因户因人施策，对症下药、精准滴灌、靶向治疗，扶贫扶到点上扶到根上"。镇巴县通过"四步筛查法"的实施，成功实现识别分类工作的公正有序开展，贯彻精准思维，有力促进健康扶贫精准发力，为健康扶贫工作高质量开展打下坚实基础。

（一）客观规则得到普遍认同确保帮扶工作公正有序

以精准为抓手，实现因病致贫人口精准识别，保证了帮扶工作的有序推进。贫困识别明确界定属于致贫疾病病种；依托专业医疗手段客观公正地对贫困群体疾病进行明确识别和评估；通过规范的程序，对因病致贫人口进行反复筛查与数据清洗，使因病致贫人口的识别规则变得客观公正，这种识别规则能够准确地界定因病致贫人口，有力地将不合规群体排除在外，具有很高的说服力，因此获得了贫困人口乃至全县群众的普遍认同。规范客观的识别标准保证了贫困人口识别与分类工作的公正性；避免了因为识别不公正，没有足够说服力而激发群众间矛盾现象的产生，有效保证帮扶工作平稳、有序展开。

（二）因病致贫群体精确识别保障健康扶贫精准发力

以精准为抓手，精准找到切实需要帮助的群体，有效保障了健康扶贫工作的精准发力。"四步筛查法"的运用，有效识别了因病致贫群体，成功将不属于因病致贫的群体清洗出去。镇巴因病致贫人口识别筛查成功做法在汉中全市得到大力推广，2017年汉中市共组成218支医疗队，共免费体检了7.81万人。最终确定因病致贫、因病返贫贫困户23897户69360人，比体检甄别之前分别下降了28%和20.4%。有效控制了健康扶贫工作成本，保证了相关帮扶政策与资金能够瞄准真正有需要的群体。

同时，通过全覆盖、拉网式的健康体检及数据反复清洗筛查，做到了因病致贫、返贫对象精准识别"到户、到人、到病"，实现了患病人群、疾病病种、疾病程度、治疗手段、其他所需帮扶的明确，从而为实现健康扶贫精确发力"靶向诊疗"打下了坚实的基础，并高效带动了"三个一批""贫困人口家庭医生签约服务""互联网+健康扶贫"等工作的实施。

（三）精准把握贫困人口健康状况降低因病返贫潜在风险

以精准为抓手，在扎实开展贫困人口识别中，实现了对贫困人口健康状况的精准掌握，有利于更好解决并预防贫困人口健康问题。扶贫中"情况搞清楚了，才能把工作做到家、做到位"。通过"四步筛查法"成功实现了对因病致贫群体疾病情况全面而准确的掌握，对患病程度、疾病对生活影响程度，以及疾病治疗所造成的生活负担都能做到全面了解。此外，还将尚未被检测出的疾病或目前对生产生活影响较小的慢性疾病的程度检测出来，进行及时干预、治疗。通过全面摸清患病贫困人口情况，有效降低因病返贫潜在风险。

三 精准工作法·提升脱贫攻坚质量的关键路径

习近平总书记强调要"切实做到精准扶贫，扶贫开发推进到今天这样的程度，贵在精准，重在精准，成败之举在于精准"；精准扶贫明确要求要实现"扶持对象精准""措施到户精准"。镇巴县切实做好因病致贫人口的精准识别，并以精准识别助推精准帮扶，体现了其对于精准扶贫、精准脱贫思想的践行，有效探索了扎实开展健康扶贫的"精准工作法"。精准工作法，是扎实有序推进脱贫攻坚，提升脱贫攻坚质量的关键路径。

（一）精准工作法的主体内容——明晰规则、主动发力、专项施策

镇巴县在精准识别因病致贫人口过程中所体现出来的精准工作法，主要包含以下三个方面的内容。其一，明晰规则是践行精准工作法的重要抓手。以往因病致贫识别中，规则模糊不清、难以操作，才会导致大量依靠主观认定现象的发生。镇巴县在精准识别因病致贫人口过程中，制定了科学客观的方案和严谨规范的程序，以全面体检为方法，以"四步筛查"为手段，客观、公正、严格地确定贫困人口是否患病，是否符合因病致贫标准。践行精准工作法，需要明确工作规则。其二，主动发力是践行精准工作法的现实依托。脱贫工作不精准，归根到底是对贫困户的具体情况不了解，而实现对具体情况的准确了解，就需要帮扶者更加主动地承担起责任，主动发力，创造了解贫困户情况的平台与条件。镇巴县在精准识别因病致贫户的过程中，主动送医下乡，克服大量困难，为贫困人口进行全面体检，实现了对贫困群众境况的精准掌握。只有帮扶者承担责任，主动发力才能实现精准帮扶。其三，专项施策是践行精准工作法的有效路径。精准工作法其核心要义在于精准。精准的实现，就要对具体问题进行科学的分类归纳，并对同类问题采取有针对性的具体方法，从而提升问题解决的效果与效率。镇巴县面对因病致贫难以有效识别的现实问题，针对性地提出了全面体检的解决策略。并在摸清贫困人口健康状况后，进行科学分类，建立不同类型的贫困人口健康档案，从而为跟进的精准健康帮扶打好了基础。只有坚持具体问题具体分析，面对不同问题专项施策，才能让精准帮扶扎实落地。

（二）精准工作法的现实意义——实现脱贫攻坚提质增效

镇巴所践行的精准工作法，实现了健康扶贫工作的高质量开展，助推整个脱贫攻坚的提质增效，这也正是精准工作法的现实意义。一是有效控制脱贫帮扶成本，提升帮扶资源使用效率。践行精准工作法，让帮扶资源瞄准有需要的群体，把帮扶资源用在有需要的地方，避免少数群体以各种方式套取帮扶资源的现象，能够显著提升帮扶资源的使用效率，让帮扶资源发挥更大作用。二是推动扶贫扶志，激发贫困群体内生动力。脱贫工作不精准容易导致少数贫困人口"坐享其成"，并造成一些发展型的扶贫项目难以实施。通过精准识别，将避免有劳动力群体不参与生产劳动现象的发生，激励、帮扶、督促有劳动力群体积极参与生产劳动实现脱贫，实现扶贫扶志，激发贫困群体内生动力。三是保证脱贫工作的秩序与群众的团结。习近平总书记曾提到一些地方"原来邻里之间和谐相处，现在因为建档立卡而渐生间隙，有的地方还引发矛盾，甚至上访。具体操作过程中，还存在人情因素以及不正之风等的干扰，群众对此很有意见"。践行精准工作法，用客观规则与规范程序靶向瞄准有需要群体，能够使群众接受并信服，能够有效保证脱贫工作的有序进行，并维护群众之间的团结，避免争抢贫困名额、贫困群体污名化等现象的产生。四是斩断穷根抵御返贫风险。不彻底斩断穷根，难以实现稳定脱贫，践行精准工作法，全面准确了解贫困人口致贫原因和生活状况，能够为贫困人口提供切实有效的帮扶，并能对返贫风险进行有效预防，从而彻底阻断贫困之源，做到质量脱贫。

（三）精准工作法的深层价值——守护脱贫攻坚公平正义

消除贫困、改善民生、实现共同富裕，是社会主义的本质要求。习近平总书记指出，脱贫攻坚正是为了"维护社会公平正义，使发展成果更多更公平惠及全体人民"。在脱贫攻坚中践行精准工作法，实现对各种类型贫困人口的精准识别，使各项政策与各类资金真正落到有需要的人身上，使真正处于贫困之中的人们摆脱贫困，享受到发展成果，迈入小康生活，这样才能守护我国脱贫攻坚的公平正义。"治天下也，必先公，公则天下平矣"，精准工作法的深层价值正是在于对我国脱贫攻坚工作公平正义的守护，从而真正做到"全面小康路上不落一人"。

三方互通："互联网+"助力贫困人口健康治理的有益经验

——基于镇巴县"互联网+健康扶贫"实践的调查研究

实现贫困人口稳定脱贫，有效降低新致贫和返贫现象发生的重要一环是让贫困人口健康得到有效保障。在贫困人口健康问题治理中，存在着三个主体，贫困群体自身、医务人员和医疗卫生事业管理者，但目前存在着健康治理中不同主体间、不同主体内部阶层间和健康治理过程中的"三重断裂"问题。破解这些问题，就要有效运用互联网技术。作为国家治理体系与治理能力现代化重要实现路径的互联网技术运用，对贫困人口的健康治理能够产生巨大作用。"互联网+健康扶贫"是在健康扶贫工程和电信普遍服务试点工作基础上，联合医疗机构、研究院所等相关主体，动员社会力量，改善贫困地区基层医疗卫生服务能力，提高贫困人口健康水平的应用项目。作为全国"互联网+健康扶贫"先行与示范的陕西省汉中市镇巴县，主动探索、锐意创新，积极推动信息技术在健康扶贫中的运用。镇巴县主动革新理念，系统规划项目架构，以群众需求为基础，全面推进网络建设；通过实现三个下沉，切实提升群众获得感；通过密切医患联系，显著提升诊疗服务；通过推进管理监督，扎实落实管理职能。实践中，镇巴县建立起"智慧医疗"体系，实现贫困人口健康问题治理中的三方主体互通，实现了增强贫困群体获得感、激发医务人员使命感、落实医疗卫生事业管理者责任感的三向目标。实践证明，积极运用信息技术，紧扣实际需求，以人民为中心推进"互联网+健康扶贫"的开发与运用，能够实现对贫困人口健康问题的有效治理。

一 贫困人口健康治理中的"三方主体" "三重断裂"与"三向目标"

如何实现对贫困人口健康问题的有效治理，让贫困群众和其他群众一样能够享有健康生活，尽量减少因病致贫、因病返贫现象发生？要实现贫困人口健康问题的有效治理，首先要厘清贫困人口健康治理中的不同主体，治理中存在的主要问题，以及治理的主要目标。

（一）贫困人口健康治理中的"三方主体"

治理贫困人口健康问题中的主体主要有三个：贫困群体自身、医务人员、医疗卫生事业管理者。贫困群体自身是贫困人口健康治理的重要参与者；也是健康治理举措是否有效的根本评判者，他们需要积极参与其中并享受成果，平等地与非贫困人口共同拥有实现健康生活的机会与能力。医务人员是医疗服务与健康卫生服务的主要提供者；他们需要更深入了解贫困群体的日常生活，有效了解贫困群体生活中的健康问题，为贫困人口提供医疗与健康服务，从而帮助贫困人口脱离疾病问题困扰，抵御罹患重病的风险。医疗卫生事业管理者则是贫困人口健康治理中的统筹者与维护者；他们需要了解贫困群体在健康问题上的主要需求与实际困难，引导且监督医务人员为贫困群体提供服务，并要有效协调医务人员与贫困群体之间的关系，为健康治理创造足够的条件与环境，实现贫困人口健康事业扎实有序开展。

（二）贫困人口健康治理中的"三重断裂"

目前贫困人口健康治理中存在着"三重断裂"实践困局。第一重断裂是健康治理中不同主体间的断裂，第二重断裂是不同主体内部阶层间的断裂，第三重断裂则是健康治理过程中的断裂。

1. 健康治理中不同主体间的断裂

一是医务人员群体与病人群体之间存在着断裂。除了看病就诊，医患间鲜有其他机会进行交流，对于贫困群体来说专业医生与他们生活的距离格外遥远。这种医务人员与贫困群体之间的断裂，让医务人员难以深入了解贫困群体生活中所面临的困境，贫困群体在面临疾病时其"无力感"会尤为凸显。二是医疗卫生事业管理者与贫困群体之间的断裂。这两者之间断裂造成管理者难以深入了解贫困群体生活中健康方面的实际困难，造成相关举措难以瞄准贫困群体实际需求，难以让贫困群体在健康治理中有足够的获得感。三是一线医务人员与医疗卫生事业管理者之间的断裂。一线医务人员难以从管理者处及时有效获得相关支持，同时管理者难以对一线工作者进行有效监督，并从一线工作者处及时获得相关信息。

2. 健康治理中不同主体内部阶层间的断裂

不同主体内部阶层间的断裂也主要体现在三个方面。其一是普通群众内部，贫困群体与非贫困群体间有着非常大的距离感，贫困群众没有足够地追求美好生活的机会和能力，面对生活中的疾病问题与可能扩大的疾病风险格外无能为力，对健康的"获得感"严重缺失。其二是医务人员内部，广大基层医务人员和专业背景更强的医疗专家之间难以进行便捷有效沟通，基层医务人员难以通过获得医疗专家系统、及时的技术指导，来提升自身服务病人的能力。其三是医疗卫生事业管理者内部，中高层管理者与基层管理者之间难以实现有序互通，中高层如何及时并真实通过基层了解情况，如何准确发现基层问题并给予实际指导一直困扰着管理者。

3. 健康治理过程中的断裂

健康治理过程中的断裂主要表现为医疗服务开展与数据收集应用之间的断裂。开展医疗服务与医疗机构收集、统计、共享患者信息间存在着断裂，没有在医疗服务过程中有效地统计病人数据，同时大量信息统计重复繁杂，互不联通，造成不同单位收集的信息成为一个个"信息孤岛"，其作用难以得到最大限度发挥。一方面使涉及群众生命全周期的健康数据库难以建立，并给病人在不同医疗单位诊疗疾病造成不必要的麻烦；另一方面使数据无法从诊疗一线直接产生，无法保证数据质量，同时也让数据填报占用了基层健康治理中的很多时间与精力。

（三）贫困人口健康治理中的"三向目标"与实现路径

基于上述对贫困人口健康治理中不同主体以及存在的主要问题的分析，实现贫困人口健康问题的有效治理，就要实现不同主体之间的有机连接；通过三方主体之间的有效协调与互联互通，从而最终实现"三向目标"：第一，增强贫困群体的获得感，让贫困群体在健康治理中真正享受成果，能够有效抵御疾病所带来的苦难，避免更大疾病风险，收获健康生活的机会与能力。第二，激发医务人员的使命感，让医务人员了解贫困群体对健康的迫切需求和自身所承担的守卫贫困群体健康的重要责任，并改善医务人员履行自身使命的条件与环境。第三，落实医疗卫生事业管理者的责任感，让健康管理者能够有效履职，了解贫困群体实际需求，用严格扎实的监督管理为贫困群体的医疗服务。

如何实现贫困人口健康治理中不同主体之间的互联互通，最终达成"三向目标"？重要途径之一就是要有效运用互联网技术。互联网技术的广泛、深入、有效运用，是国家治理能力现代化与治理方式现代化的重要实现路径，对贫困人口的健康治理能够产生巨大作用。积极地运用互联网技术，能够更好地衔接贫困人口健康治理中的三方主体，实现三方互通，推动贫困人口健康问题的有效治理。陕西省汉中市镇巴县在开展健康扶贫攻坚战中，主动探索，锐意创新，积极推进"互联网+健康扶贫"的深入开展，实现了贫困人口健康事业的全面提升，让贫困人口获得了享受健康生活的机会与能力。

二 连接三方主体弥合三方断裂："互联网+健康扶贫"的镇巴实践

针对治理贫困人口健康问题中存在的实践困局，镇巴县推动"互联网+健康扶贫"项目架构与体系建设，兼顾贫困群体自身、医务人员、医疗卫生事业管理者三方的实际需求，并加强三者间的沟通，有力推动了贫困人口健康事业发展。

（一）主动革新理念，项目构架系统规划

镇巴县锐意革新，积极探索，提出了系统先进的设计理念和项目构架。"互联网+健康扶贫"设计理念是以服务全县全民健康、强化因病致贫返贫人口"控增量、减存量"为目标，结合镇巴卫生计生信息化建设水平，基于"33651工程模式"有机整合人口健康管理平台，建设一个覆盖全县48968名建档立卡贫困人口、服务于全县的"互联网+健康扶贫"

平台，以公共卫生、医疗服务、医疗保障、药品管理、计划生育、综合管理六大业务板块为基础，整合开放，形成统一高效、互联互通、信息共享的区域卫生信息化系统的长效机制。镇巴县提出"一网一轴四纵"的项目构架，即"一网"：打通乡村网络，全力建设覆盖到户的4G网络和覆盖到村的高速光纤，让镇巴县乡村通网。利用信息网络的便利性解决乡村居民地理上的不便，通过互联网突破山区自然条件和时间距离限制。"一轴"：打通全民健康信息平台、一站式结算平台、全员人口数据库以及全国健康扶贫动态管理系统，构建覆盖生命全周期的健康数据链条。"四纵"：建立远程医疗到村、在线慢病管理到户、医学教育与健康促进到人、移动智能的工作模式。基于信息化手段让医疗服务质量大幅提升、医疗服务能力手段更加便捷快速，促进优质医疗资源下沉，使群众获得更好的医疗服务。

（二）围绕群众需求，网络建设全面推进

为保障"互联网+健康扶贫"扎实开展，确保医疗网络体系建立有坚实的数据基础，镇巴县通过集中体检、建立电子信息档案的办法，有效摸清了服务群体健康情况，建立了准确完整的基础数据。在摸清县域情况、摸清群众实际需求的基础上，积极主动推进相关系统、软件开发，建立医疗卫生信息体系。

1. 全面摸清因病致贫人口健康状况

镇巴县地处大巴山腹地，属国家扶贫开发重点县、陕西省深度贫困县，总面积达3437平方千米，总人口28.9万。县境内山大沟深，全县贫困村多达127个，其中深度贫困村10个，建档立卡贫困户17639户48968人，其中因病致贫7450户18625人。为准确摸清因病致贫人口健康状况，镇巴县进行了两次集中体检。集中体检累计达20余天，动用了县级医院及乡镇卫生院的全部力量，总共体检8889人，发现患重大疾病、慢病等各类较大疾病的共计6961人，占贫困人口总数的39.6%。通过集中体检，镇巴县全面而准确地摸清因病致贫人口数量以及患病情况。为"互联网+健康扶贫"建设打下坚实信息基础。

2. 建立因病致贫群体电子信息档案

镇巴县各卫生院按照疾病分类落实专人进行数据录入，更新因病致贫人员信息系统。县健康扶贫办公室和各镇卫生院建立因病致贫汇总数据平台，下设住院治疗对象、慢病管理对象、关怀救助对象和外出人员四个子数据平台，在四个子数据平台基础上同步建立《共性资料类》《精准识别类》《住院类》《慢病管理类》《关怀救助类》五大类档案，准确建立因病致贫人口电子信息档案。完善的电子信息档案成为"互联网+健康扶贫"重要的"元数据"。

3. 紧抓需求主动进行软件系统开发

摸清贫困人口健康情况后镇巴县积极主动推进"互联网+健康扶贫"的开展。镇巴县主动投资，立足解决实际工作中遇到的问题，提升贫困人口医疗卫生服务质量的目标，通过与相关互联网企业合作，进行"互联网+健康扶贫"系统与软件的开发工作，相继研发出健康扶贫家庭医生签约服务管理系统、贫困患者就诊及时通软件、"健康镇巴"手机APP，并做到了不同软件、系统，不同措施之间的有效互补，协同发力，实现了相对完善的医疗卫生信息体系的建立。

（三）实现三个下沉，群众获得切实提升

"互联网+健康扶贫"最根本的是服务于贫困群众，要让贫困群众清楚感受到先进技术为他们带来的改变。镇巴县坚持医疗资源、服务、知识三个下沉，让群众切实获益。

1. 资源下沉，优质医疗资源配备基层

为使基层医疗机构硬件设备与信息化服务体系相适应，保证基层信息技术的使用条件，镇巴县为基层配套完善了智能化医疗器材。全县村卫生室均配备安装了华大基因检测仪、POCT（快速检测）设备及AI（人工智能）医疗辅助设备，同时每村配备一台健康管理一体机，每名村医配备一部智能手机，并将这些设备和健康扶贫软件与系统及时对接。此外，镇巴在307家医疗卫生单位安装华医网和健康传播卫星设备，移动诊疗车、体检车也正在落实中。基层卫生服务平台被搭建起来，实现了优质医疗资源下沉和在基层的普及，让群众在家门口就能享受到优质便捷的医疗服务，解决健康扶贫"最后一公里"。

2. 服务下沉，远程诊疗服务覆盖到村

为进一步提升基层医疗机构对贫困人口疾病诊疗能力，解决山区县医

疗转诊耗时长、成本高、群众负担大，基层医生开展医疗工作时难以得到高效直接指导的问题，镇巴县持续加大远程会诊系统和在线培训系统的建设，加强远程诊疗服务体系的建立。镇巴县持续推进全县区域影像、区域检验、区域心电等远程诊断系统建设，在各村卫生室设立"互联网+健康扶贫"远程诊疗服务点，并建立"医共体网络视频会诊平台"；通过发挥网络优势，建立生化、心电、影像检查检验中心，实现检查检验同质同步、资源共享；省、市、县医疗专家可以通过平台对镇、村诊疗进行相关指导。涵盖8家省、市三级医院，3家县级医院，21个镇卫生院，183个村卫生室的镇巴远程诊疗服务体系已经形成，目前已有2700余人次接受了远程诊疗服务，有效降低群众诊疗成本，提升了诊疗效率。

3. 知识下沉，自我管理能力明显提高

推动互联网建设中，要相适应地提升服务群体对健康的自我管理能力。通过互联网，镇巴居民能够及时获得更多与自身健康密切相关的医疗信息。"健康镇巴"公众号会结合季节及不同时段的常见病，及时推送相关健康提示，并且会经常推送丰富有用的各类健康知识，从而有效帮助居民加强对健康的认识，提升健康素养。同时"健康镇巴"公众号还对慢病签约服务群体定期提供慢病管理提醒，帮助慢病患者注意进行慢病护理，有效实现了健康服务智能化，帮助贫困群众实现对健康有效的自我管理。

（四）密切医患联系，诊疗服务提质增效

为运用互联网技术带动诊疗服务提质增效，镇巴县运用信息技术有效搭建了医患的沟通桥梁，为医生创造了了解病人、加深对自身职责认识的机会，同时还显著减轻了一线医生工作负担，帮助医生便捷高效地为病人提供服务。

1. 推进家庭医生服务，拉近医生患者间距离

健康扶贫家庭医生签约服务管理系统于2017年11月1日正式投入使用。该系统的使用使镇巴县贫困人口签约医生入户随访服务得到极大便利，减轻了签约医生开展服务中很多不必要的压力，有效推进了家庭医生签约服务的开展，密切了医生与患者间的交流，拉近了医生与患者间的距离。

一是通过线上开展签约服务，密切医生患者互动。镇巴县通过互联网的运用使参加签约服务群众能够更便捷进行线上的相关操作。参与签约服务的群众可以通过"健康镇巴"公众号在线进行与签约医生沟通，进行签约服务评价，同时可以进行签约服务包在线选购或调整。签约对象得到了更多方便，权利也得到保证。此外，居民还可以通过"健康镇巴"手机 APP，在线上及时向医生询问病情，预约看病，便利了居民就诊，并且拉近了医生与病人群体间的距离。二是通过贫困患者就诊即时通，掌握患者就医情况。根据镇巴县贫困人口家庭医生签约服务相关要求，贫困患者出院后签约医生要进行随访，了解贫困患者的治疗情况与康复情况。为此镇巴县自主研发了贫困患者就诊即时通软件，贫困群体到医院就诊以及出院后，就诊即时通软件会自动向签约医生发送短信进行提醒。就诊即时通软件的使用，使签约医生能够随时掌握贫困群众的入院就医动态，从而便于签约医生及时开展随访工作。三是通过数据自动上传各级系统，帮助医生专心服务。家庭医生上门开展随访后，相关体检数据会由所使用的体检健康一体机自动上传，不需要手动地额外填写。同时镇巴县家庭医生服务管理系统和国家健康扶贫动态管理系统已经实现互联互通，家庭签约医生每开展一次签约服务，其服务内容和相关数据信息将会同步上传到国家管理平台，基层医务人员不再使用全国健康扶贫动态管理系统的"三个一批"填报，工作压力大大减轻，避免因为繁杂的文牍工作，影响签约服务的实际开展。

2. 便利一线医生工作，提升签约服务效能

"健康镇巴"手机 APP 的使用，有效便利了一线医生的诊疗工作，该应用上功能众多，能够解决医生遇到的众多问题。一是建立贫困户"二维码"，通过互联网信息技术的运用，镇巴县推动健康扶贫"二维码"对贫困群体的全覆盖。贫困户"二维码"即通过将互联网技术与精准扶贫有机结合、专门为脱贫对象私人定制的大数据系统，其中记录了帮扶对象的基本情况、帮扶举措、每个阶段的帮扶进程，以及疾病信息与就诊记录。家庭医生只需"扫一扫"即可及时掌握贫困户的需求，有效促进了家庭医生对签约贫困户的了解，大大方便了家庭医生上门服务的开展。二是便利入户随访工作情况上传。通过手机 APP 签约医生入户随访工作完成后，仅需通过简单操作，就可以便捷地上传服务照片和服务内容，"像

发个朋友圈一样简单"。此外，为应对秦巴山区山大沟深，一些地方网络信号很弱的现实问题，镇巴县在手机APP中增添了"无网工作模式"，实现上传信息无网情况下在移动端的自动缓存。三是签约服务及时提醒。通过手机APP的定时提醒功能，实现对医生开展签约服务的及时提醒，保证服务按时开展。四是药品说明书库。该说明书库与国家药品说明书库对接，医生在指导患者用药时，可以查询到药品说明书，从而更准确地指导患者进行安全用药。五是工作电话查询。镇巴县整理了全县全部签约医生的联系电话。镇村医生在诊疗中遇到困难时，可以直接通过电话簿联系县级医院相关科室专业医生，获得相关指导建议。六是相关规定查询。通过手机APP能够查询报销政策、贫困患者流程、签约服务流程的规定，使医生能够合规开展相关工作。七是线上视频培训。镇巴整理了一些常见病诊断与治疗的培训视频，医生可以通过软件在任何时间直接进行观看学习。此外，该手机应用还具备健康档案信息查询、预约服务、健康指导、应急处理和医患交流等多种功能，为一线医生提供了一个开展医疗服务、学习医学知识的优质便捷平台。

（五）推进管理监督，管理职能扎实落地

通过互联网技术的应用，镇巴县实现了对各类信息的全面及时掌握以及对一线医务人员诊疗行为的有效监督，并为医疗机构提供有力信息支持，显著提升管理水平，保证健康扶贫扎实开展。

1. 数据动态管理，实时掌握情况

健康扶贫家庭医生签约服务管理系统所包含的健康扶贫信息管理、系统设置管理、扶贫包联责任人管理、扶贫巡查动态管理、贫困信息统计报表五个模块可以实现对贫困人员信息、签约医生信息、服务动态的有效管理。家庭医生服务团队中镇卫生院医务人员、村医负责定期对系统中相关数据进行更新。卫健工作管理人员可在系统后台进行大数据统计及处理分析，实时掌握县、镇、村各级医疗机构工作开展的整体情况，实现了管理者对服务、治疗、新增、退出等情况的及时掌握和动态管理。

2. 医疗服务考核，工作扎实开展

家庭医生签约服务管理系统、"健康镇巴"手机APP的运用有效加强了对签约医生入户开展服务的监管和考核。一是"红点定位"，实时掌握

医生入户情况。签约服务管理系统的首页地图上有很多小红点，每个红点代表一个医生，点开红点就可以了解是哪位签约服务医生、在哪里、在为谁服务，从而实现对医生入户情况的有效掌握。二是入户随访情况及相关数据收集，保证随访质量。签约医生每次入户进行签约服务后，当日要在"健康镇巴"手机 APP 中上传入户照片和服务内容。入户照片为签约医生在贫困户家中开展签约服务情形，内容为服务情况，如身体一般情况、健康教育指导情况、政策宣传情况、住院费用报销情况等。同时，签约医生入户随访中需要进行血压、血糖等健康体检，并填入签约服务系统。为避免信息造假，镇巴县将随访体检所用健康一体机与签约服务系统对接，签约服务系统中体检结果的相关数据只能从健康一体机以及快速检测设备直接上传，不能自行填写，有效避免了造假行为。三是对签约服务开展的整体、动态监控。通过签约服务管理系统，能够追溯签约医生服务频次与服务质量。镇巴县以系统数据为支撑，定期开展数据分析、质量抽查和情况通报，将健康扶贫动态管理系统作为考核基层工作成效、衡量工作创新突破、实施动态目标管理的主要手段，实现了对签约服务的整体、动态监控。

3. 不合规费用监控，保证政策落实

通过互联网技术的使用，镇巴县建立了一站式平台数据监管处理机制，利用平台监管健康医疗机构为贫困人口进行的每一次诊疗，严格控制定点医疗机构不合规费用的产生。截至目前，累计发现并纠正不合规医疗行为 3300 余人次。做到了贫困人口在镇村卫生院（室）不产生不合规费用，省市定点医院和县级定点医院非合规费用分别控制在 8% 和 5% 以内，有效保证相关贫困人口诊疗政策的落实，使扶贫资源得到最大化的利用。

4. 悬崖效应预警，控制致贫返贫

目前，全国每年新增致贫、返贫人口中，50% 是因病致贫、因病返贫。镇巴县在"互联网+健康扶贫"上进一步探索，通过进行全人群的医疗消费实时统计，实现了因病致贫返贫"悬崖效应预警"。镇巴县目前已实现县域内全部人口的医疗救治花销情况的实时统计，如果某一个非贫困家庭，年医疗花费总额超过家庭年纯收入的 40%，那么将被列为需要预警的边缘人群。镇巴县将对他们优先开展签约服务，进行适当干预和管理，对可能因病致贫的群体给予及时有效的帮助，大大减少因病致贫现象的出现，实现对贫困发生率的控制。

5. 综合统计查询，联通各级信息

通过信息系统的建立，镇巴县极大便利了信息的统计查询，保证各级信息的共享互通。一是便利各级整体情况的快速统计。通过家庭医生签约服务管理系统的统计分析功能，可以直接形成县、镇、村各级签约服务情况统计报表，并可导出为纸质材料，便利县、镇、村三级信息的及时汇总及相关检查的开展。二是保障各级医疗单位对享受健康扶贫政策群体的及时掌握。县、镇、村各级贫困人口花名册可以从系统中直接导出，镇、村各级医疗单位均以此为标准，保证了医疗单位能及时获得准确完整的因病致贫人口相关信息，健康扶贫相关政策的开展能准确针对贫困人口。三是实现不同医院诊疗信息的互通。医院可以通过信息系统了解病人以往在其他医院的疾病诊疗情况，从而更好地了解病人病况及需求，增强了医疗服务的延续性。镇巴县通过与国家卫生健康委员会开展战略合作，以大数据平台为轴心，在全国率先实现居民健康档案、电子病历、医疗结算与健康扶贫业务数据的互通共享。

6. 建设突发公共卫生事件应急处置系统。

建立突发公共卫生事件应急处置中心，搭建了综合监控管理平台，对全县各医疗机构重点区域进行可视化联网监控监管，为各医疗机构配备了远程视频记录仪，县域内任何地点发生突发卫生事件，均能在现场搭建远程视频，为突发公共卫生事件应急指挥中心快速掌握事件情况、统一调度、事件评估、决策和处置提供依据。最大程度降低突发公共卫生事件对公众健康造成的危害，保障公众身心健康与生命安全。

三 打造智慧医疗 实现三向目标："互联网＋" 推动贫困人口健康治理的成效

通过互联网技术运用，镇巴县建立了全面立体的信息化医疗工作与服务网络，有效减轻了基层填报数据压力，提高数据准确性，方便了医疗工作的开展；并实现了医疗服务信息化、智能化管理，保证并进一步提升医疗服务质量；此外还有效实现相关数据的动态掌握，增强各级医疗机构间互联互通，成功实现卫计工作的信息化、智能化，破解医疗健康工作困局。增强了贫困群体的获得感，激发医务人员的使命感，落实医疗卫生事业管理者的责任感。

（一）打造智慧卫计，实现互联互通

通过健康扶贫家庭医生签约服务管理系统、贫困患者就诊即时通软件、"健康镇巴"手机应用、远程诊疗与培训系统等的研发与全面使用，以及配套医疗设备在县镇村三级医疗机构的普及，形成了县域内一整套全面系统的健康扶贫信息化网络体系。这一网络体系的协调有序运作，成功在健康扶贫中打造了一支信息化、智能化的卫健队伍，实现了工作、服务的高效开展。

信息化医疗服务的开展，有效地实现了卫生健康事业建设中各主体、各层级间的全面互联互通。一是各级医疗单位之间的联通。通过信息系统建设，实现了各级医疗单位数据共享，各级医疗单位可以直接获得贫困群体健康情况、医疗卫生服务等相关数据，便利了双向转诊等医疗政策的实施。二是县域内外之间的联通。县域信息系统和国家信息系统有效对接，有效实现了县域内与县域外的信息联通。三是各级医生间互通。信息化医疗体系的建设方便了医生之间的交流，村医在开展诊疗时，可以随时和县镇医生取得联系，获得相关指导，有效增强了基层医疗工作的质量与效果。四是促进医患间沟通。通过信息化手段，实现了贫困群体与签约医生之间方便快捷的及时联系，方便了医患之间的沟通交流。"互联网＋健康扶贫"的开展，使镇巴县逐步实现覆盖"国家—省—地市—县—乡镇—村"六级联动体系的建立，并形成了医生间、医患间常态沟通机制。

（二）解决群众困难，增强贫困群体的获得感

通过信息技术的有效运用，镇巴县让贫困群众更加真切地感受到了健康扶贫给予他们在疾病治疗和健康生活方面的巨大帮助，显著提升了健康扶贫中贫困群体的获得感，增强了贫困群体的安全感、幸福感。

其一，"互联网＋"的运用，让贫困群体健康问题获得了更多关注。让他们拥有了更多和医生交流的机会，面对实际问题与困难时，医生、扶贫干部能更及时、更深入地对其有所了解。全周期健康数据库的建立，使每个病人的健康信息能够得到有效保存，让贫困群体的健康得到更有效的

守护。其二，贫困群体健康问题得到了更有效的解决。一方面，贫困群体切实在基层享受到了更好的诊疗服务，与更专业医生之间的距离明显缩短，疾病得到了更有效的救治；另一方面贫困群体自身保持健康、应对疾病的能力也得到了显著提升，有了更多掌握健康知识的机会。其三，贫困群众在疾病诊疗中的自身权益获得了有力保障。信息技术的使用实现了对签约医生开展入户服务工作，使用合规药物、手段进行疾病治疗等医疗行为的有效监督，有效避免了一些损害群众利益、损害公平公正现象的发生，从而保证并显著提升了医疗服务质量。

此外，家庭成员之间的健康纽带也搭建起来。镇巴贫困患者接近60%都是留守家中的老年患者，通过互联网技术，健康档案、慢病随访、患病诊疗等信息数据全部透明公开，可以让远在外地打工的子女更好地关注家中留守父母的健康诊疗情况，为父母在线选购增值慢病服务包，有效解决留守贫困老人健康问题。

（三）提升医德医技，激发医务人员的使命感

通过"互联网+健康扶贫"，镇巴县有效激发了医务人员的使命感，使其对于投身解决贫困人口健康问题有了更高的积极性，并有效提升了他们参与及其实现自身使命的能力与条件。

1. 通过让医生对贫困人口有更多了解，提升医生对自身使命的认识

信息技术的使用能架起医生与患者之间的桥梁，改变了传统医生患者只能面对面交流的单一服务方式，使医生和患者之间能够在线上进行便捷沟通，从而拉近医生和患者间的距离，让医务人员能够有更多机会脱离医院的场景，了解贫困人口的实际生活，更清楚地认识到贫困人口因为疾病在生活中所面临的巨大困难；从而让医务人员更加明确解决贫困人口健康问题的重要意义，更加深刻认知自身所肩负的重要使命。特别是能促进医疗专家更积极高效地参与到基层医疗卫生事业中，为基层健康卫生工作和解决基层贫困群众健康问题做出更大贡献。

2. 通过改善基层诊疗能力，提升医生实现自身使命的能力

在信息化医疗服务推进过程中，基层诊疗能力得到有效增强。一是改善基层医疗机构的硬件条件。健康一体机、快速检测设备等高质量高效率的医疗器械在基层得到普及，使基层诊疗硬件条件得到明显改善。二是提

升基层医生的能力。远程医疗培训以及其他基层医生线上学习途径的拓展有效提升了基层医护人员的医疗知识和能力。三是拓展基层能够治疗的疾病范围。远程诊疗的发展,大大便利了医疗专家对基层诊疗的直接指导,有效提升了基层对疾病的治疗能力。互联网技术的应用,有效促进了优质医疗资源的下沉,使群众能够在村镇享受到更好的医疗服务。

3. 通过便利医疗服务开展,改善医生履行自身使命的条件

镇巴县"互联网+签约服务"的开展实现了医疗服务的信息化、智能化,大大方便了相关诊疗工作的开展,减轻了医生的负担,通过健康一体机快检设备、"健康镇巴"APP、县级家庭医生签约服务管理系统、国家健康扶贫动态管理系统之间的彼此对接,镇巴县有效减轻了相关健康扶贫数据信息重复录入和多重维护的工作压力,将一线医护人员从填写各类表册的繁杂文牍工作中解放出来,使他们能够集中精力搞好诊疗服务,避免额外事务对诊疗工作的影响。

(四)扎实高效监管,落实医疗卫生事业管理者的责任感

通过信息技术的运用,搭建了一线医务人员与卫生行业管理者之间的桥梁,一方面一线人员有便捷高效的渠道从管理者处获得所需的支持,另一方面管理者能够实现对医生的有效监督,并及时获得相关信息,实现对辖域健康情况的整体把握。通过信息技术提升数据质量,有效帮助医疗卫生事业管理者扎实开展监督工作,有效遏制了数据造假的现象。同时各个系统之间的无缝对接,保证各系统数据的同步性和一致性,并且有效避免人力反复填写所造成的填写错误问题,提高了健康扶贫数据的质量。

通过数据的有效运用,信息技术也成为医疗卫生事业管理者落实其他各项责任的有力"武器",镇巴县"互联网+健康扶贫"的实践加强了对数据的掌握与运用。它可以为每个贫困户家庭定制个体数据库,能够对每个贫困人口的诊疗情况与健康情况实现有效掌握,增强对健康扶贫帮扶的针对性和有效性。与此同时,建立涵盖全县人口总数据库,实现对县域内人口健康状况实时动态的把握;通过以大数据平台作为工作轴心,综合医疗、居民健康档案和医疗费用数据分析,加强健康扶贫领域"精准识别、精准分类、精准救治"过程的大数据研判,为健康扶贫退出机制提供决策支持;准确认定边缘人口,对贫困边缘人员年度就医自付费用达到致贫

预警线进行及时预警，提升"控增量"工作决策能力，这些都挖掘并更好地发挥了数据的价值。

四 紧扣实际需求 落实三方互通："互联网＋"助力贫困人口健康事业的镇巴经验

在"互联网＋健康扶贫"实践中实现了信息化医疗服务体系的建设，有效运用信息技术在健康治理中联结起了贫困人口健康治理中贫困群体、医务人员、医疗卫生事业管理者三方主体，解决了以往存在的三层断裂问题，正在成功打造"智慧医疗"，形成一套运用现代化信息技术助力贫困人口健康治理的有益经验。

1. 坚持人民中心：要聚焦于增进贫困群体获得感

"智慧医疗"的建立要以人民为中心。实现贫困人口的健康治理，有效解决贫困人口健康问题，是有效建立起贫困人口健康事业的重要一环，是保障贫困人口生命健康权利的重要依托。在运用互联网技术解决贫困人口健康问题时，一定要坚持"以人民为中心"。要在翔实了解贫困人口所面临的疾病与健康问题的基础上，切实帮助贫困群体，解决贫困人口所面临的健康问题，切实促进贫困群众更便捷、更高质量地享受到诊疗与健康的相关服务。对先进技术的运用，要着眼于如何增进贫困群体的获得感，让群众满意。

2. 瞄准需求导向：要针对不同群体的实际需求与实际问题

"智慧医疗"的建设一定要实事求是，瞄准需求，立足于不同群体的实际需求与实际问题。镇巴县在智慧医疗建设中，紧密围绕如何解决一线签约服务医生填报材料压力过大，各级医生间沟通交流不畅、无法对健康扶贫的实施进行有效监督等实际问题，从问题出发，有效确保了相关软件、系统开发的实用性，实现了对现实工作中实际问题的有效解决，使信息技术使用起到立竿见影的效果。

3. 引入社会力量：要积极运用社会各方面力量

"智慧医疗"的建设中要积极引入公司、企业等社会力量参与。习近平总书记强调要"调动各方面积极性，引领市场、社会协同发力，形成全社会广泛参与脱贫攻坚格局"。镇巴县在"智慧医疗"建设中为实现对信息技术的把握，积极运用社会力量，开展与互联网公司的合作。通过卫健行业与互联网公司的有效交流协作实现了互联网技术与解决实际问题、满足实际需求的有效对接，并显著提高了信息化平台建设的速度与质量。

4. 坚持创新精神：要主动探索不断实现技术手段创新

"智慧医疗"在建设中要坚持创新精神，智慧医疗的建立无法一蹴而就，只能在实际运用中不断完善。镇巴县秉持创新精神，积极进行着持续的探索，不断进行软件与信息平台的更新升级，如"无网工作模式"的推出等，使信息化体系不断完善，与实际医疗工作者的契合度不断增强。

5. 统筹管理服务：要兼顾管理功能与服务功能的实现

"智慧医疗"的建设要兼顾管理功能与服务功能，要同时实现帮助管理者进行管理，以及为医生、患者提供便捷服务两方面目标。特别是不能为了实现有效的监管，而给一线工作者造成额外的工作负担。镇巴县"智慧医疗"的建设中，有效兼顾了管理与服务，一方面给诊疗、签约服务中的医生、患者均提供更加方便的服务，减轻不必要的负担；另一方面实现了对医疗工作的有效管理，保证了工作质量。

6. 针对群体特点：要在开发中考虑使用群体的特征

"智慧医疗"的建设要考虑使用群体的特征，不能单纯着眼于引入信息技术特别是高新技术，而忽视使用人群对其的接受能力，造成信息系统实用性的降低。镇巴县在系统软件开发中一直坚持着"简明化操作"，很好地保证了基层医生特别是村医群体对信息技术的使用，保证了技术的实用性。

7. 加强数据运用：要更好地挖掘信息数据的价值

"智慧医疗"的建设要实现对数据的有效运用。智慧医疗要实现对数据的高效统计，并加强对数据的适用统计分析。一方面要建立精致的个体化数据，记录好每个患者健康情况，增强患者疾病治疗的衔接性，并帮助患者实现健康的自我管理；另一方面要建立完善的整体化数据，实现对辖域内整体健康情况与诊疗行为的动态掌握，并加强对整体化数据的利用，通过各类统计分析，深入挖掘数据所蕴含的价值。

8. 立足全局视角：要实现信息体系的整体架构

"智慧医疗"的建设要有全局眼光，要立足整体，放眼长远。镇巴县通过"医生端""患者端""管理端"的协同推进，搭建"一网一轴四纵"服务体系,做到了"智慧医疗"体系的整体形塑。只有基于全局视角,建立信息化服务体系架构,并落实相关的配套软、硬件设备,才能使"智慧医疗"的相关举措相互搭配,协同发力,建立起完整高效的运作体系。

"一二五"：西部农村山区健康扶贫长效机制的构建与探索
——基于镇巴县的调查分析

习近平总书记强调："十三五"时期是我们确定全面建成小康社会的时间节点，全面建成小康社会最艰巨最繁重的任务在农村，特别是在贫困地区。各级党委和政府要把握时间节点，努力补齐短板，科学谋划好"十三五"时期扶贫开发工作，确保贫困人口到2020年如期脱贫。脱贫工作，事关千万人民的福祉，更关系到2020年能否全面建成小康社会的目标，当下要看真贫、扶真贫、真扶贫，找对"穷根"，明确靶向，努力打好脱贫攻坚战。健康扶贫不仅是一场消除贫困的战役，更是一次造福人民的伟大创举，其意义不仅在于帮助群众摆脱贫困，更在于健康扶贫长效机制，能够持续地释放健康红利。它在帮助群众摆脱贫困后仍会长期存在。一方面，该政策具有防止脱贫群众因病返贫，巩固脱贫成果的作用；另一方面，健康扶贫政策具有长期存在价值。健康扶贫不仅是脱贫路径，更是提高人民健康水平的重要抓手，其自身作用与所带来的积极影响具有很强的长效性，将会源源不断地释放健康红利，造福百姓。

西部地区经济发展相对滞后，尤其是西部山区，看病就医非常不便。由于这些地区教育水平也相对落后，造成很多贫困地区居民难以养成良好健康的生活观念，也对卫生医疗知识的传播造成了困难。为此，要聚焦健康扶贫，解决贫困地区"因病致贫、因病返贫"问题。深度贫困地区，比如西部贫困地区，通过逐步探索并建立持续稳定的医疗支援制度，协调东部较发达地区的医学专家组成医疗队并长期驻扎在西部贫困地区，推动城市优质医疗资源的有效下沉，弥补基层医疗机构长期缺乏优质医疗团队的不足。此外，西部贫困地区因病致贫、因病返贫人口数量较多，健康扶贫任务重、难度大，医疗服务基础条件短板面临的困难也较大。需要积极探索"互联网＋健康扶贫"模式，充分利用先进的人工智能、互联网大数据等新兴技术，切实解决医疗服务能力不足的实际问题。此外，提高居民的疾病预防能力、控制患病人数增长是预防群众因病致贫和因病返贫的有效手段，为此要做好控增减存工作，提高贫困地区医疗卫生健康知识，让预防观念和措施深入贫困地区。加强公共卫生和疾病防控，提升贫困地区医疗卫生服务能力，让贫困人口"少生病"，加大对疾病防治力度，防止刚走出贫困又被疾病缠身。将健康扶贫与乡村振兴有机结合起来，切实提高基层医疗服务能力，促进城乡基本公共服务均等化，助力乡村振兴。

镇巴县确立以健康镇巴建设为目标，以精准施治减存量、疾病预防控增量两项工作为重点，积极构建统筹协作、服务保障、能力提升、健康管理、督查考评五大体系，探索形成了"一二五"健康扶贫镇巴模式。

一 "一二五"健康扶贫镇巴模式[①]

（一）着眼长远发展，锁定健康镇巴目标

"一二五"健康扶贫模式以健康镇巴为最终目标，具有明显的长效机制。镇巴县牢固树立大卫生、大健康理念，当前主要以健康扶贫为抓手，努力解决因病致贫、因病返贫的问题。中期以健康扶贫为契机，建立并完善基本医疗卫生制度，强化基层医疗卫生建设，着力提升基层医疗卫生服务能力，满足广大人民群众的就医看病需要。从长期目标来看，即以健康扶贫为引领，优化健康服务、完善健康保障、传播健康文化、打造健康环境，为此要将健康这一理念融入城乡建设发展的各个方面和全过程中，全力提升居民健康素养，最终实现健康镇巴。

（二）明确目标，以控增减存工作为重点

1. 分类救治减存量。首先，采取"六个步骤"来精准识别患病的贫

---

① 参见《探索健康扶贫一二五模式，扎实推进健康乡村建设》，镇巴县卫生和计划生育局，2018年7月。

困人口，即全面摸底、对比筛选、深入核实、公示甄别、体检筛查和深度清洗。其次，严格按照"三个一批"的要求进行分类管理。落实五重保障政策，执行大病救治临床路径，并对大病患者实行定点救治。慢病患者实行"一病一方""一户一策"精准管理，实现贫困人口签约服务全覆盖。对重病患者进行托底保障，对无治愈希望的重病患者采取心理疏导、家属日常护理等人文关怀措施。通过对贫困患病人口精准施治，实现消除贫困、改善民生、共同富裕的目标。

2. 八大行动控增量。控增量工作主要在于"控"字，即避免患病人口的增加。八大行动主要包括：实施健康知识普及行动，着力增强贫困地区群众的健康素养；实施健康促进活动，着力引导贫困地区群众养成健康生活方式；实施基本公共卫生服务补短板行动，着力提升贫困地区群众的受益水平；实施重点传染病专病专防行动，着力提升精准防治水平；实施慢性病地方病综合防治行动，着力提升防治有效性；实施妇幼保健行动，着力提升贫困地区妇女儿童健康水平；实施农村环境卫生整洁行动，着力改善贫困地区群众健康生活条件；实施全民健身普及行动，着力提高贫困地区群众身体素质。

开展"十项活动"促进疾病防控"八大行动"的落实，在医疗卫生单位安装健康传播卫星设备，启动健康细胞建设，组建健康教育师资团、专家库、服务队。实施农村生活饮水安全监测，推进无害化卫生厕所改建，整治村居环境；重点传染病实行专治专防，全面落实农村孕产妇、儿童、老年人健康管理。组建健康扶贫文艺宣传小分队，将健康知识融入镇巴本地民歌文化，也就是用百姓喜闻乐见的方式来传播卫生健康知识。开展个体化健康教育、健康讲座等。多项举措打造健康环境，实现群众身心健康、安居乐业、生态宜居的目标。

（三）做实协同战略，构建健康扶贫体系

1. 构建统筹协作体系

建立234领导机制。镇巴县将健康扶贫摆在脱贫攻坚的突出位置，作为实现乡村振兴的重要前提。建立"两级书记"（县、镇党委书记）主抓，"三长"（县长、局长、镇长）主责，"四支力量"（镇村干部、驻村工作队、帮扶责任人、签约医生）主干的"234"领导机制，推动扶贫政策的落实。

建立346责任体系。建立县级"三线协作"（党政、业务、协会）、镇级"四个统筹"（工作谋划、业务协调、人员安排、经费保障）、村级"六个一体"（学习办公、开展工作、参加培训、接受督导、共享信息、考核奖惩）的"346"责任体系，促进健康扶贫责任认识到位。

建立334战略方针。建立"三类清单"（任务交办、跟踪督查、考核问责）、"三种策略"（有计划、按步骤、分环节）、"四项制度"（年计划、季督查、月通报、周报告）的334战略方针，确保健康扶贫落实，优绩高效。

该协作体系具有长期性、高效性与稳定性的特点，具有很强的机制稳定性。不仅适用于当前健康扶贫阶段，也同样适用于脱贫之后。234领导机制提高领导的工作积极性与责任心，推动健康扶贫政策的有效落实。334战略方针确保健康扶贫有条不紊地进行，提高工作人员的负责任程度，并确保健康扶贫落实优绩高效。

2. 构建服务保障体系

政策保障增进群众安全感。大力实行五重保障，即"新农合＋大病保险＋医疗救助＋补充医疗保险＋爱心基金"，将医疗报销比例提高到80%以上。政策补助"提标准"，取扩、降、免、提、控措施，扩大慢病病种和残疾人报销项目，大病报销起付线降至3000元，贫困户在一级医院住院免缴门槛费，住院报销比例提高10%，门诊慢病提高20%，11种大病再提高5%；实行"一站式"服务、"一单式"结算，严控不合规费用。此外，每年增加预算600万元，对重特大疾病自付金额超过3000元的，给予补充医疗救助。

爱心关怀提升群众幸福感。通过企业资助和卫计系统医务人员自发捐款，共募集爱心基金52.6万元，对特殊贫困患病人口和计生困难家庭人员613人进行了爱心关怀救助。

信息服务增强群众获得感。通过引进先进基因测序仪、健康管理一体机、AI医疗辅助等设备和系统，方便群众在家门口看病就医，不再需要长途跋涉去看病，减轻就医成本。此外，还自主研发了贫困患者就诊即时通和家庭医生签约服务管理软件，便于及时掌握贫困患者健康状况，做好跟踪服务，夯实家庭医生签约服务。

3. 构建能力提升体系

强化基础设施建设。随着人们生活水平的逐渐提高，人们对医疗卫生等基础设施的要求也越来越高，再加上贫困地区的基础设施本身就比较落后，强化基础设施已经显得很有必要了。强化基础设施主要是通过筹资来重建或扩建相关的医疗机构，如医院大楼、卫生室，统一配备办公及医疗设备等，确保群众良好的就医环境。

加强卫生人才培养。每年要制定专项预算，用于提升医护人员的培养和高素质、高学历紧缺型医学人才的引进。开发村级公益性岗位180个，落实补贴资金108万元，提高卫计专干和村医签约服务报酬。建立家庭签约医生考试制度，对家庭签约医生进行综合培养，考取"家庭签约医生合格证"，提升医务人员诊疗技术水平。

落实医联医共帮扶。落实城市三级医院对口帮扶县级医院政策，促进重点科室建设和核心技术发展。县级三家医院分别托管20所乡镇卫生院，实行人、财、物统一管理，让县级优质资源沉下去，基层人员走上来，薄弱科室强起来。积极探索镇村一体化管理，提升基层医疗机构服务能力。

4. 构建健康管理体系

创新方式建团队。实行"2+2+1"（1名村医+1名村卫计专干、1名镇卫生院医生+1名镇公卫专干、1名县级指导人员）家庭医生签约服务模式，用组建团队的方式弥补贫困山区基层全科医生不足的短板，对建档立卡贫困群众实行签约服务全覆盖。

明确分工定职责。将公共卫生、基本医疗政策宣传等与签约服务融合，用"九大步骤"规范签约服务流程。明确县镇村三级签约医生职责，县级指导医生主要负责对镇村的培训、指导；镇级医生对患慢病和大病的患者入户随访，指导村医开展健康教育、基层首诊，做好联系转诊等工作；村级医生主要负责落实签约、送医送药、政策宣传等工作。

强化培训提能力。编印家庭签约医生知识读本，对所有签约医生进行培训，考核发放《家庭签约医生合格证》，邀请国内知名专家到我县授课，每月由县级医院负责承办知识讲座，乡镇卫生院建立每周一学的制度。

信息引领提效率。建成家庭医生签约服务管理和电话跟踪随访系统，在卫生信息系统中增加贫困户就诊即时通功能，家庭医生通过手机短信随时掌握贫困群众的就医动态，及时开展随访工作，实现信息化、智能化管理。

监督考评促成效。财政上每年投入一定的资金作为签约医生的劳务报酬，从而提高家庭签约医生的工作积极性。采取"数量+质量、平台+现场"的方法进行考核，并且将考核结果与职称晋升、评优树模等挂钩，评选签约服务"明星团队"，举办"健康扶贫先进事迹巡讲活动"等活动弘扬正气。

健康管理焕活力。以签约服务为主要抓手，实行健康管理三级网络体系建设。采取多种方式进行健康教育宣传，提高群众健康水平。家庭医生签约服务密切了干群关系，焕发乡村活力，促进了乡风文明建设。

5. 构建督导考评体系

构建监督巡察制度。严格执行监察法，县监察委将健康扶贫纳入重点工作监察范围，实现监察全覆盖。县健康办按月督查通报，针对每季度巡察中发现的问题及时反馈、限期整改。

建立阳光考核制度。优化指标结构和阳光考核体系，增加分值权重，每月检查统计、季度通报点评、年终考核排名，以考核指挥棒提升健康扶贫成效。

建立结果运用制度。将健康扶贫考核结果与干部任用、评选树模、职称晋升和绩效考核挂钩，对出现严重问题的，在脱贫攻坚专项考核和综合考核中"一票否决"。

二 "一二五"模式成效显著

1. 健康扶贫机制具备长效性。从当前背景来看，健康扶贫主要是提升居民的健康水平，使其早日摆脱疾病困扰，拥有创造财富，实现脱贫致富的能力与条件。但从长远来看，健康扶贫的影响绝不局限于"脱贫"二字，它具有长效性的特征。健康扶贫其实践过程具有深远的影响。在这个过程中形成的各种有效机制和体系将会长期存在，如234领导机制、统筹协作体系、能力提升体系等。

2. 控增减存不仅是健康扶贫工作的两项重点工作，也是需要长期坚持的两项重点工作，即便在脱贫摘帽之后，也是要继续坚持执行。其存在具有很大的合理性与必要性，需要长期贯彻和执行。

3. 该协作体系具有长期性、高效性与稳定性的特点，具有很强的机制稳定性。不仅适用于当前健康扶贫阶段，同样也适用于脱贫之后。234领导机制能提高工作积极性与责任心，推动健康扶贫政策的有效落实。334战略方针确保健康扶贫有条不紊地进行，提高工作人员的负责任程度，并确保健康扶贫落实优绩高效。

4. 健康服务保障体系凝心聚力，深受百姓拥护与支持。服务保障体系的构建，为当地居民，尤其是贫困人群提供了极大的政策保障，使他们随时能看病，看得起病，大大地解决了其看病难、看病贵的难题。特殊贫困患病人口和计生困难家庭人员还可以获得爱心关怀救助。总而言之，老百姓从政策中实实在在得到实惠，增进了群众的安全感，提升了群众的幸福感，增强了群众的获得感。

5. 能力体系的构建，提升了医疗机构的自我发展能力，也是需要长期坚持的方针。强化基础设施建设是提升医疗机构能力的首要前提，卫生人才的培养也是极其重要的一环，镇巴县通过加大资金投入和紧缺型医学人才引进，提升当地医疗卫生水平，增强医疗卫生机构自我发展能力。

6. 健康管理体系具有高度的科学性与高效性，具备极强的生命力与价值。明确的分工鲜明划分了县、镇、村三级签约医生的职责，提高了签约医生的负责任态度，提升了签约医生的主动性与创造力。监督考评机制将考核结果与职称晋升有机结合起来，大大提高了医务工作者的工作积极性。总之，健康管理体系富有极强的生命力与很高的价值。

三 健康扶贫的再思考[①]

"一二五"健康扶贫镇巴模式在当地脱贫攻坚工作中发挥了重要作用，大大提升了当地居民的健康水平和健康素养，为摆脱贫困奠定良好基础，也巩固了脱贫成果。实践中仍存在若干问题，如签约服务模式不够优化、医疗卫生服务体系建设有待加强等，这些问题都是需要不断改进的。

---

① 参见《关于全县健康扶贫工作的调研报告——镇巴县人大常委会主任脱贫攻坚调研文章》，镇巴发布，2018年12月4日。

健康扶贫工作不是一成不变的,是要在实践中不断摸索和进步。

(一) 有待改进之处

1. 家庭医生签约服务模式不够优化。一是县、镇签约医生入户走访和在院诊疗两项工作不能较好兼容。如有一个镇医院医护人员共21人,其中两人外出学习,剩余19人签约服务贫困户1578户4056人,由于有具体的职责任务和考核要求,签约服务工作要有纪实照片,并上传到签约平台。按照要求的入户频次,个别贫困人口较多的村每一季度要用一个月的时间进行入户工作,而入户走访需要耗费大量的时间和精力,有时会造成医院看病找不到医生的现象。二是部分签约医生服务工作重点不突出,对签约服务规范不熟悉。笔者从走访中了解到,有一个村贫困户120户363人,平均每天入户6户,所有贫困户到户走访完需20天。签约医生入户关注完善档案资料耗时较多,对一些重大疾病采取干预措施、人文关怀时间不足。

2. "三个一批"管理配套政策需要完善。一是贫困患者就医出院后,后续的治疗、康复与主治医生无法充分沟通,病情恢复得不到跟踪服务,因此在签约服务方面应该重点完善政策,明确相关职责任务,做到精准帮扶。二是部分贫困户没有很好落实分级诊疗制度,到省市三级医院就医花费较大,不合规费用较高,有的竟高达总费用的40%以上,导致自付金额也高,按照政策规定无法进行大病保险报销,可能造成家庭经济困难,但按照健康扶贫工作相关要求,要落实四重保障,报销比例达到80%以上,这违背了分级诊疗制度的初衷。三是在费用报销方面,存在大病保险拨付医院补助资金缓慢的现象,影响医院的正常运转。同时也存在省市县级医疗机构间的信息不畅、沟通渠道不畅的问题。

3. 医疗卫生服务体系建设有待加强。通过调研发现,县镇一体化能力提升还有差距,队伍建设亟须加强。基层医技专业人员匮乏,留不住人,尤其村医年龄老化,专业能力偏低,对新政策和新技术的接受能力有限,信息化操作受限,且达不到专人专职。如兴隆镇,共有村医12人,55岁以上就达7人;泾洋街道办14个村医中,60岁以上就有5人。兴隆镇黄河村、青狮村、茅坪村3个村的村医都是村委会支书、主任兼职;泾洋街道办草坝、晒旗坝村医均兼职村干部,15名村卫计专干兼职村文书的就有11人。这些对签约服务和脱贫攻坚工作都会有影响。通过入户走访了解到，帮扶对象都十分期待自己的病能得到更好的治疗，但反映镇村的医疗救治能力还是有差距，一个小感冒都要看好几个地方，治疗时间久。

4. 镇村医疗卫生机构建设不够均衡。青水卫生院现在办公用房为1990年修建，设施落后，无法满足基本医疗需求，需要整体改造升级。我们视察的几个镇，大部分新建的卫生室建设进度缓慢，个别作用发挥不明显。截至5月底，全县118个新建卫生室中：竣工58个，在建60个。同时，还存在部分非贫困村无卫生室的现象，群众就医难、意见大。卫生室建设资金不足，在扣除资本金后基本满足建设费用，但征地、拆迁等费用需另行筹集，一个村卫生室的建设需镇政府额外投入6万至7万元。调研的永乐镇、三元镇均存在选址难、征地拆迁费高等问题。

（二）提升健康扶贫的有效措施

1. 科学设置，优化家庭医生签约服务模式。一是制定科学有效的家庭医生签约频次及服务范围，对县、镇、村三级签约医生职责再进行合理分工。对因病致贫和没有疾病的贫困户进行分类管理和服务，精简签约服务表册种类和内容，要把专科医生用在刀刃上，服务重点疾病、重病患者；要灵活服务方式，对一般贫困户健康扶贫政策、防病控病知识的宣讲可以采取专家团队集中宣讲的方式进行；对因年老、因病或残疾行动不便的群众，定期上门进行医疗服务；对住院治疗回家康复的困难群众，重点开展上门回访。这样才会统筹兼顾，既节约时间又提升工作效率。既做实健康扶贫工作，又能让医护人员在自身岗位上发挥更大作用。二是夯实基础信息，充分发挥科技手段，利用网络技术加强健康扶贫信息动态管理，及时更新数据，实现信息共享，精准帮扶对象，实时掌握进度，切实做到"新发一例管理一例，治愈一例销号一例"，实施靶向治疗，确保患大病和慢病贫困人口应治尽治。

2. 突出重点，抓好"三个一批"管理工作。一是固化相关政策，强化信息衔接，不断提高医疗保障水平，重点提高大病集中救治合规报销比例，切实减轻贫困人口医疗费用负担过重问题。建立严密、高效防止因病致贫、因病返贫对象帮扶救治管理服务机制。二是做实慢病签约服务工作，重点加快信息技术应用，优化服务内容，灵活工作方式，科学合理考核，提升慢病签约个性化服务水平，家庭医生签约服务率要保持100%全覆盖。三是重病人文关怀全面到位，重点在于完善基本医保、大病保险、商业保险、医疗救助等保障措施间的无缝衔接机制，做到在健康扶贫上社会保障水平有新的提升。

3. 强化措施，提升镇村医疗服务能力和水平。一是建立激励机制，严控医技专业人员借调，稳定基层医务人员队伍。通过医联体形式加强对镇卫生院的帮扶力度，加大现有专业技术人员的培训力度，不断提高医技水平，确保广大群众在家门口就能享受良好的就医条件，方便群众就医。二是重视和推进镇村医生招录工作，降低招录门槛，通过择优招录、订单定向培养、逐级分批进修培训，落实乡村医生补贴和招聘村级健康扶贫签约服务公益岗位等措施，提升信息化操作水平和诊疗能力，切实解决部分医生年龄大、医务水平不高等问题，稳定镇村医生队伍，筑牢基层医疗技术网底，为开展健康扶贫提供坚强保障。三是发挥网络技术优势，加大公共卫生和健康网络设施建设，加强疾病防控工作，开辟远程诊疗，研究全科医生培育工作，让镇村尽早配足全科医生，切实解决好基层医疗卫生机构服务能力与分类救治能力不足的问题。

4. 统筹协调，加快基础设施硬件建设步伐。一是加大项目资金争取和整合力度，严格建设标准，合理布局设置，解决镇村医疗卫生机构建设资金缺口问题。要积极协调好村卫生室建设用地、拆迁等基础工作，加快建设进度，尽快完成建设任务。二是提前部署，加快推进村卫生室标准化建设后的设施设备购置、标识标牌统一等工作，做到标准统一、设施齐全、功能完备，力争早日投入使用发挥作用。三是统筹推进，加大对非贫困村卫生室建设、设备购置等方面的支持力度，缩小硬件差距，有效改善基层医疗卫生机构服务环境条件。

个案调查篇

谋篇布局：系统推进打造健康扶贫"镇巴模式"
——基于对健康扶贫体系建设的调研[①]

镇巴县地处巴山腹地，群众看病就医比较困难。全县因病致贫7450户18625人，占贫困户总数的39.6%，因病致贫为主要致贫原因之一。为靶向破解这一系列难题，该县从实际出发，以提高当地居民的健康水平，增强脱贫致富能力为理念与根本目标，探索出"2+2+1"（1名村医+1名村卫计专干、1名镇卫生院医生+1名镇公卫专干、1名县级指导人员）家庭医生签约服务模式和"一二五"镇巴健康扶贫模式（即实施健康镇巴战略，紧扣减存量、控增量两个目标，构建医疗保障、能力提升、健康管理、统筹协作、监督考评五大体系），切实提高当地的医疗卫生服务能力，保证当地贫困群众看得起病、看得好病、看得上病，让贫困百姓能够从政策中享受到政策带来的温暖，提高贫困群众的幸福感和获得感，走出山区健康扶贫的"突围之路"。

一 透视健康扶贫的镇巴模式

（一）构建服务保障体系，为群众看病"减负担"

实行"新农合+大病保险+医疗救助+一事一议专项基金+爱心基金"五重保障，将医疗报销比例提高到86.58%以上。采取扩、降、免、提、控措施。免：在册贫困户在县内镇卫生院医疗机构取消住院起付线，在二级以上医疗机构免缴住院押金，农村特困供养人员免费住院

[①] 参见《镇巴县 蹚出山区健康扶贫的"突围之路"》，陕西农村网，2018年8月8日。

救治。扩：贫困残疾人康复治疗报销范围由9项扩大到29项，同时放宽健康扶贫对象中的残疾儿童住院转诊条件。降：大病保险起付线从原来降低50%再次下调，降为3000元，同时积极同上级和省市各大三级医院做好沟通对接，降低贫困户预交费用，竭力在全省范围内实现贫困户先看病，少交钱或后交钱。提：贫困户报销比例较非贫困户提高10%，慢性病封顶线标准提高20%，整合新农合报销、大病报销、民政医疗救助等措施，使报销额达到总费用的90%以上。扩大慢病病种和残疾人报销项目，大病报销起付线降至3000元，贫困户在一级医院住院免缴门槛费，住院报销比例提高10%，门诊慢病提高20%，11种大病再提高5%。控：实行"一站式"服务、"一单式"结算，严控不合规费用。年增加预算600万元，对重特大疾病自付金额超过3000元的，一事一议给予救助。募集爱心基金52.6万元，救助贫困人口和计生特殊困难家庭人员613名。卫生信息平台增加贫困户就诊即时通功能，家庭医生可通过手机短信掌握群众的就医动态，及时开展随访工作；研发健康扶贫电话跟踪随访和家庭医生签约服务管理系统，为183个村卫生室配备了智能手机、基因测序仪、健康管理一体机、AI医疗辅助、OPCT快速检测等设备和系统，方便群众在家门口看病，减轻就医成本。

（二）构建能力提升体系，为群众就医"补短板"

2016年以来，镇巴县投资近4亿元，实施中医院整体迁建和县医院感染性疾病综合楼建设，扩建了6所片区中心卫生院。按照"60平方米以上、四室分设、村集体产权"标准，建成183个村卫生室，统一配备电脑、电视、治疗盘、电针治疗仪等43种设备。推进医共帮扶。建立三级医院帮扶县级医院和县托镇一体化管理机制，组建健联体21个、医联体8个、医共体21个，完成了21所镇卫生院"紧密型"改革，促进了优质资源下沉。强化人才队伍。高等医学院校定向招聘临床、麻醉、影像等紧缺型医学人才99名，将全县事业单位、振兴计划、特岗计划的卫计人才招录比例提高到30%以上。通过假期见习和奖返签约大学生学费，定向免费培养大学生乡村医生12名。

(三)构建健康管理体系,为全民健康"织网底"

该县对1252名大病患者实行分类管理,与西安交大附属医院、汉中3201等医院建立协作机制,进行定点救治。在县级医院定点救治的,确定专家团队、诊疗方案和临床路径,责任医生每月入户随访和康复指导,对疑难重症病例实行远程会诊。创新签约优质服务。实行"2+2+1"家庭医生签约服务模式,将5111名慢病患者及特殊困难人员纳入签约范围,每月上门送医送药,每季度上门随访不少于1次、电话随访不少于2次。开展个性化付费服务试点,签约个性包1701个,从财政、新农合、公共卫生资金中为每个服务包补助签约费110元。强化预防控增量。实施疾病防控"八大行动",启动健康细胞建设170个,组建281人的健康教育师资团、760人的专家库和462人的服务队,在307家医疗卫生单位安装华医网和健康传播卫星设备211台,开展个体化健康教育44.5万人次、健康讲座15.8万人次、公众咨询7.5万人次。

(四)构建统筹协作体系,为领导干部"加压力"

发挥党政统筹、部门联动、齐抓共管的行政优势和要人给人、要钱给钱、要政策给政策的保障措施,成立健康镇巴建设领导小组,抱团推进健康扶贫工作。四支队伍推进,整合镇村干部、第一书记、帮扶责任人、签约医生"四支队伍"力量8321人,全程参与健康扶贫政策宣传、上门服务、重点管理、集中救治等工作;实行健康扶贫任务交办、跟踪督查、考核问责"清单"管理制度,层层挂图作战,有计划、按步骤、分环节精准落实。卫计深度融合。卫生计生机构合并,在镇和村设立卫计办,促进机构队伍、卫计业务和思想文化深度融合,夯实了健康扶贫的战斗堡垒。

(五)构建督查考评体系,为脱贫攻坚"提效能"

将健康扶贫纳入县委、县政府重点工作督查范围,建立责任追究和督查巡查办法,县人大、县政协每年调研视察一次以上,健康办每月督查通报,促进领导干部把精力放在日常、把功夫下在平时。健康扶贫考核结果与干部任用、评优树模、职称晋升和绩效考核挂钩,对出现严重问题的,在脱贫攻坚专项考核和综合考核中"一票否决",树立起"凭扶贫业绩论英雄、以脱贫成效用干部"的鲜明导向。

二 健康扶贫镇巴模式取得的成效

（一）家庭医生签约服务彰显"威力"

经过三年的探索实践，镇巴县家庭医生签约服务模式使贫困人口救治率达100%，确保每个贫困人口足不出户便可享受到县级专家提供的医疗服务，既保障身体健康、又减轻经济负担，镇巴签约医生获得全国优秀家庭医生团队奖。"一二五"健康扶贫模式让全县实现了"以健康扶贫向全方位健康管理、以常见病诊治向'三个一批'集中治疗常态化、以被动服务向主动服务"三个转变，2018年县域内患者就诊率达92%。

（二）有效提升居民的幸福感和获得感

随着对医疗卫生方面的不断投入，基层医疗机构的医疗器械设备、医疗环境等均得到不同程度的完善与提升，大大促进了医疗资源下沉。人才队伍也得到有效强化，全县签约医生得到综合培养，医务工作者诊疗技术水平得到提升。这些都增强了基层医疗机构的服务能力，保证居民在看得起病的情况下也看得好病。

远程医疗的实现有效打破了传统看病就医方式，患者在家门口就可以享受到专家的诊疗服务，不再像过去长途跋涉地前往大医院就医，不仅需要支付额外的住宿费、交通费和挂号费等，还要浪费大量的时间，延误病情。在健康扶贫的推动下，老百姓不仅能够看得起病，还能看得好病，患者从政策中得到了实实在在的实惠，增强了居民的获得感和幸福感。

（三）有效缩减烦琐的报销流程

为切实做好区域内建档立卡贫困患者就医服务，减轻、消除贫困患者的就医负担，镇巴县以病人为中心，以便民、利民、惠民为目的，根据上级文件精神，全面开展了"健康扶贫"工作，实行"一站式"服务。

(四) 镇巴模式作为一种长效机制，具有深远影响

在打赢脱贫攻坚的大环境下，镇巴健康扶贫对提高当地人口健康水平，提升摆脱疾病、预防疾病的能力具有重要作用。在此基础上，因病致贫与因病返贫现象将会逐步减少。这为当地摆脱贫困，走向富裕奠定了良好基础。在实现全面脱贫时，它仍然彰显其力量，不断造福当地百姓。

三 健康扶贫镇巴模式的基本经验

(一) 优化健康环境

健康环境是人民群众健康的重要保障。健康扶贫镇巴模式充分说明要更加注重以预防为主，以人的健康为本，从源头上降低传染病等疾病发生的可能性，为创造生态宜居的农村环境增添新的力量。

(二) 提升医疗卫生服务能力

积极探索"互联网+健康扶贫"模式，利用人工智能、互联网大数据应用等技术，强化群众自我健康管理能力，提高突发公共卫生事件应急处置能力。加强地方病防控，全面落实传染病防控措施；规范儿童健康管理；全面落实农村孕产妇健康管理项目，重点关注农村高危孕产妇，降低孕产妇死亡率；加大医疗卫生人才引进培养力度，推广中医适宜技术，充分利用当地中药资源，降低群众就医成本。

(三) 丰富群众健康知识

家庭签约医生要切实履行好自己的职责，针对当地重点人群、重点疾病、主要健康问题和健康危险因素开展健康教育，如开办卫生知识讲座、咨询会等，提升居民健康素养，从源头降低居民患病风险。

(四) 加强监督考评工作，提高工作效能

应将健康扶贫工作纳入县委、县政府工作督查范围内，建立责任追究和督查巡察办法，确保领导干部尽职尽责，将精力投入工作之中。此外，健康扶贫考核成绩要作为干部任用、评优树模、职称晋升的重要评价指

标，增加领导干部的工作压力，提高领导干部工作的主动性和积极性。

（五）构建服务保障，降低群众看病负担

实行"新农合+大病保险+医疗救助+一事一议专项基金+爱心基金"五重保障，为百姓看得起病奠定良好基础。提高医疗报销比例，使居民在患重病大病情况下不至于看不起病，出现因病返贫、因病致贫的现象。大力推行一站式服务、一张单结算，严格把控不合规行为，降低患者就医成本。

医者仁心：拉近医患距离　重塑医患观念
——对"以签约服务改善医患关系" 镇巴实践的调查与反思

党的十九大报告提到，"人民健康是民族昌盛和国家富强的重要标志。要完善国民健康政策，为人民群众提供全方位全周期健康服务"。但目前我国健康事业发展中，存在着医患距离大、医患关系紧张的现实困局，这一困局是市场观念的副作用、是单纯的医院场景以及较大的阶层差距所导致的，是健康治理中亟待解决的问题。镇巴县在健康扶贫中，扎实开展围绕贫困人口和重点慢病人口的签约服务工作，在有效解决疾病问题的同时，重塑了医生和患者的观念。一方面转变患者观念，提升其获得感；另一方面转变了医生观念，激发其使命感，改善医患关系，破解诊疗困局。健康扶贫镇巴实践证明，扎实开展家庭医生签约服务，能够革新医患关系，实现疾病有效治疗，推进健康治理。此外，签约服务的开展能助推社会治理，促进社会和谐发展。

一　医患距离：我国健康事业发展的现实困局

在目前，医生与患者之间愈发紧张的关系越来越为社会所重视，双方之间出现一些问题。医生不能深入而有效地站在患者角度了解患者自身所经受的困扰以及实际需求，自身开展诊疗工作时出现越来越多的困难，患者也不满意于医疗卫生机构所提供的医疗卫生服务，自身对于健康生活的获得感得不到提升，最终造成医患间距离不断扩大。而这些问题的产生源于以下原因。

1. 市场观念：西方自 20 世纪 60 年代以来倡导病人作为消费者的观

点逐渐成型并发展,患者越来越被要求看成"消费者",也就是医疗服务的购买者,在我国市场经济体制逐渐建立后,这一观念也融入我国卫生健康事业。市场观念的副作用就在于造成医疗机构过度强调盈利,甚至为盈利采取了不利乃至侵害患者的行为。这些行为导致一些患者认为"医生就是为了赚钱",从而严重影响了医疗卫生机构在患者眼中的形象,拉远了医患距离。

2. 医院场景:"医不叩门"是自古以来传统,医院、医馆是医生行医的"正规"场所。但是长期在医院工作,也让医生逐渐离病人的实际生活越来越远,医生日复一日地在医院中为病人看诊,每天重复着相似的工作,并不能很好地了解病人实际生活中因疾病所生成的身体负担与心理负担,无法很好地理解病人的情绪与心理,无法设身处地地关心和同情病人,甚至只是用所谓的"专业"知识为病人解答疾病的相关问题,不满于病人的无知和过分激动的情绪。

3. 阶层差距:经济条件与社会地位不同的群体,其获得健康、保持健康、解决疾病问题的能力和机会有着巨大差异。经济条件差、社会地位低的群体在日常生活中面临着更大的疾病风险,也更为缺乏恢复健康的能力,其生活更为"脆弱"。在社会发展中,我国形成了不小的社会差距,社会地位较低、经济条件弱的群体,没有能力享受到较好的医疗服务,甚至陷入"疾病—贫困—疾病"的陷阱之中。"贫病交加"的困难群体,难以享受健康事业发展的成果,自身获得感缺乏,也就形成了对卫生健康事业的不满。

这就造成医生与患者间的距离越来越大,甚至产生了越来越多的医患冲突,在一些患者眼中,医生职业甚至被"污名化"。这些问题的存在,不仅严重影响卫生健康事业发展,也影响了群众对健康生活的追求;甚至影响了基层社会治理,成为威胁社会秩序与社会和谐的因素。有效解决医患关系中存在的问题,重塑医生与患者的观念,是推进健康治理过程中所必须要实现的。

二 签约服务:有效拉近医患关系的镇巴实践

如何调整医患关系,转变医生、患者的观念和对彼此的态度?汉中市镇巴县在推进健康扶贫工作中，通过扎实开展针对贫困群体以及重点慢性病群体的家庭医生签约服务工作，在有效解决贫困人口和重点慢病人口健康问题的同时，实现了对医生、患者观念的重塑，有效改善了医患关系。

（一）科学组建团队，保障服务能力

全科医生是落实家庭医生签约服务的核心力量，但是作为国家扶贫开发重点县和省级深度贫困县的镇巴县，医疗资源稀缺，全县仅有全科医生30余名，根本无法满足全县有需要人口的签约需求。为此，镇巴县创新探索了团队签约服务模式，以专业技术骨干为主体，科学搭配县、镇、村三级人员，开展了家庭医生签约服务团队的建设。镇巴县首创了"2+2+1"的家庭医生团队签约模式，即由1名村医+1名村卫计专干、1名镇卫生院医生+1名镇公卫专干、1名县级指导医生5人组成团队，全县具有中级以上职称的药师、护师和原计生专干均纳入了签约服务团队，团队成员涵盖医、护、药、技等各个领域的专业技术骨干，通过成员间分工、协作、互补，弥补全科医生的不足，构建三医联动、上下联动、区域联动的服务格局。家庭医生服务团队的科学建设，有效提升了服务能力，为签约服务的扎实开展奠定基础，保障了签约服务的质量。

（二）围绕实际需求，设定服务内容

我国签约服务的实践是从东部沿海发达地区城市开始的，农村地区、贫困群体的签约服务一直是我国签约服务实践中的巨大缺陷，如果不能解决这一问题，反而会扩大群体间健康差距。镇巴县以健康扶贫为契机，结合群众实际需求，着力开展针对贫困群体和重点慢性病群体的签约服务。为保证签约服务作用的有效发挥，镇巴县针对签约群体实际需求，设定了"询问家庭成员健康状况、治疗路径规范指导、按照一病一方开展健康教育、核实医疗保障政策落实情况、宣传健康扶贫政策、按国家基本公共卫生服务项目规范对家庭成员中重点人群进行随访服务、指导家居环境卫生整治及健康生活方式"等签约服务内容，切实解决了签约群体在生活中遇到的实际问题，真正做到签约一人、履约一人、做实一人。此外，很多

签约医生在入户随访中会自愿帮助贫困户解决生活中遇到的其他困难，给签约对象的生活带来了实际而有效的帮助。

（三）落实奖惩制度，确保服务质量

为更好保证签约服务质量，保证签约医生和签约对象有充分的机会接触，更好地了解彼此，镇巴县对签约医生入户服务频次进行了明确规定。这种规定不只是对团队内镇、村医生，也涵盖了县级医生。根据规定，县级指导医生对患大病、慢病的贫困人员半年进行面对面随访和电话随访各不少于1次，对所有签约的贫困人口全年入户随访不少于1次。通过对服务频次的明确规定，保障了签约服务的常态开展。同时镇巴县建立了针对签约服务的严格考核制度，先后出台《贫困人口家庭医生签约服务绩效考核办法》《镇巴县健康扶贫领导小组关于印发家庭医生签约服务"星级团队"评选实施方案的通知》，采取"数量+质量、平台+现场"的方法进行考核，考核结果与职称晋升、评优树模等挂钩，打造签约服务文化，树立签约服务品牌。镇巴县还出台了《关于印发贫困人口家庭医生签约服务绩效考核办法（试行）的通知》，通过后台调取资料、入户核实、干部评议、走访调查、医生考试等多种方法，进一步加强对签约服务开展情况的监督。

三 重塑观念：签约服务扎实落地的巨大成效

（一）转变患者观念，提升患者获得感

习近平总书记说，"贫困之冰，非一日之寒；破冰之功，非一春之暖"。只有持之以恒地扎实努力才能实现"破冰"，家庭医生签约服务正有效起到了"破冰"功能。签约服务中，贫困人口和重点慢病人口获得了签约医生的切实帮助，困扰其自身的疾病问题得到了更有效的解决，签约对象获得感得到了极大提升，追求健康生活的信心得到提振。签约服务还转变了患者观念，"医不叩门"的传统被打破，签约医生克服山大沟深的条件阻碍，牺牲自己的休息时间，主动上门提供服务，深深感动了镇巴人民，医务工作者的高尚形象在群众心中重新树立，众多签约对象用各种方式表达了对签约医生的真挚感谢。

（二）转变医生观念，激发医生使命感

镇巴县妇幼保健院院长唐伶俐认为："实实在在地入村服务，触发了医护人员内心的感触，长时间生活在科室里会导致内心的烦躁，不能体会到患者的痛苦和无奈，到村里看到很多农户非常贫穷的实际生活，就会站在患者的角度考虑，这是对医护人员灵魂的洗礼。"通过签约服务，镇巴县各级健康卫生工作者能有机会深入患病贫困人口和重点慢病患者的实际生活中，了解疾病给他们生活带来的苦难，激发了他们对于患者的感情。这种对于患者的理解极大激发了医务工作者的使命感，使医务工作者的精神面貌得到极大提升，逐渐形成了无私奉献、吃苦耐劳、踏实肯干的优秀作风，形成了"激情干事、积极奉献"的良好氛围。

四 关键推手：家庭医生签约服务对健康事业发展的重大意义

基于镇巴县家庭医生签约服务的成功实践可以发现，扎实推进家庭医生签约服务对健康治理现代化，乃至整个社会的和谐发展都具有十分重要的作用。

（一）革新医患关系，实现疾病有效治疗

家庭签约服务医生绝不是一个空洞的形式，它是推进医患关系革新，实现对疾病更有效治疗的关键推手。家庭医生签约服务，一是可以给予服务对象有效的健康生活指导。通过坚持深入服务对象日常生活，发现服务对象生活中不利疾病康复及身体健康的现象，提升服务对象生活的健康水平，起到保健和预防疾病的作用。二是可以有效地便利、引导病人的诊疗与康复。通过进行初诊、引导合适就医、协助康复护理有效降低患病对生活的影响，特别是实现对于慢性病患者的日常生活监控与干预。"注意饮食，忌辛辣油腻"的诊疗单对于农村生活只是一句空话，只有家庭医生定期上门监督指导才能做到对病人疾病康复的真正有效干预。三是可以极大地改善医患关系，促进医患相互理解、相互信任。医生与患者之间难以做到相互理解与信任是因为双方日常环境、知识基础所造成的巨大身份、认识差异。只有通过家庭医生走出医院，上门服务，进入患者生活，才能弥合"医院—医疗场景、病理解释"与"家庭—日常场景，生活解释"

之间的鸿沟（如下图）。因此高度重视、积极发挥家庭医生的重要作用，才能浇筑起群众生命健康的第一道防线。

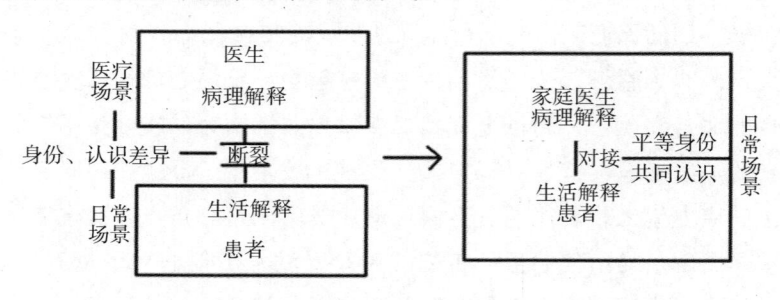

图 9　医患关系的转变

（二）推进健康治理，加强健康事业建设

家庭医生签约服务，不仅能更好地解决现实的疾病问题，而且其在整体健康事业的发展中扮演着关键角色，能够推进健康治理的现代化，推进健康中国建设。一是可以深化医改，实现全科医生执业方式的转变。深化医疗改革，转变全科医生执业方式的探索与实践在中国已经开展超过十年，只有通过有效开展签约服务，才能更好地让基层全科医生，走出医院，用新的执业方式为解决基层群众健康问题发挥更大作用，让全科医生执业方式改革落到实处。二是可以带动卫生健康服务项目的落实。落实以国家基本公共卫生服务为代表的一系列健康服务项目，是提升群众健康水平的重要途径。推进家庭医生签约服务，是实现这些服务的落实，并提升群众对这些服务的知晓度和满意度的重要举措。通过家庭医生在入户随访过程中，进行宣讲引导和一些实际项目的实施，可以有效促进其他公共卫生项目和医疗政策被群众了解和接受。三是可以提升群众健康能力，应对健康不平等问题。面对不同社会阶层之间的健康水平差距，提升普通群众健康观念，提升他们应对健康问题、保持健康生活的能力，是解决健康不平等的重要途径。通过家庭医生入户开展健康教育，指导疾病预防、治疗、恢复，能够有效丰富普通群众的健康知识，帮助他们改正不健康生活习惯，提升获得健康生活的能力。

（三）助推社会治理，促进社会和谐发展

推进家庭医生签约服务，还会越出健康治理，起到促进基层社会治理

进步，促进社会和谐发展的作用。一是可以增强普通群众的获得感。通过家庭医生签约服务的开展，可以提升群众追求健康生活的能力，帮助群众抵御疾病的侵扰，弥合健康的群体间差距，从而有效增强普通群众的获得感，提振广大群众追求美好生活的信心。二是可以化解群体间矛盾，拉近群体间距离。通过签约服务的开展，医生与患者之间的距离得到明显拉近，医生与患者间的紧张关系得到明显化解。不同群体之间的健康不平等得到缩小，群体间的距离也得到缩小，这些对于增进群体间团结都有着重要作用，能够有效助力社会秩序的保持，推动社会的和谐稳定发展。三是可以提升党和政府的形象。家庭医生签约服务的开展，有效化解了群体间矛盾，很好地满足了人民对美好生活的追求，这是党和政府对人民承诺的落实，可以有效提升广大群众对党和政府的满意度，提升党和政府的形象。

送医下乡：用科学检测　精准掌握群众健康状况
——基于健康体检与健康监测的调查与思考

2016年8月，习近平总书记《在全国卫生与健康大会上的讲话》中指出，"预防是最经济最有效的健康策略。古人说：'上工治未病，不治已病。''良医者，常治无病之病，故无病。'要坚定不移贯彻预防为主方针，坚持防治结合、联防联控、群防群控，努力为人民群众提供全生命周期的卫生与健康服务"。我国精准脱贫进入攻坚阶段，健康扶贫工作的重要性日益凸显，健康扶贫预防先行，预防工作的资金成本远低于治疗支出，做好预防工作能极大减少群众患病概率。然而长期以来，广大农村地区医疗卫生条件限制和居民健康意识薄弱，限制了预防工作开展，成为健康扶贫工作的障碍。为此，镇巴县着力开展健康扶贫免费体检活动，利用自行开发研制的健康扶贫家庭医生签约服务管理系统对居民健康状况实施动态管理，发挥了健康体检与健康监测的作用，提升了居民健康素养。镇巴县的实践证明，健康体检与健康监测能有效减少各类疾病的发生，对慢性病和重大疾病起到防控作用，有利于健康扶贫工作推进，助力健康中国建设。

一　观念缺失，贫困人口健康体检工作开展的现实困境

没有全民健康，就没有全面小康。保障全民健康的重点应放在预防上，以预防为主，防治结合。但现实情况是，农村居民对于健康体检认识不足，缺乏主动接受体检的健康观念；基层医疗条件有限，能提供的体检项目较少；各种困难的累加致使健康扶贫工作陷入困局。

（一）群众对开展健康教育的意义认识不足

随着经济社会的快速发展，人们越来越关注自身健康问题，但健康体检理念在我国并未引起足够重视，定期体检人群比率较少，自费体检的意愿更低。特别是在农村地区，民众"重治疗、轻预防"的观念根深蒂固，导致对主动接受健康体检以及学习健康知识的重大意义认识不足。首先，体现在对健康体检的认识不足上，普遍认为自己身体很好，不需要接受体检；其次，部分群众认为医院宣传定期健康体检和开展健康教育是为了吸引更多的人去医院，目的是赚取更多的钱，并非真正为民众谋福利。认为在身体健康的前提下多次接受体检是过度医疗。[1]

（二）农村居民缺乏健康意识的主动更新

农村居民大都不能主动更新自身健康观念，更多坚持传统健康观，而相对忽视心理健康、品德健康等新的健康内容。在实践中忽视体检工作在疾病预防、医疗保健、行为改善、习惯纠正等方面所具有的积极作用。有的医务人员也没有认真学习科学的健康档案管理模式以及先进的健康水平评估体系，难以掌握群众健康状况和患病情况，不能积极开展宣传教育，调整群众生活方式，难以有效消除疾病隐患。

（三）医疗机构缺乏健康管理的后续指导

体检结果是仪器对受检者身体健康情况的数据分析，需要医生根据体检结果做出相应判断，给受检者提供治疗方案或建议，如果医生不能充分利用体检结果有效开展有关受检者身心健康评估、疾病隐患排查、生活方式纠正、健康知识宣传等工作，那么健康管理将失去意义。[2]

（四）医疗机构的健康体检服务额外增加了受检者的医疗成本

长期以来，医疗成本较高是我国有待解决的问题。现阶段普通民众

---

[1] 洪娜：《我国健康体检的现状和问题：老龄社会发展的一点思考》，《人口与发展》2012年第3期，第68—73页。

[2] 张凯明、刘鑫、蔡亚敏、杨芳、吴春贤：《干部健康体检工作中问题分析与对策》，《解放军预防医学杂志》2017年第10期，第1335—1336页。

"看病难、看病贵"的现象依然存在,大医院"一号难求",基层定点医疗机构却"门可罗雀"。就目前来说,进行一次全面健康体检的费用高昂,在医院做一次全身检查的费用需要上千元甚至更高。留守农村的人群更多的是老人、小孩,山区路途遥远使得去一次医院接受健康体检十分不容易。另外,体检项目众多,大部分项目都需要排队等待,有时一天也做不完全部项目,时间成本很高。因此生活水平一般的群众在非必须情况下不愿意参加健康体检。抛开体检需要耗费的时间、金钱来讲,乡镇卫生院软硬件设施不足也是居民不愿体检的原因,他们除生病必须要体检外,很少自愿参与体检,也很少接受健康教育。[①]

上述是造成居民不愿主动接受体检的主要原因,在医疗卫生领域坚持"预防为主,防治结合"的方法可有效避免各类疾病危害人体,也能控制慢病和大病病情。如今健康扶贫迫切要求我们积极探索引导居民自愿接受体检的方法。

二 健康体检,实施精准防治的镇巴实践

如何增强医疗机构服务能力,提高居民体检意识,增强居民健康素养?汉中市镇巴县在深入推进健康扶贫的进程中积极探索,逐渐摸索出"四步筛查"工作方法,送医下乡开展贫困人口体检工作,"主动出击"干预贫困人口健康状况。

(一)制定标准,让健康扶贫做到有据可依

镇巴县结合自身实际情况研究出台《镇巴县健康扶贫"四步筛查"实施方案》,采取统一体检标准、统一筛查方案、统一组织培训、统一抽调人员、统一调配设备的方式,确保筛查识别正常进行。2016年年初,镇巴县各镇(办)在建档立卡"回头看"中,对全县农村贫困人口因病致贫、因病返贫情况进行了初步摸底。召集县、镇、村三级扶贫干部和医务人员一起深入群众家中了解实际情况,经过挨家挨户地入户随访调查,

---

① 阮伟清、廖生武:《在健康体检中开展健康教育的问题及对策》,《中华医学教育探索杂志》2013年第11期,第1180—1184页。

结合前期收集的数据资料，最终掌握了每一户的情况。全面摸底工作覆盖了镇巴县全部贫困人口，清楚掌握了贫困人口的健康状况，依照标准对建档立卡贫困户患病情况进行了全面核实。

（二）体检甄别，为健康扶贫提供有力保证

将针对未病、初病或将病的健康或亚健康人群的体检，称为健康体检。健康体检主要用于检查受检者的健康状况，通过对检查结果的分析，诊断是否存在异常体征，对存在的异常体征进行分析，确定其性质。有些异常体征不需要接受治疗，只需定期复查；有些异常体征可能是疾病的致病因素，需要通过健康促进手段干预和纠正；而有些体征则就是疾病的诊断依据，需要进一步检查和确诊。体检的意义就在于此，我国倡导健康体检就是基于"早预防、早发现、早诊断、早治疗"，可以免除或减轻疾病痛苦，减少用于医疗的开支，提升健康生活的水平。

2017年4月，镇巴县按照"县主导、镇组织、村协助"的原则，采取镇卫生院集中体检、行动不便患者上门体检等方式。组织县内40名专家、骨干医师，邀请西安交大一附院和陕西省肿瘤医院17名博士专家，走遍全县20个镇181个村，掌握了全部贫困人口健康数据，为精准施治、分类管理夯实了基础。

（三）对比核查，使健康扶贫更加精准

体检甄别结束后，镇巴县组织专人进行逐人逐户核查会审，将掌握的贫困户数据情况与全县脱贫攻坚数据逐项核对进行深度清洗，仔细修改每一项缺失、错误的数据，保证每一位贫困户数据都条理清晰，为新增因病致贫、因病返贫户建立新的档案，根据体检结果录入各项信息，做到给每一位贫困户下的结论都有凭有据，厘清致贫主、次原因，对数据、结论负责，为分类施治夯实基础，最终确定因病致贫返贫7450户18625人，比体检甄别前分别下降28个和20.4个百分点，为下一步精准帮扶、靶向施策奠定了坚实基础。

（四）评估分类，使健康扶贫

结合实际，镇巴县贯彻落实中央"三个一批"行动计划，逐步扩大专项救治病种，对患有大病、慢病的贫困人口实行分类分批集中救治，通过救治不断减少现有因病致贫、返贫人口存量。

经过体检甄别、筛查确认的贫困患者由县、镇、村三级医生联合开展分析评估，精准分类。筛查大病2526人、慢病6326人、重病310人，逐人建立电子健康档案，并按照大病集中救治一批、慢病签约管理一批、重病兜底保障一批的"三个一批"策略实行精准救治。

三 增强意识，健康扶贫取得的巨大成效

镇巴县健康体检的开展，有效破解了农村居民"不体检、体检难"的问题，主动上门为贫困群众送体检，变被动为主动，保障了贫困群众的身体健康，最大限度避免了慢性病、重大疾病带来的危害，使镇巴县健康扶贫取得成效。

（一）转变居民观念，健康体检工作落地生根

健康体检可以帮助受检者更好了解自身健康状况，对可能产生的疾病尤其是慢性病、重大疾病做好预防，以此降低治疗疾病带来的医疗成本和社会成本。健康体检能为整个社会和全人类谋取福利，无论是医院、政府还是个人都应当予以配合和支持。通过各种手段、方式、途径提高对健康体检意义的认识，提升对预防疾病相关知识教育重要性的认识，有助于群众积极主动参与到健康体检和接受健康教育活动中去。所以，我们应着力于在平时做好健康体检和健康教育宣传工作，让更多群众认识到做好健康体检和了解健康知识的重要性，转变"重治疗轻预防"的传统医疗观念。通过健康体检活动的开展，镇巴县贫困群众对健康体检有了新认识，了解其重要意义。活动的开展在广大非贫困群众中也取得较好反响，更多人认识到健康体检的预防作用，表示要参与到健康体检中去。

（二）提升医疗服务，助力健康扶贫政策落实

镇巴县用送医下乡、免费体检的形式，破解了群众不主动参与健康体检的难题，医生深入基层为贫困群众实施健康体检和健康教育工作，让广

大群众都看在眼里，群众在了解体检流程的同时也使自己的认识得到提高，对医疗服务的满意度得到提升。医生在进行健康体检和健康教育时严格遵照工作方法执行，既使流程标准化，又规范了医生工作行为。对于医疗服务的提升有推动作用，群众参与体检过程也是对医生的监督。总之，镇巴县开展免费健康体检活动提升了医生的医疗服务水平，助推健康扶贫落地实施。

四 秉要执本，镇巴经验对我国健康事业发展的借鉴价值

（一）预防为主，消除隐患，保障健康扶贫顺利推进

截至2018年12月，中国贫困人口还有1660万人，健康扶贫形势依然严峻，脱贫人口也存在因病返贫的风险，同时伴随老龄社会发展，各种疾病高发，不论贫困人口还是非贫困人口都面临健康问题。"要通过各种方法提早来预防，改变生活习惯来预防。要早期发现，疾病早期检测，等到发病你再来治，成本太大，对于个人也太痛苦"。西湖大学副校长、生物医学教授许田指出，精准预防对社会的成本低，对个人的成本也低。

预防为主是我国卫生与健康工作方针的重要内容，是新中国成立以来医药卫生领域探索的重要经验。镇巴县认真贯彻落实中央精神，在全县大力进行健康推广工作，提升全县基层医疗卫生服务能力，使人民健康水平不断提升，健康素质达到更高水平。

（二）普及体检，加强教育，积极扩大受检群体范围

受检群体受限对健康体检发展非常不利。受检群体受限的原因主要有两个方面：首先，健康体检费用较高，给普通群众生活和医疗带来了一定困难；其次，健康体检设备、场地和医疗条件（包括护士、医生、专家等）受限，能够服务的对象也受到一定的限制。要使健康体检得到快速发展，让健康体检和健康教育有更多受益群体，必须依靠政府政策支持健康体检和健康教育活动。首先，政府要出台政策，保障健康体检和健康教育活动资金稳定投入，以降低参与健康体检的费用。其次，通过信息化服务在各医院和体检中心之间健全体检报告档案，一定时间限度内各医院间

可以相互获取同一受检者的报告，以免其接受治疗时进行重复体检。这样，可以使更多的普通群众有能力真正参与到健康体检中，体验健康体检和健康教育给其健康和生活带来的好处。镇巴县的实践是针对贫困人口进行的，广大的非贫困人口是否也能享受这些政策值得我们去探索。让全人口感受到健康体检和健康教育的真正意义，是健康体检最大的发展前景。只有让全体中国人都享受到健康体检带来的红利，才能真正实现健康中国。

（三）做好回访，负责到位，保证跟踪反馈落到实处

参与健康体检的医生应保持高度的责任心，对体检结果负责，在体检中发现异常时应马上当面告知或电话回访群众，及时进行健康干预，对严重的问题，建议转诊治疗，并协助联系上级医院；对于出院患者或"下转"病人，要做到动态跟踪，对病人康复给出指导意见。

回访工作是健康体检的重要一环，提醒受检者要注意的预防、保健事项，督促、提醒病人继续贯彻必要的治疗措施，增强对健康知识的了解，改变不良生活方式，对于病情较复杂的慢性病，及时给予指导，帮助病人战胜疾病。

解忧克难：靶向发力　多措并举减轻贫困人口医疗负担

——基于镇巴县患病贫困人口医疗帮扶的调查

习近平总书记在视察重庆期间强调："基本医保、大病保险、医疗救助是防止老百姓因病返贫的重要保障。这个兜底作用很关键。脱贫攻坚明年就要收官，要把工作往深里做、往实里做，重点做好那些尚未脱贫或因病因伤返贫群众的工作，加快完善低保、医保、医疗救助等相关扶持和保障措施，用制度体系保障贫困群众真脱贫、稳脱贫。"由此可以看出，多措并举减轻患病贫困人口医疗负担尤为重要，事关脱贫攻坚战的成败问题，更关系到全面建成小康社会的实现。做好相关方面工作，无疑成为当前健康扶贫工作的重中之重。

疾病与贫困相伴相生，是贫困治理中的一个死循环，如果不加以有效解决，脱贫之路也就只会变得越来越坎坷。镇巴县是国家扶贫开发重点县和陕西省11个深度贫困县之一，贫困发生率高，因病致贫占比大。"在脱贫攻坚中，健康扶贫是重中之重"。为此，镇巴县结合当地实际情况，以人民群众根本利益为出发点，在地方政府财力较弱的情况下，突出组织管理，明确健康扶贫思路，强化机制创新，取得了"减存量、控增量"的明显成效，最大限度满足当地居民看病就医需求，尤其是贫困户的就医需求，保证居民能够看得起病、看得好病，打开了贫困患病人群通往幸福生活的道路。

一 主要做法[①]

（一）精准识别贫困人口

同其他地区一样，镇巴县一开始也缺乏对因病致贫、因病返贫对象精准识别的办法，缺乏从根本上解决因病致贫、因病返贫的制度。基层干部在判定致贫、返贫原因时，往往基于经验及帮扶对象现实的要求，没有精确评估疾病对家庭经济的影响。尽管全国统一的扶贫信息系统经过了数轮"数据清洗"，但在一些地区仍存在将小病或轻伤人员纳入统计口径的情况。

农村贫困户数的确定主要采取两种方式：一是采取上级层层分配到村的方式。因各村情况不一，在贫困户多但指标少的村里，有部分贫困家庭可能无法享受到扶贫政策；而一些情况相对较好的乡村，拿到分配指标却没那么多贫困户。二是目前农村多采取自下而上申报贫困户方式，源头数据真实性不能准确把握，"优亲厚友"现象容易造成不公平。缺乏精准识别贫困户的手段，给帮扶工作带来阻力，为扶贫埋下隐患。

摸清因病致贫、因病返贫底数，实现精准识别、因人施策，镇巴县推行以健康体检为重点的"四步筛查"工作法，通过制定标准、体检甄别、比对核查、分类评估，对帮扶对象一一进行确认。在此过程中，镇巴县按照"县主导、镇组织、村协助"的原则，采取镇卫生院集中体检、行动不便患者上门体检等方式，组织县内40名骨干医师，邀请西安交通大学第一附属医院和陕西省肿瘤医院的17位医疗专家，走遍全县20个镇、183个村，按国际疾病分类标准对疾病进行确诊，体检筛查贫困群众53299人。

（二）"4+X"贫困人口医保政策

镇巴县对存量健康扶贫对象进行进一步梳理发现，在因病致贫、因病返贫户中，实际患病9162人，其中大病2526人、慢病6326人、重病310人。根据"大病集中救治一批、慢病签约服务管理一批、重病兜底保障

[①] 参考《陕西镇巴：健康扶贫打开幸福路》，《健康报》2019年3月9日。

一批"的国家要求，镇巴县对其实施精准救治，并结合实际创新完善医疗保障体系。

通过实行"新农合+大病保险+医疗救助+一事一议专项+爱心基金"的"4+X"贫困人口医保政策，贫困人口在县域内定点医院住院免交押金，住院报销比例在原有基础上提高10%，门诊特殊慢病报销额度提高20%；大病保险报销起付线从1万元降至3000元，报销比例相应提高；增加门诊特殊慢性病、11种大病专项救治病种和残疾人报销项目；民政医疗救助在既有基础上，年增加预算600万元，对重特大疾病自付金额超过3000元的，一事一议给予救助。同时，严控非合规费用，要求市级以上三级医院非合规费用控制在8%以内、县级医院控制在5%以内、乡镇卫生院需全部为合规费用，以此减轻贫困人口就医负担。据统计，当前该县贫困人口住院实际报销比例已由58%提高到86%以上。

新农合报销政策主要包含门诊报销政策和住院报销政策。在门诊报销方面，2017年个人设标80元，家庭户内通用，不设报销比例，年底不清零，结转下年继续使用。在住院报销政策上，主要包含县内镇卫生院、县内二级定点医疗机构、县外市内定点医疗机构、市外省内、非定点医疗机构几个方面。大病医疗保险方面，所有建档立卡贫困户全部参加大病保险。新农合基本医疗报销后，累计个人剩余负担的合规费用达到3000元以上的部分，可以进入新农合大病保险报销。按累计金额实行按比例报销，其报销比例比非建档立卡贫困户上调5%。对患有胃癌等11种疾病的再提高5%。建档立卡的参合贫困对象享受大病保险报销不设封顶线。

针对特别困难的家庭，通常是家庭缺乏劳动力，从而缺少经济来源的家庭，会对其进行爱心救助。这是"四重保障"之后的第五重保障，是镇巴县结合贫困群众实际情况的一项大胆创新，这也就是最后的X。该基金已募集爱心基金52.6万元，已经对613名经过四重保障后仍经济困难的重特大疾病患者，以及计生特殊家庭患病成员给予帮助。

（三）提收入，保健康

汉中市镇巴县是省级深度贫困县之一，全县有10个深度贫困村，其中孤寡老人、残疾人、重病等特殊困难群众比例较大。针对这种情况，镇巴县通过精选帮扶产业、资本入股分工、政府兜底等多种形式，确保每一个特殊困难群众在脱贫路上"不掉队"。[①] 镇巴县通过多种救助方式,最大限度地激发贫困人口摆脱贫困的欲望与决心,提高贫困人口的家庭收入,避免出现无钱看病、消极治疗的现象发生。

二 减负成效显著

(一) 组织县镇村三级政府工作人员逐人逐户核查会审

通过与扶贫信息系统数据进行比对,厘清致贫主、次原因,经公示、公告,镇巴县最终确定因病致贫、因病返贫7450户,共计18625人。

(二) "减存量、控增量"取成效

1. 医疗服务能力显著提升

作为健康扶贫的关键一环,镇巴县高度重视县域内医疗卫生服务能力建设。在县财政自给率不足5%的情况下,筹资近4亿元,实施中医院整体迁建和县医院综合楼建设,扩建6所片区中心卫生院,建成183个标准化村卫生室,统一配备快速检测仪、健康管理一体机等医疗设备。县财政每年预算卫生计生人才专项基金200万元,近三年共引进、培养医学人才460人。有硬件及人力基础,镇巴县健康扶贫在"减存量、控增量"方面取得明显成效,因病致贫、因病返贫家庭数量显著减少,贫困人群发生大病、重病的风险也大幅降低。

2. 有效降低群众医疗负担

对已经取得成效的家庭,仍然实行"减贫不减政策",以确保脱贫成果巩固。为防止非贫困人口因大病住院发生大额医疗费用而导致新的贫困,控制因病致贫的"增量",镇巴县对医疗负担较大的非贫困人口进行干预。单次住院费用大于5万元,自付费用大于家庭内居民可支配收入总和的40%,家庭主要劳动力因病丧失劳动力,凡是满足前述3项条件之一,可能会致贫返贫或者难以脱贫的,经镇、村评议张榜公示,上级部门审核后,可通过"政府一事一议",按照一定标准给予医疗再救助,同时

[①] 《汉中镇巴:多措并举 确保特殊困难群众脱贫路上"不掉队"》,西部网—陕西新闻网,2018年5月16日。

由县镇卫生计生单位优先将其纳入家庭医生签约服务。

3. 智慧医疗凸显成效

通过互联网打通居民健康档案、电子病历、医疗结算数据与健康扶贫业务数据，实现贯穿全体居民家庭成员生命全周期的健康数据链条。以大数据平台作为工作轴心，综合医疗、居民健康档案和医疗费用数据分析，为健康扶贫退出机制提供决策支持。通过对全人群的健康大数据进行分析，建立了量化评估标准，准确认定边缘人口，对贫困边缘人员年度就医自付费用达到致贫预警线的进行及时预警，提升"控增量"工作决策能力；针对医疗大数据进行实时监管，及时发现不合规医疗行为，使扶贫资源得到最大化利用。

三 先进的减负经验

降低贫困人口的就医负担无疑是解决好看病难、看病贵问题的关键所在，这不仅关系到脱贫任务的实现，更关系到全面建成小康社会的实现。切实降低贫困群众就医负担则尤为重要。从大的方面讲，主要体现在贫困人口看病就医的支付能力和医疗报销两个方面。

（一）提高贫困人口的就医支付能力

1. 多措并举提高居民收入水平。作为省级深度贫困县，镇巴县的孤寡老人、残疾人、重病等特殊困难群众比例较大。针对这种情况，通过精选帮扶产业、资本入股分工、政府兜底等多种形式，确保贫困群众能获得稳定的就业机会与条件，提高贫困人口的家庭收入。他们通过自身的奋斗，不仅有效提高了家庭收入，在很大程度上也实现了自我价值，极大增强了贫困人口摆脱贫困的信心与决心，让贫困百姓有信心、有决心地实现脱贫，降低无钱看病、消极治疗的发生几率。

2. 爱心基金减负担。除了实行"新农合 + 大病保险 + 医疗救助 + 补充医疗保险"，镇巴还增加了"爱心基金"这一项目。通过企业资助和卫生系统医务人员的自发捐款，对特殊贫困患病人口和计生困难家庭人员进行适当的爱心关怀救助，最大限度地减轻贫困患者的就医负担。

（二）降低贫困群众看病支出

通过实行"新农合+大病保险+医疗救助+补充医疗保险"政策保障，镇巴将医疗报销比例提高到 86.58% 以上。采取扩、降、免、提、控措施，在册贫困户在县内镇卫生院医疗机构取消住院起付线，在二级以上医疗机构免缴住院押金。农村特困供养人员免费住院救治。贫困残疾人康复治疗报销范围由 9 项扩大到 29 项，同时放宽健康扶贫对象中的残疾儿童住院转诊条件。大病保险起付线从原来降低 50% 再次下调，降为 3000 元，同时积极同上级和省市各大三级医院做好沟通对接，降低贫困户预交费用，竭力在全省范围内实现贫困户先看病，少交钱或后交钱。贫困户报销比例较非贫困户提高 10%，慢性病封顶线标准提高 20%；整合新农合报销、大病报销、民政医疗救助等措施，使报销额达到总费用的 90% 以上。扩大慢病病种和残疾人报销项目，大病报销起付线降至 3000 元，贫困户在一级医院住院免缴门槛费，住院报销比例提高 10%，门诊慢病提高 20%，11 种大病再提高 5%。实行"一站式"服务、"一单式"结算，严控不合规费用。年增加预算 600 万元，对重特大疾病自付金额超过 3000 元的，一事一议给予救助。

足履实地：考评奖补保证健康扶贫举措落地生根

——基于对健康扶贫激励监督举措的调研

2016年10月发布的《关于新形势下党内政治生活的若干准则》中指出，干部是党的宝贵财富，必须既严格教育、严格管理、严格监督，又在政治上、思想上、工作上、生活上真诚关爱，鼓励干部干事创业、大胆作为。对干部既要监督约束，也要鼓励激励。激励制度有利于激发广大奋战在一线的医务人员干事创业的积极性、主动性和创造性；监督机制给每一位医务人员画了一道"红线"，警示每个人要按规则程序办事，做事要"实"，有效破解"不作为"问题。为配合健康扶贫工作的推进，镇巴县制定了激励监督家庭医生签约团队的相关政策，保障健康扶贫工作高效开展。

一 激励约束机制在健康扶贫中的作用

激励约束机制是现代组织常用的管理手段，激励就是刺激与鼓励，激发人的积极性和主动性，从而产生绩效；约束就是制约，是一种"负激励"，组织中成员需要制度的约束，按规章制度行事，保证组织正常运转。激励与约束相辅相成，缺一不可，将两者有机结合，为促进组织发展贡献力量，激励约束机制在健康扶贫中的主要作用体现在以下方面。

（一）激发家庭医生干事热情

激励约束机制将家庭医生需求与健康扶贫事业目标相挂钩，引导家庭医生往正确的方向前进，规范家庭医生在健康扶贫工作中的行为，充分发挥家庭医生主观能动性，以满足家庭医生对于薪资、评优和晋升需求的方法激发他们的工作积极性,提高工作效率,使家庭医生在积极完成健康扶贫各项任务的同时,满足自身需求,达到个人与组织的双赢。

(二) 提升团队素质保持人员稳定

通过激励约束机制有针对性地对家庭医生进行调动和激发,极大地使家庭医生发挥出自身的潜能,不断调整激励约束的力度和方式,促进员工不断学习,不断创造,在工作中充分体现和放大人力资本的价值。另外,一个良好的激励约束机制对人才的吸引至关重要,为优秀家庭医生人才提供发展的空间和晋升机会,帮助他们实现职业理想和个人价值,有利于留住人才,保证人才队伍的稳定性,为家庭医生队伍持续发展壮大提供重要的人才支撑。

(三) 增强团队的凝聚力和战斗力

良好的激励约束机制还能对同一集体内的其他人产生示范效应。当一名家庭医生签约服务团队中的成员获得了奖励,这股正能量就会传递给其他成员,激励他们更加热情地工作,形成"比、学、赶、超"的良好氛围。在激励约束机制的鼓励下,使大家朝着一个目标共同努力,在签约服务任务、目标和大家需求的驱使下,促进团队整体的团结,增加整个家庭医生队伍的凝聚力和战斗力。

二 激励约束机制的具体实践

(一) 制定科学的监督考评方法

1. 规范考评指标体系

健康扶贫监督考评要实现规范化管理,首先必须建立合理的考评指标体系,明确考核指标,用严格的标准对家庭医生进行监督考核,规范家庭医生服务行为,提升服务质量,从而增强群众的信任感和满意度。在实际操作过程中,考核指标的设置要综合考虑家庭医生数量、专业、能力和服务意愿,制定合理的考核标准。镇巴县根据自身实际情况,将考核指标分为贫困人口指标和慢病人群指标两类。贫困人口指标包括服务数量、服务质量、服务效果、村卫生室规范管理和基层医生服务能力。慢病人群指标包括：原发性高血压规范管理率≥60%、血压控制率≥40%，Ⅱ型糖尿病规范管理率≥60%、血糖控制率≥40%，肺结核病管理率≥95%、规则服药率≥95%，严重精神障碍管理率≥80%、规范管理率≥75%，脑卒中规范管理率≥60%。

镇巴县完善了以往以服务数量、质量和满意度为主的考核机制，构建了能合理评价家庭医生工作成效的量化考核指标，使考核指标更加清晰明确，没有盲目追求指标的大而全，而是根据现实情况制定合理指标，有效防止签约医生望而生畏，谈考色变。考核指标的设定既是评价家庭医生工作效果，也是通过考核发现问题，引导家庭医生改进提升自己，知道自己要做什么、怎么去做。

2. 制定考核办法

镇巴县采用后台调取资料、入户核实、干部评议、走访调查和医生考试相结合的方法对家庭医生签约团队进行考核。从信息管理系统后台抽取家庭医生签约服务数据，仔细检查签约服务是否按要求进行。针对医生记录的服务数据开展入户调查，考察家庭医生实际服务情况。负责督导考核的领导干部针对检查情况作出评议，对核实发现的问题进行梳理归类，及时反馈与通报，还会提出整改措施，限期整改，确保工作继续顺利进行。积极开展群众走访调查，搜集群众意见建议，对照自身行为及时反思改进，提升团队服务能力。

镇巴县每季度开展1次督导，每年开展1次全面考核，由县健康扶贫办公室具体组织实施。考核工作从健康扶贫任务落实和成效两个方面进行，内容包括有效防止因病致贫因病返贫、降低大病费用实际负担、实施大病分类救治、加强医疗卫生服务能力建设、提高贫困人口健康水平以及组织领导、精准识别等。考核工作于次年第1季度完成，按照以下步骤进行：一是单位总结。镇巴县各镇（街道办）、各单位总结年度健康扶贫工作进展情况和具体成效，形成书面报告，报送县健康扶贫办公室。二是综合考核。在年终精准扶贫、精准脱贫工作考核中抽调县健康扶贫办公室人员对全县各镇（街道办）、各单位健康扶贫工作开展情况按照考核指标进行全面考核，考核结束后形成专项考核报告，考核报告反映基本情况、指标分析、存在问题等，做出综合评价，并根据考核指标进行量分。三是考核结果应用。镇巴县健康扶贫办公室将考核结果上报县脱贫攻坚办公室，县脱贫攻坚办公室将健康扶贫考核情况纳入各镇（街道办）、各单位年度脱贫攻坚考核范围内进行总体评价量分。对健康扶贫工作完成较好、成效显著的单位，按照规定给予一定奖励。若考核过程中发现瞒报、谎报情况，以及本辖区内因病致贫、因病返贫户户数不降反升的，要在全县范围内予以通报批评。镇巴县严格要求各镇（街道办）、各单位及时、准确提供相关数据、资料和情况，主动配合开展考核相关工作，确保考核顺利进行。对不负责任、造成考核结果失真失实的人员追究责任。

镇巴县考核办法的制定一方面明确了考核标准，让各镇（街道办）、各单位在考核时有据可依，另一方面让参与健康扶贫的工作人员对照改进自身工作，起到了监督促进的作用，让镇巴县健康扶贫工作顺利开展。

3. 认真实施考核

有了好的制度就要认真严格执行，为深化考核制度实施，镇巴县做了一系列工作保障执行。一是考核原则规范化。考核工作做到公正、民主、公开和注重实效。在考核方法、程序、环节上有统一的标准，这样有利于引导家庭医生把精力放在干实事、讲质量、求效益上，而且易于量化，在执行时具有较强可比性。[①] 二是考核内容数据化。为使考核做到有据可依，最有说服力的是将考核内容量化为数据，全面反映每个医务人员的德、能、勤、绩；并对每一位家庭医生建立考核档案，年终按优秀、合格、不合格进行综合评定，作为晋升、评优的重要依据。三是考核程序简单化。在考核程序上，方便操作、简单易行，通过考核既能发现工作中的缺陷，又能达到强化控制的目的。

4. 严格监督巡查

镇巴县定期开展关于健康扶贫工作的专项巡查，每次巡查均覆盖县级三家医院和疾控中心、各乡镇卫生院、各村卫生室。巡查紧紧围绕健康扶贫政策保障、基层服务能力提升，医改、医政医管、公共卫生服务、计生奖扶政策落实、环境卫生等情况入户实地调查和查阅档案资料，若发现问题，现场进行询问，责令立即整改。巡查工作结束后，巡查人员组织镇政府分管健康扶贫领导、镇卫生院干部职工、村委工作人员、村医、驻村第

[①] 李先涛、杨光武：《对医务人员进行效绩考评的方法与激励机制》，《中国医师杂志》2001年第3期，第166—167页。

一书记，分别召开反馈反思交流会，就发现的问题认真讨论剖析，督促相关人员整改到位，防止再犯。

（二）建立科学的激励机制

建立起切实可行的激励机制对增强家庭医生工作活力、促进医生自身内涵建设、提高家庭医生签约服务的社会效益十分重要，也是对家庭医生效绩考评结果的进一步落实，使考评工作取得成效。镇巴县根据健康扶贫专项督查、考核方法，对健康扶贫尤其是家庭医生履职尽责情况进行重点检查，对表现优秀、尽职尽责的家庭医生给予表彰，根据考核办法的规定将考核结果运用到实际中去，激励家庭医生不断改进服务，增强服务能力，提升服务质量。

1. 科学运用签约服务经费

在贫困户的签约服务方面，镇巴县按照因病致贫人员每人每年80元、其他贫困人员每人每年50元的标准核定签约服务资金270万元，分别由医保基金、公共卫生经费和县财政分担。在绩效考核的基础上，将签约服务经费按照县、镇、村三级1∶4∶5的比例发放给团队成员。在个性化的签约服务方面，设立专项资金对医疗机构进行奖补，首次签约，每个包奖励50元，第二年续签的，每个包奖励100元。在村级开发公益性岗位180个，每年增加补助资金108万元，按照每个岗位每月500元的标准落实村级签约服务队员报酬。

结合慢病基本公共卫生项目，对各镇慢病管理情况进行考核，兑现慢病签约服务费。对付费包按照付费包服务内容进行考核并实行奖励，续签付费包适当增加奖励标准，对新农合特殊慢病签约服务按照服务包内容进行考核。各镇卫生院扣除签约服务成本后，剩余资金用于团队绩效分配，根据考核结果兑现签约服务费，具体考核办法由各镇卫生院制定。镇巴县还制定了《贫困人口家庭医生签约服务经费专项审计调查办法》，定期对签约服务经费进行专项审计，规范资金使用管理，确保专款专用。

2. 评定优秀签约医生团队

根据《镇巴县健康扶贫领导小组关于印发家庭医生签约服务"星级团队"评选实施方案的通知》（镇健扶办发〔2017〕25号）文件要求，镇巴县根据考核结果按月评选签约服务"星级团队"，促进了家庭医生签约服务工作落到实处，提升家庭医生签约服务质量，广泛调动签约工作的积极性，提高签约服务吸引力，有利于打造信得过、热情高、服务好的家庭医生签约团队，为提高重点人群健康素养，提升基层服务能力和群众满意度做出贡献。

3. 新农合支付制度改革奖励

镇巴县卫计局为落实上级文件精神制订了新农合基金支付制度改革方案，结合本县实际借鉴其他地区经验，探索出了适合本县实际的改革方案，实行"总额控制、分块结算、结余留用、超支不补、分期拨付、定期考核、适当调控、奖惩并重"的原则，激发了医疗机构和家庭医生的工作积极性。

三 经验启示

（一）效绩考评势在必行

考核的目的是衡量家庭医生签约的服务效果，考核结果也要更好地应用到家庭医生工作评价中去，考核结果应用的好坏直接关系到签约服务能否顺利开展。因此要充分发挥考核结果的激励作用，既要注重对家庭医生的物质奖励也要注重精神奖励，把考核结果同服务经费、补助资金、绩效工资联系起来，同时也与评优树模、职称晋升挂钩，发挥考核结果的最大效用。

效绩考评是深化医疗人事改革，加强管理的重要举措。有利于建立起有责任、有激励、有约束、有竞争、有活力的运行机制，使家庭医生签约服务工作走向规范化；有利于促进医生个人内涵建设，对医德医风建设、医疗卫生业务开展有着十分重要的作用；有利于医院人事制度改革，通过考评结果实现人员末位淘汰，激发医生危机意识，调动工作积极性。

（二）措施具体，重点突出

在制定各类人员考核指标时，要联系家庭医生签约服务实际做到三个结合：一是医疗质量指标与业务数量相结合。摒弃传统单纯以开展业务数量为指标的考核方法，加强对家庭医生服务质量的考核，注重群众对家庭医生满意度的评价，对家庭医生签约服务提出更高要求，使家庭医生在进行签约服务时给予群众更高质量的服务，提升群众获得感。二是医德医风建设与文明服务相结合。以严格的服务流程和标准规范家庭医生签约服务行为，以奉献精神激发家庭医生签约服务动力，激发医务人员使命感。三是社会效益与经济效益相结合。充分利用"两种效益"的优势，实行科学分类、精准考核，提升团队服务能力。在实施考评操作过程中，做到全面、具体、有理有据，把各项细则与家庭医生签约服务实际工作紧密结合起来，增强团队整体工作效能。

（三）规范管理，成效显著

镇巴县制定监督考评制度对家庭医生签约服务团队进行效绩考评，推行激励机制，深化了医院人事制度改革，使团队管理逐步朝制度化、规范化、科学化、现代化的管理迈进，同时也促进了团队工作顺利开展。在具体实践中，我们体会到对家庭医生签约服务团队成员的考评内容有待进一步完善，方法有待进一步改进，要通过不断修改和完善，更好地处理各项量化标准，为健康扶贫工作服务。

附录

附录1 加强深度贫困地区健康扶贫的若干建议[①]

减贫深度贫困是影响和决定实现2020年脱贫目标的关键因素之一。2017年6月21日，习近平总书记在深度贫困地区脱贫攻坚座谈会上指出"脱贫攻坚本来就是一场硬仗，深度贫困地区脱贫攻坚更是这场硬仗中的硬仗，必须给予更加集中的支持，采取更加有效的举措，开展更加有力的工作"。当前和未来的脱贫攻坚重点和难点就是解决深度贫困问题。深度贫困地区因病致贫、因病返贫比例高，是横在贫困群众脱贫路上的最大拦路虎。基于对六盘山片区、秦巴山片区、吕梁山片区、新疆南疆三地州等地调研，分析了深度贫困地区健康扶贫存在的问题，并就此提出一些建议。

一 健康问题是破解深度贫困的难点

因病致贫是精准扶贫中的短板，深度贫困地区健康扶贫任务艰巨。习近平总书记强调，"没有全民健康，就没有全面小康"。国家把开展健康扶贫作为打赢脱贫攻坚战的关键战役，将其列为"八个一批"的重要任务，坚持行业扶贫与医疗保障有效衔接，出台一系列健康扶贫政策，一定程度减轻了贫困群众看病负担。然而，深度贫困地区自然条件差、贫困程度深，因病致贫、因病返贫比例高。全国建档立卡数据显示，2016年包括少数民族地区在内的贫困人口中，因病致贫的比例为44%。西藏和四

[①] 作者何得桂，该研究报告2017年获中共中央政治局委员、国务院副总理刘延东同志的重要批示；国家卫生计生委主任李斌、副主任王培安等也作出批示。2017年10月24日下午时任国家卫生和计划生育委员会财务司综合处（扶贫办）负责人专门致电感谢。

省藏区包虫病防治任务艰巨，全国流行艾滋病最高的凉山地区贫病交加。健康扶贫具有特殊性、艰巨性、长期性特点，需加大政策扶持力度。

二 深度贫困地区健康扶贫存在的问题

一是信息数据不精准。目前还缺乏统一明确的"因病致贫、因病返贫"评定标准，一些地方对因病致贫群众界定不清，有的把找不到致贫原因、小病轻伤的贫困户纳入因病致贫范畴，致使各地因病致贫的比例悬殊。个别地方因病致贫原因过于笼统，健康扶贫信息精准性不够，影响了分类救治的成效。陕西淳化县因病致贫户占比达40.62%，远高于全省平均水平，永寿县扶贫数据网显示全县因病致贫返贫12042人，而国家卫计委动态系统中因病致贫返贫仅为1829人。

二是疾病防控力较弱。大部分农村"重治疗、轻预防"，特困地区农民家庭在患病人员和医疗支出占比等方面高于居民家庭。特困地区农村在慢性病三级预防方面投入严重不足，在结核病、大骨节病等重大传染病、地方病和寄生虫病防治工作欠账较多，加之一些农村面源污染较大，给贫困群众健康生活埋下隐患，疾病防控能力亟须加强。

三是分类救治推动慢。六盘山片区、民族边疆地区等地大病救助不及时、救助面不高、救治标准低表现较为突出。不少省份出台分类救助的积极措施，但大病报销比例普遍偏低，有的贫困人口享受医疗报销救助不全面，落实上存在打折扣现象。贫困户合规费用报销比例达到80%，但实际报销比例只有60.12%，与全国要求的达到90%以上还有很大差距。大病救治方面，县一级基本做到先救治后付费，但省市级医院的先救治后付费机制还不健全。慢病签约率仍然偏低，仅为81.83%。重病兜底保障政策还存在挂名现象。目前全国仍然没有明确贫困人口免费参合、办理补充保险的具体标准和筹资渠道。宝鸡市依赖新农合倾斜政策支撑贫困人口就医费用报销，新农合资金缺口高达8160万元。

四是医疗保障水平低。深度贫困地区镇卫生院、村卫生室软硬件较差，医疗设备陈旧、功能科室不全、诊疗技术落后十分突出，致使一些常见病、多发病、慢性病的诊疗受到限制，不能满足贫困群众就医需求。"一站式"结算方面，报销程序烦琐、层级较多，个别县级医院还没有建立贫困人口报销窗口,个别民政部门没有落实专人驻点服务。基层医务人员存在总量不足、结构不合理、专业素质不高等问题,专业医护人才"引不进、留不住、提不高"、村医人员老化现象比较严重,村医医疗服务收入微薄,仅依靠公共卫生服务补助,未能有效解决养老问题。例如,陕西省淳化县231名村医中,职业医师仅有24名;永寿县102个贫困村尚未建立村卫生室的有59个。

五是政策宣传不细致。长期以来,"看病贵、看病难"的问题根植深度贫困地区群众心底,"小病扛、大病拖"的现象十分突出。深度贫困地区农村孤寡老人居多,接受政策能力有限,且新农合报销程序烦琐,一些贫困户不知晓大病、慢性病的报销政策、报销程序,对健康政策的知晓率不高。个别地方和干部宣传政策方式单一,缺乏深入浅出、通俗易懂的辅导讲解,甚至一些干部对健康扶贫政策也没有完全搞清楚,不知道具体政策、报销程序、报销额度。部分帮扶人员不知晓结对帮扶贫困户的具体病因、病种、程度以及患病支出、报销情况、后续问题等,增加了健康扶贫工作难度。

三 加强深度贫困地区健康扶贫的建议

牢固树立"减支就是增收"的扶贫理念,遵循"预防为主、标本兼治"的原则,以贫困群众"看得起病""看得好病""方便看病"和"减少疾病"为目标,防止因病致贫、因病返贫,全面提高贫困人口健康水平。

(一)完善数据台账,出台配套政策

加快制定特困地区因病致贫、因病返贫的认定标准,规定统一数据的统计口径和统计时段,做好扶贫与卫计两个系统的数据台账衔接。提高健康扶贫信息化水平,加快建立和完善健康扶贫动态管理系统。对因病致贫返贫人员实行动态化管理,完善贫困户健康档案和非贫困户大病、慢性病人员档案,建立大病专项救助台账,扩充健康服务"明白卡"内容。在执行好底线政策的同时,要做好市县政策与中省政策,健康扶贫政策与医改、公共卫生政策,新农合、大病保险、民政医疗救助政策之间的衔接。

抓紧制定 11 种大病在合疗、大病保险、大病救助基础上的报销处理政策，完善重大疾病商业补充保险，扩大慢性病报销范围。

（二）坚持源头控制，提高预防能力

有针对性采取疾病精准防控措施对深度特困地区结核病、乙肝、出血热、手足口病、包虫病和狂犬病等重点传染病实施专病专防策略，控制和消除大骨节病、碘缺乏病等地方病危害。针对糖尿病、高血压、冠心病、慢性肾病等常见、多发慢性病，在做好三级预防的同时，应将深度贫困地区的慢性病治疗药物作为特殊慢性病门诊管理。积极推进优生优育，控制遗传性疾病和先天性疾病，提高孕前优生健康免费检查、新生儿疾病免费筛查服务水平。大力开展爱国卫生运动，有针对性地实施水、环境改善行动，提高群众"大健康、大卫生"的健康意识，养成良好的卫生习惯和健康生活方式，从源头上遏制疾病发生。

（三）健全保障体系，推进分类诊疗

各项医保政策要进一步加大向深度贫困地区倾斜力度，尤其在起付线、报销比例、封顶线等方面给予重点倾斜，提高政策内医药费用报销比例，放宽报销标准目录，把住院先诊疗后付费的制度延伸到省市一级，着力构建贫困人口就医的"四重保障"政策体系，确保医疗费用实际报销比例达到 90% 以上，当年个人实际医疗费用支出不超过 3000 元，减轻贫困户就医负担。切实推行"一站式"即时结算，采取定点医院垫付、定期联审、统一结算等形式，简化大病保险报销程序，缩短结算周期，减少贫困人口看病报销的经济成本和时间成本。强力推进"三个一批"行动计划，大病突出集中救治，精准核定大病救助对象，分病种、分梯次开展集中救治，建立台账，实行销号管理；慢病要突出签约服务，采取个性化健康管理，做到无病早防、有病早治，实现贫困人口慢病签约服务全覆盖；重病要突出兜底保障，加大民政救助、慈善救助和社会救助力度。

（四）加大扶持力度，下沉优质资源

中央要加大对特困地区健康扶贫的资金投入力度，对资助贫困人口参加新农合个人缴费资金来源应给予倾斜政策，新农合统筹标准提高到

1000元。在偏远地区和贫困地区建立远程医疗协作网，力争所有的三级医院都与下级医院建立远程医疗协作机制，对基层医院进行远程的医疗、远程的会诊、远程的教学、远程的培训、远程的指导，提高基层的服务能力。给予基建项目支持，确保片区每个县有1所二级公立医院，标准化乡镇卫生院、村卫生室达到100%。着力深化对口支援，实行省级医院对口帮扶片区贫困县医院，落实医生团队蹲点帮扶和重点专科建设，扩大适宜医疗技术，促进优质医疗资源下沉，推进县、镇、村一体化管理，构建三级联动的县域医疗服务体系，提供"家门口"的日常诊疗服务，确保90%以上的患者能够在县域内就诊治疗。加大医疗专业人才培养支持力度，对特困地区至少每县每年安排不低于5人的全科医生和专科医生特设岗位计划，适时放开贫困县专业技术人才自主招聘权，提高基层医技人员补助标准，对符合条件的村医全部纳入城镇职工基本养老保险。

（ ）加强政策宣传，做到家喻户晓

实施健康知识普及行动，着力增强贫困地区群众健康素养。充分发挥包村干部、帮扶责任人、驻村工作队、第一书记等"四支队伍"的作用，加大健康扶贫培训力度，采用进村入户的方式，开展"一对一帮扶""面对面宣讲"健康扶贫政策，确保所有贫困人口都了解政策规定和报销流程，转变过去"扛、拖、等"的旧观念，促使贫困户生病能够第一时间去治疗和享受医疗救助政策。进一步细化健康扶贫政策宣传方案，针对不同年龄、不同文化、不同接受能力的贫困群众，充分利用传统宣传方式和新媒体，采取不同的宣传策略，提高政策宣传的针对性和实效性，切实提高贫困户对健康扶贫政策的知晓率，提升群众对健康扶贫工作的满意度。

附录2 再领先一步，持续打造健康扶贫的陕西样本

——在陕西省健康扶贫专家咨询委员会成立大会上的发言[①]

尊敬的各位领导、专家学者、各位朋友：

大家下午好！

"山明水净夜来霜，数树深红出浅黄"。在这个秋色宜人的季节里，我们共聚一堂，举办陕西省健康扶贫专家咨询委员会，为更好交流、研究、探讨推进陕西健康扶贫工作发展提供了很好的机会。我是来自西北农林科技大学公共管理系的何得桂，很荣幸能够入选陕西省健康扶贫专家委员会并当选秘书长。作为一名多年从事扶贫研究的青年学者，我将以此次会议为契机，认真履行专家咨询委员会委员的职责，进一步关注、参与、调查、总结和研究陕西健康扶贫工作，为持续提升陕西健康扶贫的社会影响力和美誉度提供应有的智力支撑。

脱贫攻坚是党的十九大明确决胜全面建成小康社会必须打好的三大攻坚战之一。因病致贫返贫是扶贫硬骨头的主攻方向，健康扶贫是打赢脱贫攻坚战的一场关键战役。在贫困地区调查中，我们经常听到这样一句话"救护车一响，一头猪白养"。这充分说明了因病致贫、因病返贫是乡村振兴的"绊脚石"，也凸显了健康问题是打赢脱贫攻坚战的"拦路虎"，是最难啃的一块"硬骨头"。习近平总书记指出，没有全民健康就没有全面小康。做好健康扶贫工作是提升脱贫质量的核心保障，也是助力健康中

[①] 这是笔者2018年10月8日作为专家代表在陕西省健康扶贫专家咨询委员会成立大会上的发言。

国建设的重要举措。习近平总书记在全国卫生与健康大会上强调，要把人民健康放在优先发展战略地位，努力全方位全周期保障人民健康。习近平总书记关于脱贫攻坚，特别是健康扶贫的重要论述，为专家咨询委员会开展好工作提供了强有力的理论指导。

在我看来，陕西省健康扶贫专家咨询委员会具有"桥梁纽带、调查研究、咨询服务、宣传普及"等职能的作用，为了使上述职能得到有效发挥，我和我的研究团队将努力做好"三个聚焦"：

一要聚焦问题，坚持问题导向，大兴调查研究之风，积极探索健康扶贫的有效实现方式。

例如，省委5月21日召开的常委会会议要求："要认真组织大骨节病等地方病防治专项行动"，"要把地方病防治作为健康扶贫的重要内容"。这就要求我们要基于实地调查等方式的基础上认真分析制约陕西地方病防治的主要因素，及时提出具有很强针对性、可行性的改进措施，以更好地助力健康扶贫工作。令人欣喜的是，在健康扶贫进程中，我省地方病防治前不久得到了国家的认可；中共中央政治局委员、国务院副总理孙春兰8月30日至31日在陕西省调研地方病防治工作，深入麟游县崔木镇中心卫生院，实地调研了大骨节病等地方病防治工作，并主持召开全国地方病专项防治工作推进会。

又例如，贫困地区家庭医生签约服务如何避免出现"有签约、无服务"现象以及签约服务质量不高等问题，需要基于扎实调研拿出具有可行性的应对举措，以推动家庭医生签约服务可及性的实现。坚持问题导向，就是要聚焦问题、直面问题，准确把握健康扶贫工作的重点和难点，充分发挥健康扶贫专家委员会的智库作用，积极建言献策，以问题的解决来推动我省健康扶贫工作的扎实开展、有效推进。

二要聚焦理论，拿出具有深刻洞见、独特创见、战略远见的健康扶贫研究成果，不断增强健康扶贫的话语权。

众所周知，健康扶贫是基础，具有基础性作用。在各种扶贫方式中，健康扶贫是"1"，其他各种扶贫方式是"0"，有了这个"1"扶贫的效果才能倍增。作为专家委员会的成员，我今后要提升做好健康扶贫研究工作的自豪感和使命感。一方面要积极组建科学合理、行动力强的健康扶贫研究团队，主动对接和参与省上和地方政府开展的健康扶贫课题研究，另一方面要切实加强对健康扶贫基础理论的科学研究，加强健康扶贫与乡村振兴衔接与互动的研究，加强健康扶贫在整个精准扶贫精准脱贫体系中地位、作用和贡献的研究。总之，在理论研究上要充分体现习近平新时代中国特色社会主义思想，特别是要充分体现习近平总书记脱贫攻坚重要论述的精神，要进一步加强前瞻性研究，努力推出一批有分量的研究成果，力争让健康扶贫成为"主旋律"，在致力于向陕西乃至全国健康扶贫工作提供更多的理论支撑的同时，也为全省乃至全国健康扶贫的发展提供有益借鉴。

三要聚焦亮点，注重创新导向、经验导向，认真总结、提升和推广健康扶贫"陕西模式"。

既要注重问题导向，也要重视经验导向或创新导向，尤其是后者要在今后发挥或者展现得更为明显。解决问题是治标，更重要的是寻求解决问题的治本之策，由此需要创新，需要探索，才会产生地方好经验。根据我和我的团队对陕西健康扶贫的持续观察和跟踪研究发现，陕西健康扶贫完成了国家和省上的"规定动作"，同时还有很多富有创新性的"自选动作"，创造了许多好经验、好做法，有力提升了贫困地区医疗服务能力，有效提高了农村贫困人口健康水平，很好地助力全省脱贫攻坚，逐步实现了健康扶贫与健康乡村建设的有机衔接，十分值得总结和提升。我们将始终做健康扶贫工作的建设者、宣传者、总结者，立足于建设性思维，聚焦健康扶贫的"陕西样本"，放大"陕西元素"，升华"陕西经验"，诠释好健康扶贫在陕西的生动实践和积极探索，力争使健康扶贫"陕西模式"获得更多的关注和认可，持续领跑全国。

正如大家所知，因病致贫不同于就业、住房、教育等致贫因素，难以做到一次性消除。即使2020年总体消除贫困后，因病致贫返贫问题仍将长期存在。可以说，因病致贫返贫是"贫中之贫、困中之困、坚中之坚"，是脱贫攻坚最难啃的硬骨头。值得社会各界对此予以应有的、更多的关注、支持和研讨。基于这样的认识和思考，我的团队自2017年以来就密切跟踪研究健康扶贫。例如，由我牵头撰写的《关于加强深度贫困地区健康扶贫的研究报告》2017年获得党和国家领导人的重要批示，并受国家卫生计生委的邀请专题研讨因病致贫因病返贫认定标准，促进了健康扶贫政策的调整和完善，产生了一定的积极影响。与此同时，我的团队参与指导和总结的健康扶贫镇巴模式，为当地获得2018年全国脱贫攻坚组织创新奖贡献了绵薄之力。

根据我的体会，研究陕西健康扶贫的改革创新及典型经验要遵循"三个维度"：一是地方做法，时代高度。尽管做法是陕西的、地方的，但是反映时代发展的趋势，具有先进性。二是陕西经验，理论深度。尽管是具体的地方经验、陕西经验，但包含着相当的理论含量，具有普遍性。三是地方特点，全国广度。尽管反映的是陕西特点或者说地方特点，但其内含价值和机制可复制，具有推广性。

中国特色社会主义建设进入了新时代。这是一个需要理论而且一定能够产生理论的时代，也是一个需要思想而且一定能够产生思想的时代。放眼全国，陕西健康扶贫工作已经领先一步。面对质量脱贫的新要求，为确保陕西健康扶贫工作再领先一步，我建议省卫生计生委或省健康扶贫办抓紧设立一批健康扶贫专项研究课题，开展战略性、前瞻性、对策性研究，为新时代陕西健康扶贫提供有力的智力支持。每个课题由专家牵头与地方政府共同实施，实现产学研相结合，重点解决实践克难、研究方法等问题，更好地助力新时代的陕西健康扶贫。

此外，在课题成果发布方面，要上层次、发声音。从层次上说，在国际层面，坚持国际化视野，讲好中国故事；在国家层面，做到理论上的系统性和制高点，在省内外，扩大影响，做好理论指导。从界别上说，在学界、政界和新闻界，做好研究成果发布、传播的条理性与畅通性。

最后，我们的团队将以健康扶贫的重大理论与实践问题为主攻方向，增强责任意识、机遇意识，主动担当、积极作为，切实当好省卫生计生委、省健康扶贫办的"助手"和"参谋"。让我们一起努力，把陕西健康扶贫工作进一步干实、干好、干响！谢谢大家！

参考文献

一 中文著作

何得桂等编著：《打赢脱贫攻坚战基层干部群众读本》，知识产权出版社2019年版。

何得桂等：《健康中国读本》（陕西卷），知识产权出版社2020年版。

何子英等：《提升基层医疗卫生服务能力：基于浙江省的研究》，浙江大学出版社2017年版。

石英：《贫困对健康的呼唤——西部农村医疗与农民健康的一项质性研究》，西北大学出版社2006年版。

吴爽等：《家庭医生签约服务制度研究》，中国国际广播出版社2017年版。

习近平：《决胜全面建成小康社会 夺取新时代中国特色社会主义伟大胜利——在中国共产党第十九次全国代表大会上的报告》，人民出版社2017年版。

中共中央党史和文献研究院编：《习近平关于"三农"工作论述摘编》，中央文献出版社2019年版。

中共中央党史和文献研究院编：《习近平扶贫论述摘编》，中央文献出版社2018年版。

二 中文译著

［德］马克斯·韦伯：《经济与社会》（第二卷），阎克文译，上海人民出版社2010年版。

三 期刊论文

本刊编辑部:《中国卫生经济学会第十六次年会简述》,《中国卫生经济》2014年第1期。

陈竺:《把医改推向深入》,《中国科技产业》2012年第4期。

陈成文:《从"因病滞贫"看农村医疗保障制度改革》,《探索》2017年第2期。

丁小欧、王宏志、张笑影等:《数据质量多种性质的关联关系研究》,《软件学报》2016年第7期。

冯显威:《健康社会学发展中的新理论范式研究》,《医学与社会》2012年第1期。

郭岩、刘培龙、许静:《全球卫生及其国家策略研究》,《北京大学学报》(医学版)2010年第3期。

高成新、刘洁:《医学社会学视角下抑郁症现状调查分析》,《医学与哲学(A)》2016年第2期。

高和荣:《签而不约:家庭医生签约服务政策为何阻滞》,《西北大学学报》(哲学社会科学版)2018年第3期。

管军、张亮、綦斐等:《基于社会资本理论的农村慢性病综合管理模式分析》,《中国卫生经济》2010年第3期。

何得桂:《加强深度贫困地区健康扶贫的建议》,《中国国情国力》2017年第11期。

何得桂、董宇昕:《深度贫困地区健康扶贫政策执行偏差及其矫正》,《党政研究》2018年第6期。

黄瑞芹:《健康中国战略下民族地区农村居民健康素养提升策略研究》,《华中师范大学学报》(人文社会科学版)2018年第4期。

黄玉捷:《"健康中国"指标背景下全国健康水平及地区差距》,《科学发展》2019年第2期。

焦剑:《习近平关于全民健康事业的重要论述及启示》,《西华大学学报》(哲学社会科学版)2019年第2期。

姜玉霞:《把健康"守门人"制度建立起来》,《内蒙古日报(汉)》2018年8月27日。

冷佳君、何得桂：《深度贫困地区健康扶贫政策执行偏差的机理分析——基于陕西省镇巴县的调查》，《卫生经济研究》2019年第9期。

李斌：《深化医药卫生体制改革》，《求是》2013年第23期。

李春亭、颜明：《云南健康扶贫的现状分析、实施困境与路径完善》，《云南民族大学学报》（哲学社会科学版）2018年第3期。

李克强：《不断深化医改 推动建立符合国情惠及全民的医药卫生体制》，《求是》2011年第22期。

李玲、傅虹桥、胡钰曦：《从国家治理视角看实施健康中国战略》，《中国卫生经济》2018年第1期。

连漪：《推动落实预防为主5项重点》，《中国卫生》2019年第3期。

刘谦：《关于深化医药卫生体制改革的思考——学习十八届三中全会精神的体会》，《中国卫生政策研究》2014年第1期。

刘丽杭：《国际社会健康治理的理念与实践》，《中国卫生政策研究》2015年第8期。

刘远立：《慢病防控是深化医改的切入点》，《中国卫生》2016年第1期。

吕键：《论深化医改进程中分级诊疗体系的完善》，《中国医院管理》2014年第6期。

马晓伟：《结构调整和付费改革将成医改重点》，《中国医院院长》2011年第12期。

马克：《数据清洗在统计调查实践中的应用》，《调研世界》2018年第10期。

曲凤宏：《脱贫攻坚应当高度重视健康扶贫工作》，《前进论坛》2017年第4期。

阮芳赋：《医学社会学的对象、内容和意义》，《医学与哲学》1982年第4期。

《深化医改 努力实现卫生计生领域的"中国梦"——陈啸宏副主任在"实现卫生公平建成小康社会"高层研讨会上的讲话（节选）》，《卫生经济研究》2013年第6期。

孙小杰：《健康中国战略的理论建构与实践路径研究》，博士学位论文，吉林大学，2018年。

孙志刚:《中国医改的创新实践与探索》,《求是》2012年第18期。

孙志刚:《深化新医改 共筑健康梦》,《行政管理改革》2014年第6期。

汤少梁、许可塑:《贫困慢性病患者疾病负担与健康精准扶贫政策研究》,《中国卫生政策研究》2017年第6期。

王东进:《"三医联动"是深化医改的不二方略》,《中国医疗保险》2015年第11期。

王虎峰:《深化医改进一步向制度化建设迈进》,《中国卫生》2017年第11期。

王培安:《全面实施健康扶贫工程》,《行政管理改革》2016年第4期。

王培安:《健康扶贫为健康中国建设补短板》,《中国卫生》2017年第5期。

王秀峰、张毓辉:《论发展健康服务业与深化医药卫生体制改革的关系》,《中国卫生经济》2014年第6期。

习近平:《把人民健康放在优先发展战略地位 努力全方位全周期保障人民健康》,《人民日报》2016年8月21日。

殷东、张家睿、王真等:《中国家庭医生签约服务开展现状及研究进展》,《中国全科医学》2018年第7期。

张茅:《深化医改需要探索和把握的几个问题》,《行政管理改革》2010年第6期。

朱仁显、李欣:《家庭医生签约服务制度的建构与完善对策——厦门市经验的研析》,《东南学术》2018年第6期。

[苏]C.克利涅尔:《评〈个人健康——社会价值〉》,孙舟译,《国外社会科学》1990年第3期。

[美]莫瑞·辛格:《批判医学人类学的历史与理论框架》,林敏霞译,《广西民族学院学报》(哲学社会科学版)2006年第3期。

四 外文文献

Carmen Dolea, a Laura Stormonta & Jean‐Marc Braichet, *Evaluated*

Strategies to Increase Attraction and Retention of Health Workers in Remote and Rural Areas, Bull World Health Organ 2010; 88: 379 - 385.

Kate R. Lorig, Halsted R. Holman, Self – management Education: History, Definition, Outcomes, and Mechanisms, *Annals of Behavioral Medicine*, 2003, Vol. 26 (1): pp. 1 - 7.

Tan Xiaodong, Liu Xiangxiang, Shao Haiyan, *Healthy China 2030, a Vision for Health Care*, Value in Health Regional Issues 2017. 04.

World Health Organization, *Primary Health Care: Report of the International Conference on Primary Health Care*, Alma - Ata, USSR: 1978.

World Health Organization, *Ottawa Charter for Health Promotion*, Copenhagen, 1986.

World Health Organization, *Jakarta Declaration on Leading Health Promotion into the 21st Century*, Geneva, 1997.

后　记

　　学术研究需要有敏锐的洞察力，也需要有合适的机会和条件。我们团队关注和研究健康扶贫、健康中国，除了受"顶天立地、理论务农"学术理念的深刻影响，很大程度上也是一种"缘分"。长期研究秦巴山区发展的我，虽然对陕西省汉中市镇巴县也较为了解，但对于健康扶贫的"镇巴经验"和"汉中模式"直接"面对面"主要源于我参加在北京举办的一个研讨会。

　　2017年10月30日下午，受当时的国家卫生计生委财务司、扶贫办的邀请，本人作为唯一的高校专家代表在北京参加了因病致贫因病返贫认定标准研讨会。与会人员主要有：时任国家卫生计生委财务司副司长刘魁（现系国家卫生健康委财务司巡视员）、国务院扶贫办政策法规司副司长陈洪波、国家卫生计生委财务司综合处（扶贫办）曾云光处长（现系国家卫生健康委扶贫办专职副主任）以及来自民政部、人社部、国家卫生计生委扶贫办、国家卫生计生委下（直）属单位、中华医学会、安徽省卫生计生委、云南省卫生计生委、陕西省汉中市卫生计生局、汉中市扶贫办等单位的相关人员。在这次研讨会上，汉中市卫生计生局局长赵文杰（现系汉中市卫生健康委主任）对汉中健康扶贫做法与经验的介绍引起了我极大的研究兴趣，并与她进行了一些交流、探讨。

　　从那时起，研究健康扶贫及健康治理正式成为我们一个重要研究方向。我的团队，先后多次参加相关调研、座谈等活动。例如，2017年11月5日—11月10日，受当时的汉中市卫生和计划生育局邀请，我带领研究生张硕、亢秀平先后到城固县、镇巴县以及汉中市健康扶贫办等地调研健康扶贫，其间还参加了当时国家卫生计生委扶贫办调研组在汉中的考察活动。2018年3月1日，本人受邀参加在西安召开的全省健康扶贫工作务虚会，并在会上作相关发言。

需要指出的是，对于健康扶贫镇巴样本的关注和研究，离不开时任镇巴县卫生计生局庞文学局长（现系汉中市卫生健康委副主任）及健康扶贫工作办公室的大力支持和对我们的充分信任。他们的工作热情、能力、干劲和改革创新精神深深地感染了我们。

本书由笔者牵头执笔，是集体智慧、团队合作的又一项重要成果。笔者对本书的总体思路、基本框架以及篇章结构予以设计、指导和明确，并负责全书的统稿工作。此外，徐榕做了大量的协调和文字校对工作。本书主要由理论研究篇、经验分析篇、个案调查篇以及附录、参考文献等部分组成。

理论研究篇的撰写情况是：导论（何得桂）、以系统性改革思维引领健康扶贫的发展（徐榕、何得桂）、以靶向治理瞄准和满足贫困群众的需求（陶钰）、以家庭医生签约服务制度保障贫困人口健康（陶钰）、以多样化有效举措破解慢性疾病的防治（徐榕、潘祥勇）、以智能化、信息化推动健康扶贫提质增效（廉耀辉、徐榕）、以健康治理理念增进人民群众的福祉（徐榕、何得桂）。

经验分析篇的撰写情况如下：《以健康为中心：健康扶贫进程中的地方经验》（徐榕、何得桂）；《生活医疗：贫困人口家庭医生签约服务有效开展的"镇巴经验"》（徐榕、唐伶俐）；《精准工作法：因病致贫人口识别筛查的有效路径》（徐榕、潘祥勇）；《三方互通："互联网+"助力贫困人口健康治理的有益经验》（徐榕、何得桂）；《"一二五"：西部农村山区健康扶贫长效机制的构建与探索》（廉耀辉）。

个案调查篇的撰写情况是：《谋篇布局：系统推进打造健康扶贫"镇巴模式"》（廉耀辉）；《医者仁心：拉近年医患距离 重塑医患观念》（徐榕、潘祥勇）；《送医下乡：用科学检测 精准掌握群众健康状况》（陶钰）；《解忧克难：靶向发力 多措并举减轻贫困人口医疗负担》（廉耀辉）；《足履实地：考评奖补保证健康扶贫举措落地生根》（陶钰）。

本书能够顺利完成，要感谢诸多机构和人士的关心和帮助。

衷心感谢国家卫生健康委扶贫办，特别要感谢国家卫生健康委扶贫办专职副主任曾云光同志的鼓励、指导和支持！

真诚感谢陕西省卫生健康委刘宝琴主任、蔺全锁副主任、余立平副主任以及健康扶贫办（健康促进处）徐胜利处长、李斌调研员、陈海鸿副处长、任军副调研员所予以的大力支持和指导！感谢健康扶贫办的刘善文、何东、程自立、陈艳、马兰等同志的关心和帮助！与此同时，要感谢陕西省卫生健康委综合监督局局长刁卫平以及钮文华同志对调研工作的支持！

衷心感谢陕西省政协副主席、省扶贫办党组书记王卫华同志多年来的鼓励、肯定、指导和支持！感谢陕西省人民政府党组成员、省扶贫办主任文引学以及省扶贫办副主任何存贵、副主任张时明、总规划师杨向岭等领导对课题研究所给予的关心和支持！十分感谢李祖鹏处长、褚社教处长、姚秀武处长、周美萍处长、成瑶处长、王蕊副处长、陈庆客副处长、赵靖松副处长、康顺岐副处长、杜渭华副调研员以及王建鹏、刘帅、周莹莹等人对我们团队所予以的大力支持和帮助！

真诚感谢汉中市委常委、统战部部长党振清对于课题调查研究所予以的关心和支持，感谢汉中市卫生健康委，特别是委主任赵文杰、委副主任庞文学、办公室主任兼健康扶贫办主任蒋强以及周伟科长、丁浩主任所给予的诸多指导和帮助！

十分感谢镇巴县人民政府副县长李妮、镇巴县卫生健康局庞晓斌副局长、潘祥勇副局长、唐伶俐主任以及张小松主任对调查研究工作所给予的配合、支持和帮助！

非常感谢当时在健康扶贫系统工作，但是受组织安排在本书完稿时已经到其他单位任职、提拔或退休的同志，他们是：刘增耀副巡视员、汉中市中心医院纪委书记张学钧、汉中市医疗保障局副局长张杰、镇巴县医疗保障局党组成员兼社保中心主任周自杰，他们都对本项研究给予了很多的指导和帮助！

与此同时，中共陕西省委政策研究室副主任宋斌、副厅级研究员任荣社以及西北农林科技大学党委副书记吕卫东、副校长冷畅俭对于我们开展脱贫攻坚调查研究给予很多关心、指导和帮助，我们对此致以深深的谢意！

本书能够顺利出版离不开团队成员的共同努力，离不开中国社会科学出版社，特别是责任编辑王莎莎的大力支持。在此，我们表示诚挚的感谢！

最后，我们认为，陕西省卫生健康部门把健康扶贫作为最大的政治任务和最重要的民生工程，坚持"一手抓治疗减存量，一手抓预防控增量"的工作思路，与健康陕西建设、深化医改、乡村振兴统筹谋划、一体推进，特别是在分类施治上下功夫，着力减存量；在对口帮扶上下功夫，着力促下沉；在补齐短板上下功夫，着力强基层；在疾病预防上下功夫，着力控增量等方面取得了重要成效。健康扶贫"镇巴模式"是陕西扶贫系统的一张亮丽名片。它的做法和理念反映了时代发展的趋势，具有先进性；其内含价值和机制可复制，具有推广性。在健康中国建设的大背景下，具有改革创新精神的基层与地方一定会创造更多好经验、好做法！

何得桂

2019 年 7 月 16 日